국제인증 자격증

MOS 워드 2013 CORE

MOS Microsoft Word 2013 CORE

| 김종철 지음 |

www.cyber.co.kr

■ **도서 A/S 안내**

성안당에서 발행하는 모든 도서는 저자와 출판사, 그리고 독자가 함께 만들어 나갑니다.

좋은 책을 펴내기 위해 많은 노력을 기울이고 있습니다. 혹시라도 내용상의 오류나 오탈자 등이 발견되면 "좋은 책은 나라의 보배"로서 우리 모두가 함께 만들어 간다는 마음으로 연락주시기 바랍니다. 수정 보완하여 더 나은 책이 되도록 최선을 다하겠습니다.

성안당은 늘 독자 여러분들의 소중한 의견을 기다리고 있습니다. 좋은 의견을 보내주시는 분께는 성안당 쇼핑몰의 포인트(3,000포인트)를 적립해 드립니다.

잘못 만들어진 책이나 부록 등이 파손된 경우에는 교환해 드립니다.

저자 문의 e-mail : kjc006@nate.com(김종철)
본서 기획자 e-mail : coh@cyber.co.kr(최옥현)
홈페이지 : http://www.cyber.co.kr   전화 : 031) 950-6300

머리말

MOS(Microsoft Office Specialist)는 컴퓨터 활용 능력을 신뢰성 있게 평가하는 국제 IT자격증입니다. 현재 170여 개국, 9,500여 개 시험센터에서 시행되는 국제 자격증은 세계 어디서나 인정받을 수 있습니다. 국내에서는 기업 및 대학에서 신입사원 선발, 인사고과, 학점인증, 졸업인증 등 다양한 분야에서 활용되고 있습니다.

필자는 MOS 2013이 도입되면서 가장 많이 받는 질문과 시험을 대비하면서 어려웠던 점을 체계적으로 정리하여 고득점으로 합격할 수 있도록 준비하였습니다. 필자를 믿고 하나하나 따라하다 보면 반드시 합격의 기쁨을 만끽하실 수 있을 것입니다.

■ 초보자도 쉽게 따라하고 이해하기 쉬운 문제 위주의 해설

불필요한 설명을 쏙 뺀 전 과정을 문제 풀이 위주로 집필하였습니다. 문제들은 MOS Test에서 자주 출제되는 문제로 실제 응시장에서 당황하지 않도록 작성되었습니다. MOS에서 공식으로 제시한 평가 항목을 문제 형식으로 바꾼 것으로 어느 문제 하나 버릴 것 없는 귀중한 문제만을 담았습니다.

■ 자격증 취득만이 아닌 MS Office의 고급 기능 습득!

필자는 자격증 취득만을 위해서 집필하지 않았습니다. 자격증 취득은 물론 MS Office의 숨어있는, 하지만 업무에서는 알아두면 너무 좋은 기능들을 '멘토의 한 수' 등을 이용해 설명하였습니다. 파워포인트의 고급 기능 습득, 고득점으로 자격증 획득은 필자가 교육 시 가장 우선으로 하는 교육목표입니다. 두 마리 토끼를 모두 잡으세요.

■ 한 번에 합격할 수 있는 노하우 제시

MOS는 응시료가 고가입니다. 또한 아깝게 1점 차이로 불합격이 되면 그 아쉬움은 표현하기조차 큽니다. 재시험을 보아도 되지만 시간낭비, 응시료낭비… 더구나 어떤 항목이 틀린 것인지를 명확히 몰라 다시 본다고 합격을 보장하지도 못합니다. 이제 아쉽게 떨어지는 일은 결코 일어나지 않기를 바랍니다.

■ 해설과 정답이 포함된 최신 경향의 기출유형 모의고사 4Set 풀이 수록

MOS는 100% 실기시험입니다. Test의 가장 큰 특징 중 하나는 문제의 말뜻이 이해하기 어렵다는 것입니다. 즉, 이런 방법으로? 저런 방법으로? 어떻게 풀어야 하는 건지… 이제 이런 고민은 다 버리시기 바랍니다. 최신 유행의 문제를 4Set 수록하여, 친절한 해설과 정답으로 고득점을 받을 수 있습니다.

■ 온라인 강좌로 완벽하게 준비를

도서와 동일한 순서대로 완벽한 온라인 강의를 준비하였습니다. 교재 내용은 물론 시험 볼 때 주의사항과 보충 설명 등을 충분히 담았습니다. 교재 내용만으로 이해하기 어려운 부분이 있다면 사이버 강좌(http://bm.cyber.co.kr)로 완벽하게 준비해 보세요.

MOS 도서가 출간되도록 지체없이 허락하고 공부하기 편하도록 편집해 주신 ㈜성안당 관계자들께 깊은 감사의 마음을 전합니다.

끝으로 이 책으로 공부하시는 모든 분들에게 고득점으로 합격의 행운이 있으시기를 기원합니다.

2017년 3월 김종철

MOS 자격증 시험안내

1. MOS(Microsoft Office Specialist)

❶ Microsoft 사 제품인 Microsoft Office 소프트웨어의 활용 능력을 측정합니다.

MOS(Microsoft Office Specialist)는 Microsoft Office에 들어 있는 Word, Excel, Powerpoint, Access, Outlook) 등의 활용 능력을 정확하고 신뢰성 있게 측정합니다.

❷ Microsoft 사가 인증하는 국제 IT자격증입니다.

MOS는 Microsoft 사가 인증하는 만큼 그 공신력과 정확성을 인정받을 수 있으며, 현재 미국, 프랑스, 영국, 독일, 홍콩 등 170여 개국 9,500여 개 시험 센터에서 그 나라 언어로 시행되는 국제 IT자격증입니다. 한국에서는 한국어로 시행됩니다.

❸ 100% 컴퓨터상에서 진행됩니다.

MOS는 시작부터 종료까지 100% 컴퓨터상에서 진행되는 CBT(Computer Based Test)로, 평가 방식이 정확함은 물론 시험 종료 시 즉시 시험 결과를 확인할 수 있습니다.

❹ 100% 실기시험입니다.

MOS는 컴퓨터의 실제 활용 능력을 측정하는 것이 그 목적입니다. 따라서 이론 문제나 객관식 유형이 없이 모든 문제는 실제 프로그램상에서 직접 조작하여 답을 얻는 100% 실기시험입니다.

2. MOS 자격증 합격기준

합격 점수는 1,000점 만점에 700점 이상입니다. 시험 응시 시간은 50분입니다.

3. MOS 성적표

MOS 성적표에는 취득 점수와 합격 여부는 물론 기능별로 0~100%의 성취도를 확인할 수 있어, 취약 부분을 분석할 수 있습니다(합격 후 2~3주 후 우편으로 배송).

4. MOS 2013 주요 시험환경

MOS 2013은 이전 버전과는 다른 시험 환경을 제공합니다. 가장 중요한 버튼은 〈프로젝트 파일 초기화〉입니다. 이 버튼을 누르면 작업하고 있는 내용이 모두 사라지면서 초기 상태로 되돌리기 때문에 주의해야 합니다. 따라서 작업 초기 부득이한 경우가 아니면 누르지 않는 것이 좋습니다. 또한 최종 결과 파일을 가지고 평가하기 때문에 응시 도중 수시로 저장하는 것이 좋습니다.

5. MOS 2013 마스터 취득 방법

구분	필수 취득	선택 취득(택1)
Master A안(Excel 주)	• Excel 2013 Expert Part1 • Excel 2013 Expert Part2 • Word 2013 Core	• PowerPoint 2013 Core • Access 2013 Core • Outlook 2013 Core • OneNote 2013 Core
Master B안(Word 주)	• Word 2013 Expert Part1 • Word 2013 Expert Part2 • Excel 2013 Core	• PowerPoint 2013 Core • Access 2013 Core • Outlook 2013 Core • OneNote 2013 Core
Master C안	• Word 2013 Expert Part1 • Word 2013 Expert Part2 • Excel 2013 Expert Part1 • Excel 2013 Expert Part2	

6. MOS 평가항목(Word 2013 Core)

항목	내용
문서 만들기 및 관리	문서 만들기, 문서 탐색, 문서에 서식 적용, 문서 옵션 및 보기 사용자 지정, 문서 인쇄 또는 저장 구성
텍스트, 단락 및 구역 서식 적용	텍스트 및 단락 삽입, 텍스트 및 단락에 서식 적용, 텍스트 및 단락 순서 지정 및 그룹화
표 및 목록 만들기	표 만들기, 표 수정, 목록 만들기 및 수정
참조 적용	미주, 각주 및 인용 만들기, 캡션 만들기
개체 삽입 및 서식 적용	문서 블록 삽입 및 서식 적용, 도형 또는 SmartArt 삽입 및 서식 적용, 이미지 삽입 및 서식 적용

MOS Q&A

Q 시험 결과는 언제 확인 할 수 있나요?
A. 시험 종료 후 화면에서 바로 결과를 확인할 수 있습니다.

Q 불합격하는 가장 큰 원인은 무엇인가요?
A. 여러 가지 원인이 있을 수 있지만 시간이 부족해서 떨어지는 경우가 아주 많습니다. 50분 중 35분 이내에 끝내는 경우에는 그렇지 못한 경우보다 합격률이 상당히 높습니다.

Q 예제 문제는 응시생이 직업 불러와야 하나요?
A. 아닙니다. 작업을 시작하면 예제는 자동으로 불러옵니다. 따라서 특별히 불러오는 문제를 제외하고 모든 예제는 자동으로 보여집니다.

Q 채점은 누가 하나요?
A. MOS는 채점을 컴퓨터가 자동으로 합니다. 따라서 결과도 시험 종료 후 바로 알 수 있습니다.

Q 시험 문제는 프린트물을 배포하나요?
A. 아닙니다. 문제는 컴퓨터 화면 아래에 나타납니다. 따라서 화면을 보면서 작업을 해야 합니다.

Q 국제자격증은 일정한 기간이 지나면 자격증을 갱신해야 하는데, MOS도 그런가요?
A. MOS는 자격증을 갱신할 필요가 없습니다.

Q MASTER를 취득해야 자격증이 나오나요?
A. MOS는 한 과목만 합격해도 자격증이 배부됩니다. MASTER 과목(4개)을 취득하면 별도로 MASTER 자격증이 배부되지만 각 과목별로도 자격증 취득이 가능합니다.

Q 시험 난이도는 버전별로 많이 다른가요?
A. 현재 시행중인 MOS는 각 버전별로 다루는 분야가 조금씩 다릅니다. 따라서 어떤 버전이 특별히 쉽거나 어렵지는 않습니다. 다만, 각 버전에서 특별히 다루는 분야가 있기 때문에 취득하려는 버전을 정한 후 해당 버전에 맞게 공부하는 것이 좋습니다.

성안당 e러닝

국가기술자격교육 NO.1
합격이 **쉬워**진다,
합격이 **빨라**진다!

당신의 합격 메이트,
성안당
이러닝

bm.cyber.co.kr

단체교육 문의 ▶ 031-950-6332

◆ 소방 분야

강좌명	수강료	학습일	강사
[쌍기사 평생연장반] 소방설비기사 전기 x 기계 동시 대비	549,000원	합격할때까지	공하성
[쌍기사 프리패스] 소방설비기사 전기 x 기계 동시 대비	499,000원	365일	공하성
소방설비기사 필기+실기+기출문제풀이	370,000원	170일	공하성
소방설비기사 필기	180,000원	100일	공하성
소방설비기사 실기 이론+기출문제풀이	280,000원	180일	공하성
소방설비산업기사 필기+실기	280,000원	130일	공하성
소방설비산업기사 필기	130,000원	100일	공하성
소방설비산업기사 실기	200,000원	100일	공하성
화재감식평가기사·산업기사	192,000원	120일	김인범

◆ 위험물 · 화학 분야

강좌명	수강료	학습일	강사
위험물기능장 필기+실기	280,000원	180일	현성호, 박병호
위험물산업기사 필기+실기	245,000원	150일	박수경
위험물산업기사 필기+실기[대학생 패스]	270,000원	최대4년	현성호
위험물산업기사 필기+실기+과년도	350,000원	180일	현성호
위험물기능사 필기+실기[프리패스]	270,000원	365일	현성호
화학분석기사 실기(필답형+작업형)	150,000원	60일	박수경
화학분석기능사 실기(필답형+작업형)	80,000원	60일	박수경

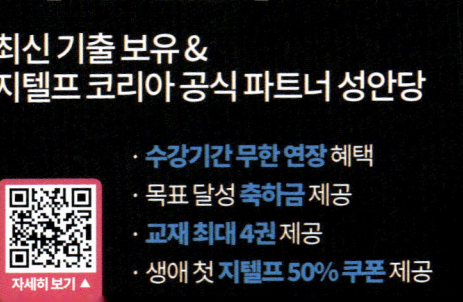

◆ 기계 · 역학 분야

강좌명	수강료	학습일	강사
건설기계기술사	630,000원	350일	김순채
산업기계설비기술사	495,000원	360일	김순채
기계안전기술사	477,000원	360일	김순채
공조냉동기계기사 필기+실기(필답형)	250,000원	180일	허원회
[합격할 때까지] 공조냉동기계기사 필기+실기(필답형)	300,000원	합격할 때까지	허원회
에너지관리기사 필기+기출문제풀이	300,000원	120일	허원회
[스펙업 패키지] 일반기계기사 필기+실기(필답형)	200,000원	120일	허원회
[무한연장] 전산응용기계제도기능사 필기+실기+CBT 모의고사	170,000원	60일	박미향, 탁덕기
공유압기능사 핵심이론+기출 1200제	120,000원	90일	김순채
공조냉동기계기능사 필기	300,000원	120일	김순채

◆ 기타 분야

강좌명	수강료	학습일	강사
[켈리의 지텔프 기출분석] 최신 공식 G-TELP 기출 7회분 문제풀이	99,000원	60일	켈리
	59,000원	30일	켈리
기출보다 더 기출 같은 지텔프 모의고사	79,000원	50일	켈리
켈리의 G-TELP 문법 공식	45,000원	30일	켈리
켈리의 G-TELP 독해 공식	45,000원	30일	켈리
켈리의 미라클 지텔프 보카	45,000원	30일	켈리
지텔프 킬링 포인트 32-50점+	60,000원	30일	오정석
PMP 자격대비	350,000원	60일	강신봉, 김정수
SMAT-A 서비스경영자격시험	50,000원	30일	이경랑

성안당 e러닝

대통령상 2회 수상

국가기술자격시험 교육 부문

2019, 2020, 2021, 2022
4년 연속 소비자의 선택
대상 수상

중앙SUNDAY 중앙일보 산업통상자원부

2022 소비자의 선택
The Best Brand of the
Chosen by CONSUMER

성안당 e러닝 주요강좌

소방설비기사·산업기사	전기기사·산업기사/전자기사	산업안전기사
건축기사·산업기사	일반기계기사	수질환경기사·산업기사
산업위생관리기사·산업기사	품질경영기사·산업기사	위험물산업기사·기능사
공조냉동기계기사	가스기사·산업기사	연구실안전관리사
G-TELP LEVEL 2	직업상담사 1·2급	빅데이터분석기사

강좌명	수강료	학습일	강사
30일 완성 전기기사·산업기사 실기	140,000원	120일	오우진, 문영철
참! 쉬움 전기기능사 필기+실기[프리패스]	230,000원	365일	류선희, 홍성욱 외
참! 쉬움 전기기능사 필기	130,000원	90일	류선희, 문영철
전기기능사 실기(이론편+작업형)	80,000원	30일	홍성욱
전자기사 필기+실기(작업형)	360,000원	240일	김태영

◆ 건축·토목·농림 분야

강좌명	수강료	학습일	강사
[정규반] 토목시공기술사 1차 대비	880,000원	180일	권유동
건설안전기술사	540,000원	365일	장두섭
건축전기설비기술사	810,000원	365일	송영주 외
건축시공기술사	567,000원	360일	심영보
건축기사 필기+실기 패키지[프리패스]	300,000원	365일	안병관 외
건축산업기사 필기	190,000원	180일	안병관 외
건축기사 필기	140,000원	120일	정하정
산림기사 필기+실기 대비반	350,000원	180일	김정호
유기농업기사 필기	200,000원	90일	이영복
식물보호기사 필기	220,000원	120일	이영복
농산물품질관리사 1차+2차 대비반	110,000원	180일	고송남, 김봉호

◆ 사회복지 분야

강좌명	수강료	학습일	강사
직업상담사 1급 필기+실기	360,000원	최대 1년	이시현, 김순자, 김재영
직업상담사 1급 필기 단기합격반	160,000원	90일	이시현, 김순자, 김재영
직업상담사 1급 실기	280,000원	최대 1년	이시현, 김순자, 김재영
직업상담사 2급 필기 단기합격반	180,000원	150일	이시현, 김재진

성안당 e러닝 BEST 강의

전기/전자 오우진, 문영철, 류선희, 김영복, 김태영 교수

전기기능장, 전기기사·산업기사,
전기기능사, 전자기사

소방 공하성 교수

소방설비기사,
소방설비산업기사
소방시설관리사

G-TELP 켈리, 오정석 교수

G-TELP LEVEL 2
최신 기출문제풀이, 모의고사,
문법·독해&어휘

산업위생
서영민, 임대성 교수

산업위생관리기술사,
산업위생관리기사·산업기사

사회복지
이시현, 김재진 교수

직업상담사 1급, 2급

화학/위험물
박수경, 현성호 교수

화공기사, 화학분석기사,
위험물기능장,
위험물산업기사, 위험물기능사

기계/농림
허원회, 이영복 교수

공조냉동기계기사,
에너지관리기사, 일반기계기사,
유기농업기사, 식물보호기사

건축/토목
안병관, 심진규, 최승윤,
신민석, 정하정 교수

건축기사, 건축일반시공산업기사,
전산응용건축제도기능사

◆ 안전 · 산업위생 분야

강좌명	수강료	학습일	강사
산업위생관리기술사	1,000,000원	365일	임대성
산업위생관리기사 필기+실기	390,000원	240일	서영민
산업위생관리산업기사 필기+실기	390,000원	240일	서영민
산업위생관리기사·산업기사 필기+실기 [청춘패스]	340,000원	365일	서영민
[1차+2차] 산업보건지도사_산업위생분야	700,000원	240일	서영민
산업안전기사 필기 패키지	200,000원	180일	이준원 외
가스기사 필기+실기	290,000원	365일	양용석
가스산업기사 필기+실기	280,000원	365일	양용석
산업안전지도사 1차 마스터 패키지	545,000원	180일	김지나, 어원석, 이상국, 이준원
연구실안전관리사 1차+2차 합격 패키지	280,000원	2차 시험일까지	강지영, 강병규, 이홍주

◆ 전기 · 전자 분야

강좌명	수강료	학습일	강사
전기기능장 필기+실기	420,000원	240일	김영복
전기기사 핀셋특강 합격보장 패키지	350,000원	240일	전수기, 정종연, 임한규
전기산업기사 핀셋특강 합격보장 패키지	310,000원	240일	전수기, 정종연, 임한규
전기기사 필기 핀셋특강	150,000원	180일	전수기, 정종연, 임한규
전기산업기사 필기 핀셋특강	125,000원	180일	전수기, 정종연, 임한규
전기기사 필기+실기 [대학생 패스]	270,000원	최대4년	오우진, 문영철
전기산업기사 필기+실기 [대학생 패스]	240,000원	최대4년	오우진, 문영철
60일 완성 전기기사 필기+실기 종합반	270,000원	240일	오우진, 문영철
60일 완성 전기산업기사 필기+실기 종합반	240,000원	240일	오우진, 문영철

성안당 e러닝 인기 동영상 강의 교재

" 국가기술자격 수험서는 50년 전통의 '성안당' 책이 좋습니다 "

서영민 지음
40,000원

현성호 지음
50,000원

공하성 지음
43,000원

문영철, 오우진 지음
38,000원

심진규, 이석훈 지음
22,000원

전수기 지음
13,700원

이시현 외 지음
42,000원

김민지 지음
25,000원

허원회 지음
35,000원

여승훈, 박수경 지음
39,000원

이준원 외 지음
39,000원

김태영 지음
39,000원

• 상황에 따라 표지 및 가격 등 변동될 수 있음.

◆ 환경 분야

강좌명	수강료	학습일	강사
수질환경기사 필기 과년도문제풀이 포함	170,000원	120일	장준영
수질환경산업기사 필기 과년도문제풀이 포함	150,000원	120일	장준영
온실가스관리기사 필기+실기	280,000원	120일	박기학, 김서현

◆ 품질경영 분야

강좌명	수강료	학습일	강사
품질경영기사 필기+실기[프리패스]	280,000원	180일	임성래
품질경영산업기사 필기+실기[프리패스]	260,000원	180일	임성래

◆ 컴퓨터·정보통신 분야

강좌명	수강료	학습일	강사
네트워크관리사 1,2급 필기+실기	168,000원	90일	허 준
[속성반] 빅데이터분석기사 필기+실기	270,000원	180일	김민지
[정규반] 빅데이터분석기사 필기+실기	370,000원	240일	김민지
CCNA	250,000원	60일	이중호
CAD 실무능력평가(CAT) 1급, 2급 실기	72,000원	90일	강민정, 홍성기
컴퓨터활용능력 2급 필기+실기	40,000원	180일	진광남
비범한 네트워크 구축하기	340,000원	60일	이중호
쉽게 배우는 시스코 랜 스위칭	102,000원	90일	이중호
인벤터 기초부터 3D CAD 모델링 실무까지	90,000원	90일	강민정, 홍성기
디지털트랜스포메이션	80,000원	30일	주호재
정보처리기사 필기+실기	146,000원	60일	권우석

자료 다운로드

Microsoft Office Specialist

1. 본 도서의 자료 파일을 다운로드하기 위해서는 우선 성안당 사이트(http://www.cyber.co.kr)에 로그인 한 후 [자료실]을 클릭합니다.

2. [자료실 바로가기]를 클릭합니다.

- [정오표] : 도서의 틀린 내용을 다운로드 받을 수 있습니다.
- [부록CD] : 도서에 수록된 CD/DVD가 파손될 경우를 대비해서 같은 자료를 다운로드 받을 수 있습니다.
- [자료실] : 도서와 관련된 학습자료를 다운로드 받을 수 있습니다.

3. 검색란에서 "MOS"을 입력하고 [검색] 버튼을 누른 후 다운로드 받을 도서명을 클릭합니다.

4. [자료 다운로드 바로가기] 버튼을 클릭하여 자료를 다운로드 합니다. 로그인을 하지 않으면 해당 버튼이 보이지 않습니다.

5. 다운로드 받은 압축파일을 해제한 후 실행파일을 더블클릭하면 C드라이브에 자동 설치됩니다.

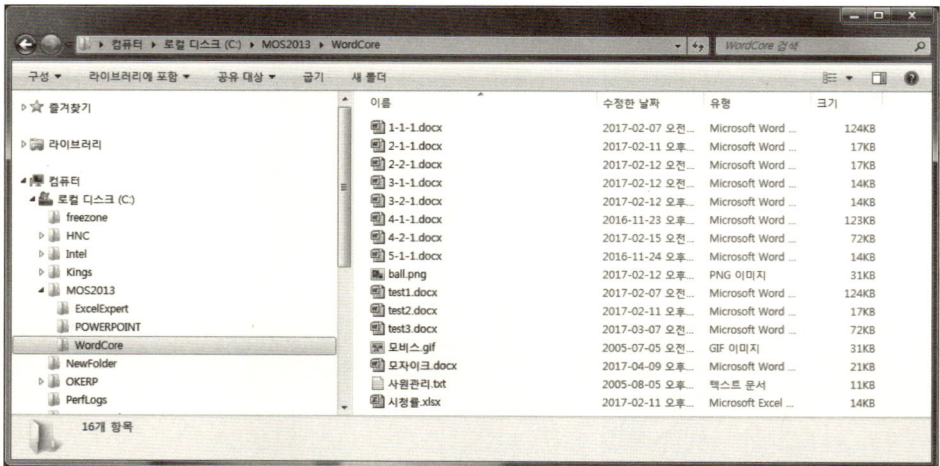

목 차

Microsoft Office Specialist

PART 1 문서 만들기 및 관리

Chapter 01. 문서 만들기
- 1-1_서식 파일에서 문서 만들기 ·· 14
- 1-2_텍스트 파일 불러오기 ·· 17

Chapter 02. 문서 탐색
- 2-1_문서 탐색 ·· 20
- 2-2_하이퍼링크 ··· 21
- 2-3_책갈피 ·· 22
- 2-4_특정 위치 및 요소로 이동 ··· 24

Chapter 03. 문서에 서식 적용
- 3-1_페이지 설정 ··· 25
- 3-2_테마 ··· 27
- 3-3_스타일 ·· 29
- 3-4_머리글 및 바닥글 ·· 31
- 3-5_워터마크 ··· 35
- 3-6_페이지 번호 ··· 37

Chapter 04. 문서 옵션
- 4-1_문서 보기 ·· 39
- 4-2_확대 및 축소 ·· 40
- 4-3_빠른 실행 도구 모음 ·· 42
- 4-4_리본 사용자 지정 ·· 44
- 4-5_창 분할 ·· 46
- 4-6_문서 속성 ·· 47
- 4-7_서식 기호 표시 및 숨기기 ·· 49
- 4-8_매크로 ·· 50

Chapter 05. 문서 인쇄 및 저장

    5-1_인쇄를 위한 문서 구성 ···································· 53

    5-2_다른 파일 형식으로 저장 ···································· 55

    5-3_호환성 유지 ···································· 57

    5-4_원격 위치에 저장 ···································· 59

    5-5_문서 보호 ···································· 61

PART 2 텍스트, 단락 및 구역 서식 적용

Chapter 01. 텍스트 및 단락 삽입

    1-1_텍스트 붙여넣기 ···································· 64

    1-2_텍스트 찾기 ···································· 67

    1-3_기호 및 특수 문자 삽입 ···································· 68

    1-4_자동 고침 ···································· 70

    1-5_필드 삽입 ···································· 73

Chapter 02. 텍스트 및 단락에 서식 적용

    2-1_바꾸기를 이용한 텍스트 서식 지정 ···································· 76

    2-2_서식 복사 ···································· 78

    2-3_WordArt ···································· 80

    2-4_단락 들여쓰기 및 간격 ···································· 81

    2-5_다단 ···································· 84

    2-6_텍스트에 스타일 적용 ···································· 86

    2-7_서식과 스타일 지우기 ···································· 89

Chapter 03. 텍스트, 단락 순서 지정 및 그룹화

    3-1_페이지 나누기 ···································· 92

    3-2_단락 나누기 ···································· 93

    3-3_문서 구역 ···································· 94

Microsoft Office Specialist

PART 3 표 및 목록 만들기

Chapter 01. 표 만들기
- 1-1_표 만들기 ··· 100

Chapter 02. 표 수정
- 2-1_표 서식 적용 ··· 103
- 2-2_표 데이터 수정 ··· 106
- 2-3_표 구조 수정 ··· 109

Chapter 03. 목록 만들기 및 수정
- 3-1_글머리 기호 매기기 ····································· 113
- 3-2_번호 매기기 ·· 116

PART 4 참조 적용

Chapter 01. 미주, 각주 및 인용 만들기
- 1-1_각주 및 미주 삽입 ······································ 120

Chapter 02. 캡션 만들기
- 2-1_캡션 삽입 ·· 124
- 2-2_그림 목차 만들기 ······································· 126

PART 5 개체 삽입 및 서식 적용

Chapter 01. 문서 블록 삽입 및 서식 적용
- 1-1_구조적 문서 블록 삽입 ·································· 130
- 1-2_문서 블록 관리 ··· 133

Chapter 02. 도형 또는 SmartArt 삽입 및 서식 적용

    2-1_도형 그리기와 수정 ·· 135

    2-2_도형 옵션 조정 ·· 137

    2-3_SmartArt 그래픽 삽입과 수정 ·· 138

Chapter 03. 이미지 삽입 및 서식 적용

    3-1_이미지 삽입 ·· 142

    3-2_이미지에 서식 적용 ·· 144

PART 6 기출유형 모의고사

기출유형 모의고사 01회 ·· 148

기출유형 모의고사 02회 ·· 158

기출유형 모의고사 03회 ·· 168

기출유형 모의고사 04회 ·· 178

PART 1

문서 만들기 및 관리

> **학습목표**
>
> 문서 만들기, 문서 탐색, 문서에 서식 적용, 문서 옵션 및 보기 사용자 지정, 문서 인쇄 또는 저장 구성 방법 등에 대해 알아봅니다.

Chapter 01. 문서 만들기

Chapter 02. 문서 탐색

Chapter 03. 문서에 서식 적용

Chapter 04. 문서 옵션

Chapter 05. 문서 인쇄 및 저장

Chapter 01 문서 만들기

1-1 서식 파일에서 문서 만들기

'서식 파일'을 이용하면 워드를 많이 사용하지 않은 사용자도 자동으로 쉽게 문서를 만들 수 있습니다. 각 주제별로 원하는 항목을 선택하면 빠르고 간편하게 문서를 만들기 때문에 초보자에게 적합한 방법입니다. 특히 워드는 온라인으로 서식 파일을 다운로드 받은 후 사용할 수 있는 방법을 제공합니다.

✤ 다음과 같이 빈 화면의 새로운 문서를 만든 후 저장하시오.

서식 파일	파일 이름	저장 위치
보고서(필수 디자인)	업무보고서	내 문서

❶ [파일] 탭을 클릭합니다.

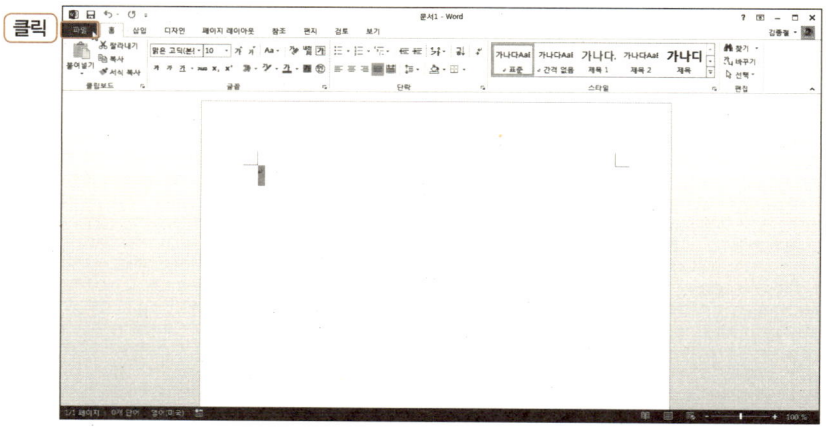

❷ [새로 만들기]를 클릭합니다.

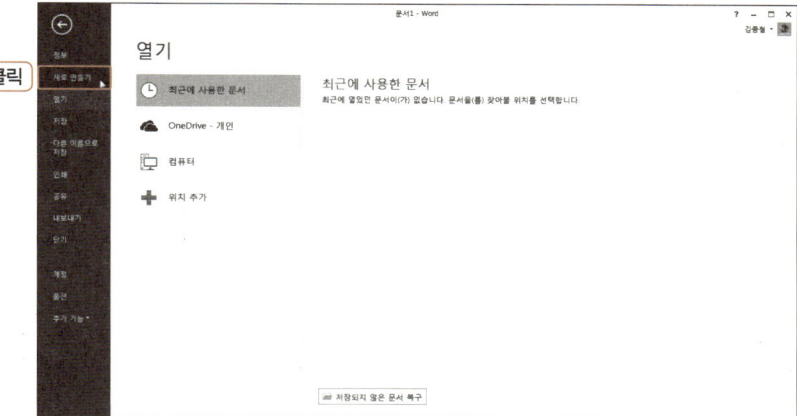

❸ '보고서(필수 디자인)'을 클릭합니다.

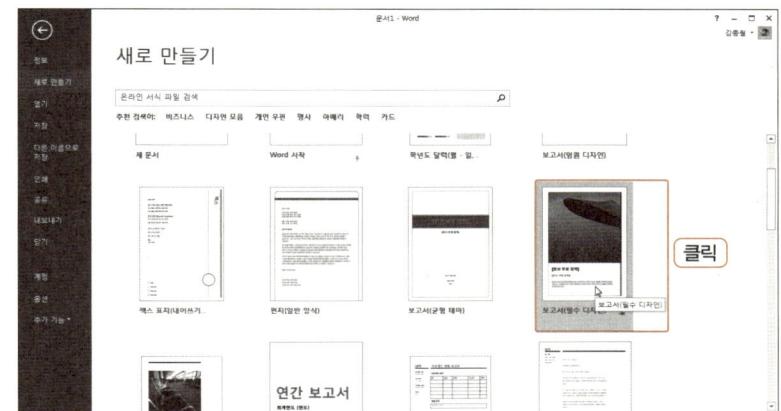

멘토의 한 수
단축키 Ctrl + N 을 누르면 비어있는 새 문서를 바로 만들 수 있습니다.

멘토의 한 수
더 많은 문서를 검색하려면 '온라인 서식 파일 검색'에서 만들려고 하는 문서의 주제를 입력한 후 Enter를 누르면 서식 파일을 다운로드 할 수 있습니다.

❹ 〈만들기〉를 클릭합니다.

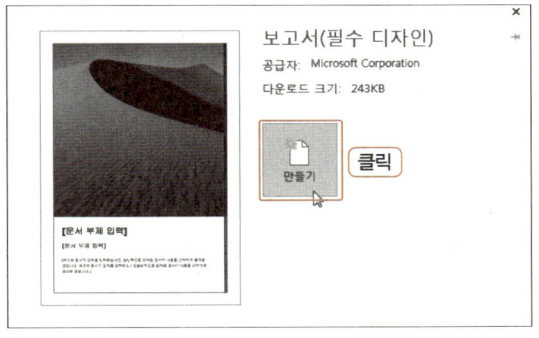

Chapter 01 문서 만들기 | 15

❺ '보고서(필수 디자인)'가 만들어집니다.

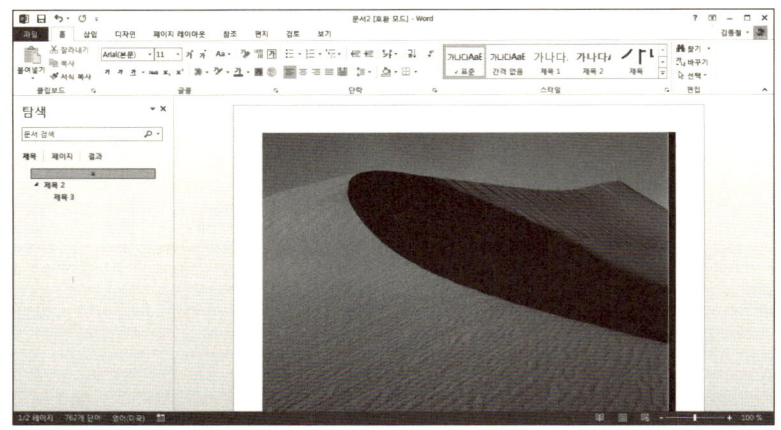

❻ 빠른 실행 도구 모음에 있는 [저장] 명령 단추를 클릭합니다.

> **멘토의 한 수**
> [파일] 탭을 클릭한 후 [저장]을 클릭해도 되고, 단축키 Ctrl+S 나 F12 를 눌러도 됩니다.

❼ [컴퓨터]-[내 문서]를 클릭합니다.

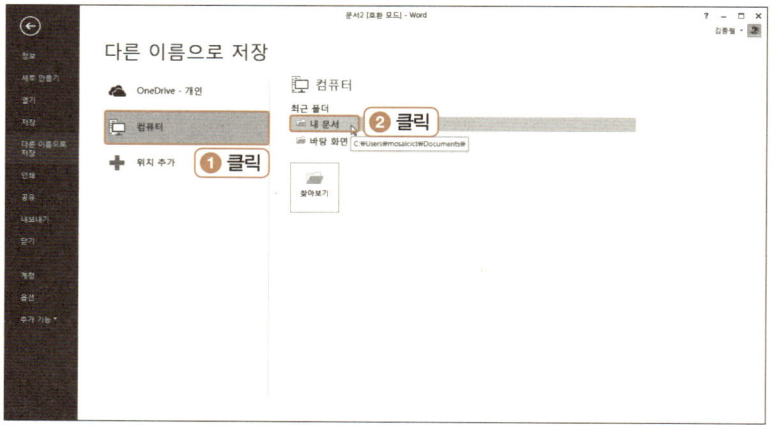

❽ '파일 이름 : 업무보고서'를 입력한 후 〈저장〉을 클릭합니다.

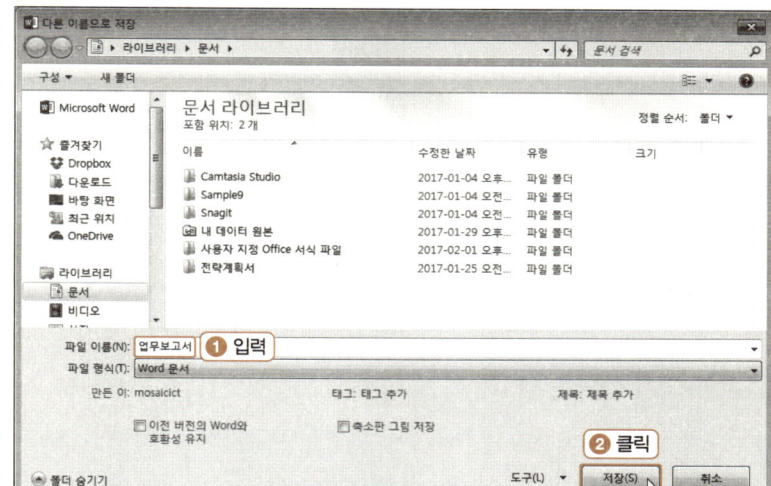

멘토의 한 수

MOS에서는 저장할 때 다른 곳에 저장하면 감점되기 때문에 주의해야 합니다.

❾ '문서가 최신 파일 형식으로 업그레이드' 한다는 메시지가 나타나면 〈확인〉을 클릭합니다.

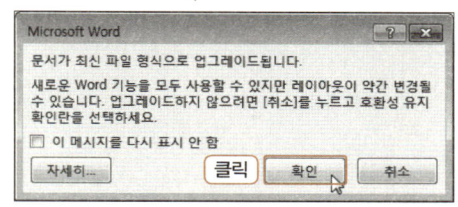

1-2 텍스트 파일 불러오기

워드에서는 워드 파일뿐만 아니라 텍스트 파일도 가져 올 수 있습니다. 또한 PDF, XML, 아래아 한글 파일 등도 가져올 수가 있어 편리하게 문서를 만들 수 있습니다.

✦ 'C:₩MOS2013₩WordCore₩사원관리' 텍스트 파일을 불러오시오.

❶ [파일] 탭을 클릭한 후 [열기]를 클릭합니다.

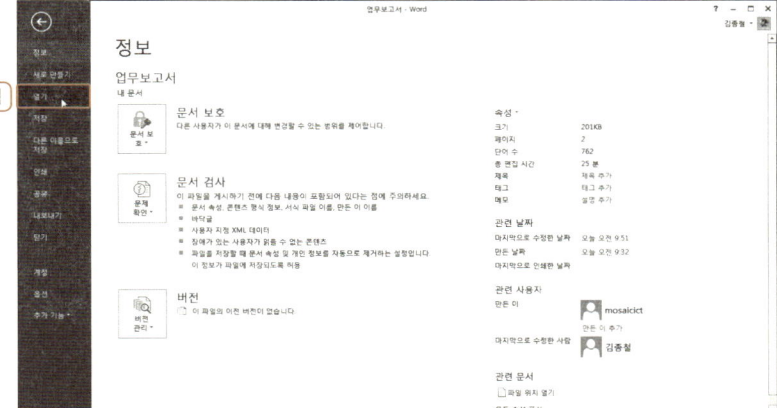

❷ [컴퓨터]-[찾아보기]를 클릭합니다.

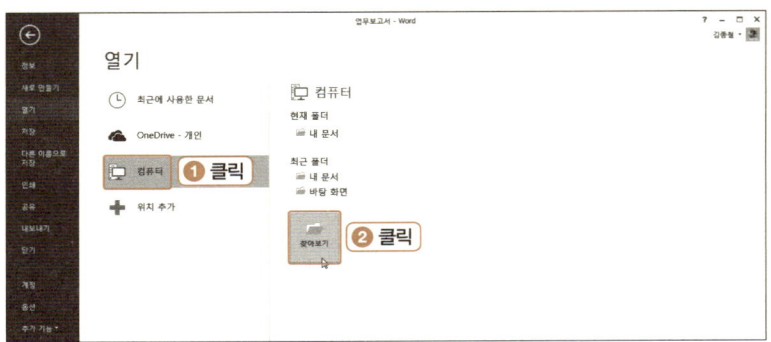

❸ 'C:₩MOS2013₩WordCore'에서 '파일 형식'의 목록 단추를 클릭한 후 '텍스트 파일'을 선택합니다.

멘토의 한 수
'서식 있는 텍스트'나 '모든 파일'을 선택해도 됩니다.

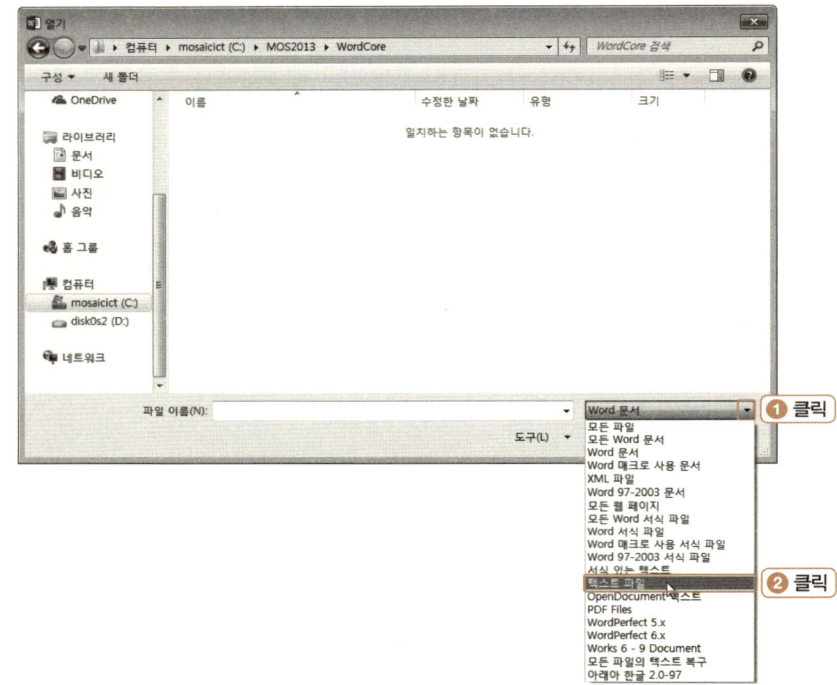

❹ '사원관리' 텍스트 파일을 선택한 후 〈열기〉를 클릭합니다.

멘토의 한 수
PDF, XML, 한글 파일 등도 불러올 수 있습니다.

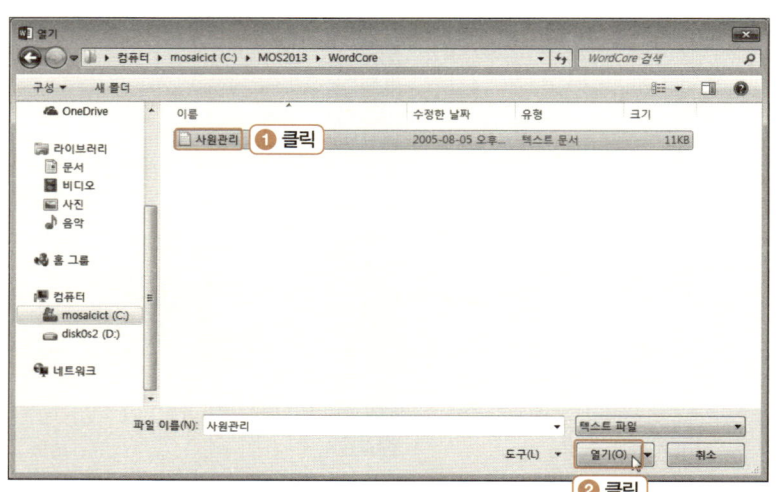

18 | Part 01 문서 만들기 및 관리

❺ 〈확인〉을 클릭합니다.

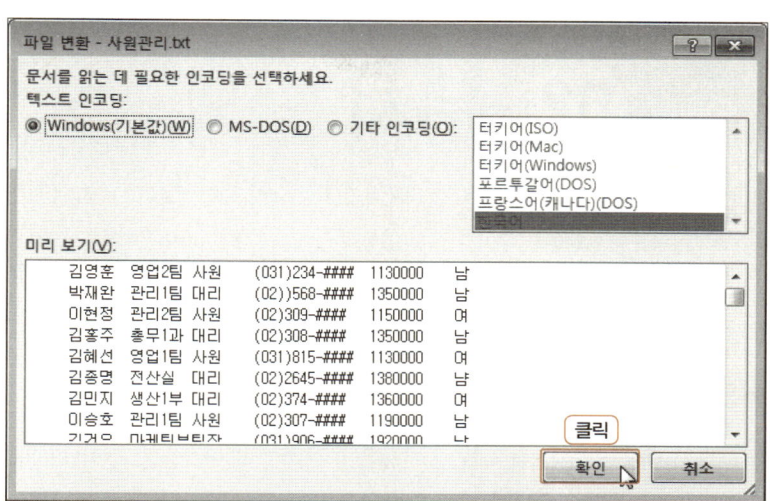

❻ 텍스트 파일을 가져와서 새로운 문서가 만들어집니다.

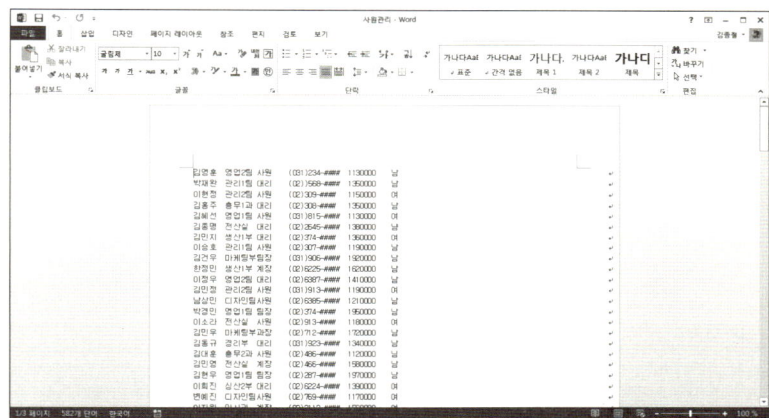

Chapter 02 문서 탐색

◉ 예제 : C:\MOS2013\WordCore\1-1-1.docx

2-1 문서 탐색

문서에서 내용이 많을 경우 찾기 기능을 이용하여 단어, 서식, 단락 기호, 기타 항목 등을 찾을 수 있습니다. 또한 바꾸기 기능을 이용하여 기존 단어에서 다른 단어 및 서식 등을 변경할 수 있습니다.

❖ 문서에서 'KTO'를 모두 찾아 '한국관광공사'로 변경하시오.

❶ [홈] 탭-[편집] 그룹-[바꾸기] 명령 단추를 클릭합니다.

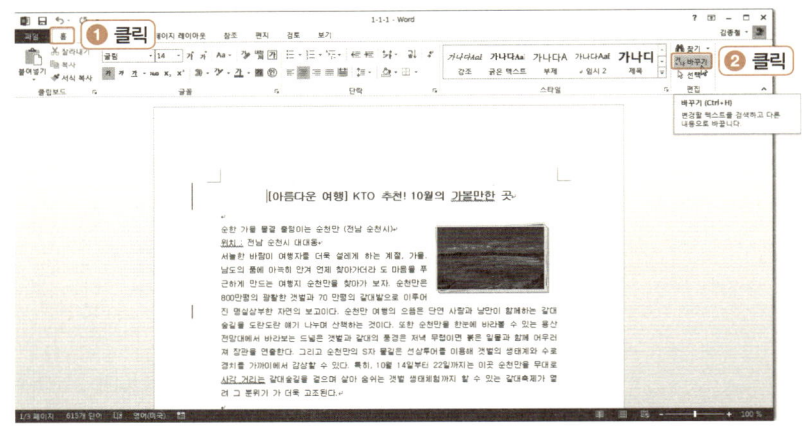

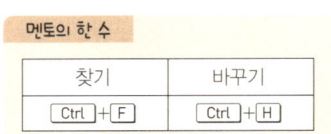

멘토의 한 수

찾기	바꾸기
Ctrl + F	Ctrl + H

❷ '찾을 내용 : KTO, 바꿀 내용 : 한국관광공사'를 입력한 후 〈모두 바꾸기〉를 클릭합니다.

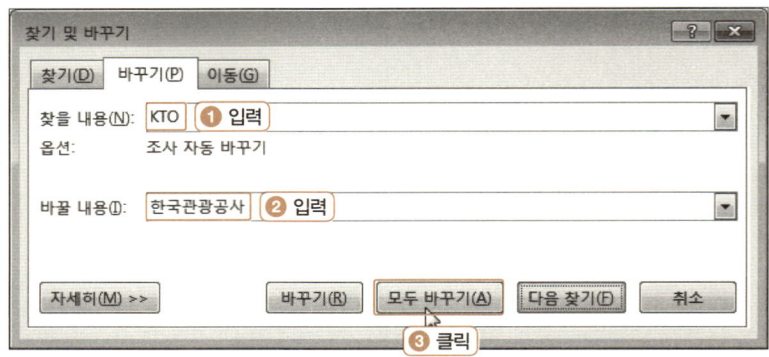

❸ 내용이 바뀌었다는 메시지가 나타나면 〈확인〉을 클릭합니다.

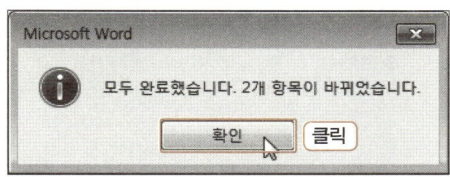

❹ 〈닫기〉를 클릭합니다.

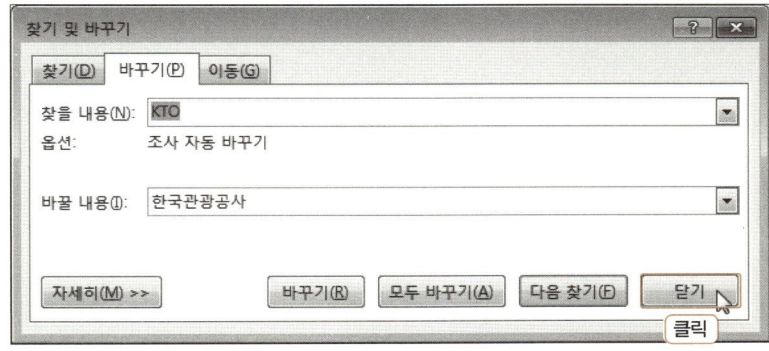

2-2 하이퍼링크

하이퍼링크는 워드 문서에서 다른 웹 사이트로 이동하거나 다른 파일로 이동하는 방법을 제공합니다. 또한 워드 문서 내에서 다른 내용을 참조할 때도 사용합니다.

✤ '3페이지'에 있는 '한국관광공사'를 클릭하면 'www.visitkorea.or.kr'로 이동되도록 하이퍼링크를 삽입하시오.

❶ '3페이지'에 있는 '한국관광공사'를 선택한 후 [삽입] 탭-[링크] 그룹-[하이퍼링크] 명령 단추를 클릭합니다.

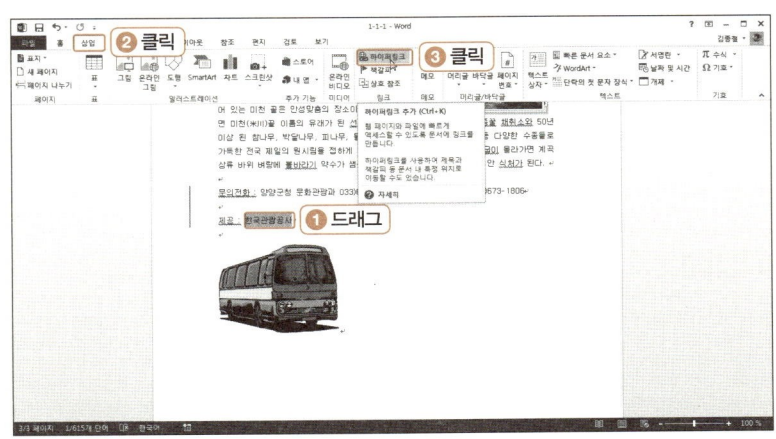

멘토의 한 수

단축키 Ctrl + K 를 눌러도 됩니다.

❷ '연결 대상 : 기존 파일/ 웹 페이지'를 선택하고 '주소 : www.visitkorea.or.kr'을 입력한 후 〈확인〉을 클릭합니다.

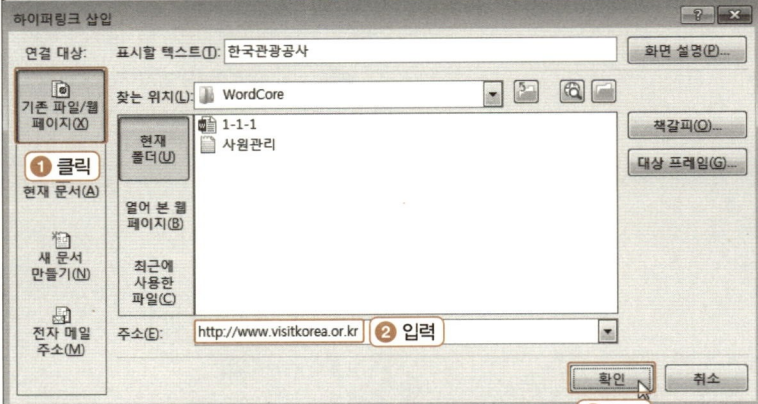

멘토의 한 수
'www'로 시작하는 웹 사이트 주소는 'http://'를 별도로 입력하지 않아도 자동으로 입력됩니다.

❸ 하이퍼링크가 설정됩니다.

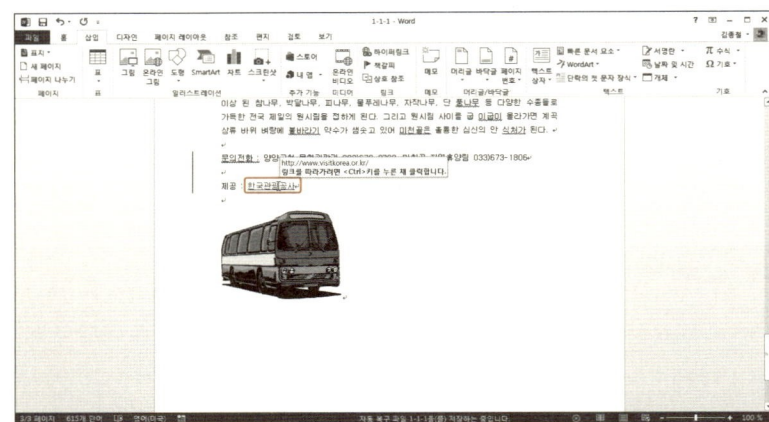

멘토의 한 수
Ctrl 을 누르면서 클릭하면 해당 웹 사이트로 이동합니다.

2-3 책갈피

문서의 내용 중 검토한 위치까지를 구별할 수 있도록 책갈피를 추가할 수 있습니다. 이때 책갈피는 텍스트의 위치나 선택 영역으로 지정할 수 있으며, 삽입한 책갈피는 바로 이동이 가능합니다.

✤ '2페이지' 15줄에 있는 '한개마을'에 책갈피(한개마을)를 삽입하시오.

❶ '2페이지' 15줄에 있는 '한개마을'을 선택한 후 [삽입] 탭–[링크] 그룹–[책갈피] 명령 단추를 클릭합니다.

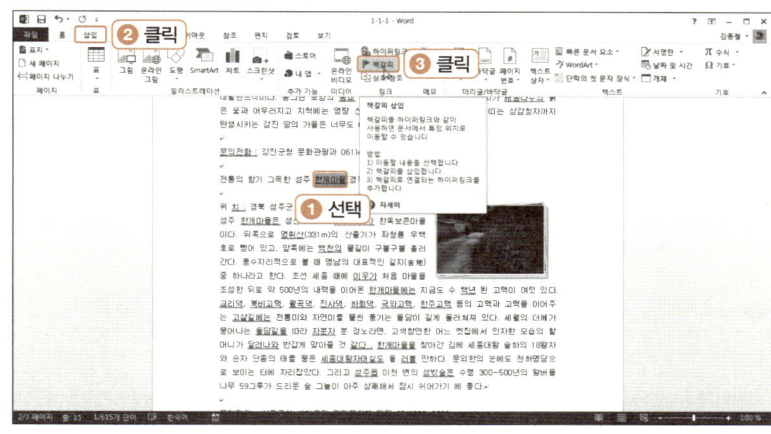

멘토의 한 수

줄 번호를 나타낼 때는 상태 표시줄 위에서 마우스 오른쪽 단추를 클릭한 후 '줄 번호'를 선택합니다.

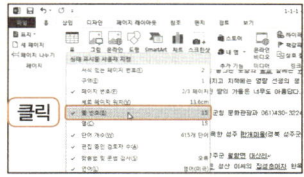

❷ '책갈피 이름 : 한개마을'을 입력한 후 〈추가〉를 클릭합니다.

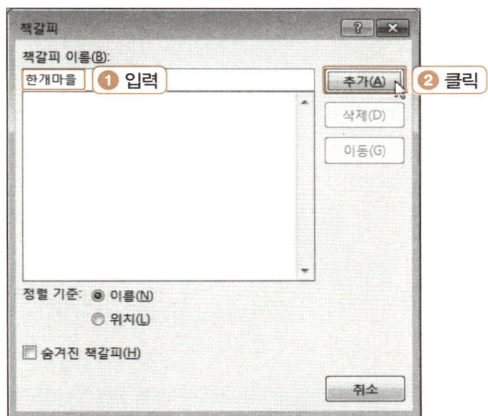

멘토의 한 수

책갈피 / 하이퍼링크에서 설정한 '책갈피'를 볼 수 있습니다.

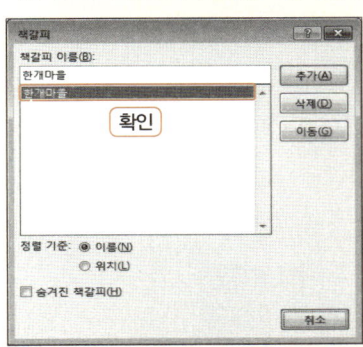 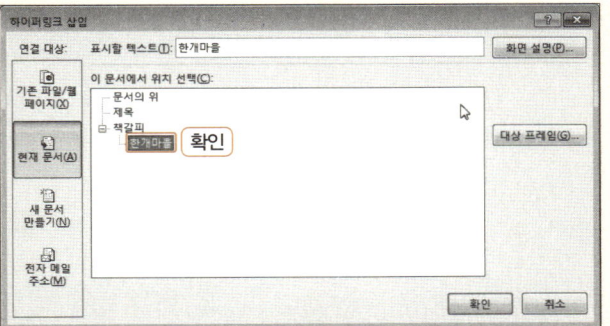

Chapter 02 문서 탐색 | 23

2-4 특정 위치 및 요소로 이동

워드에서는 문서 내에서 페이지, 구역, 줄, 각주, 표, 책갈피 등으로 빠르게 이동하는 방법을 제공합니다. 문서의 내용이 많은 경우 빠르게 편집할 때 유용합니다.

❖ 커서를 문서의 처음으로 이동한 후 '한개마을' 책갈피로 이동하시오('이동' 기능을 이용할 것).

❶ 커서를 문서의 처음으로 이동한 후 [홈] 탭-[편집] 그룹-[찾기]의 목록 단추를 클릭합니다.

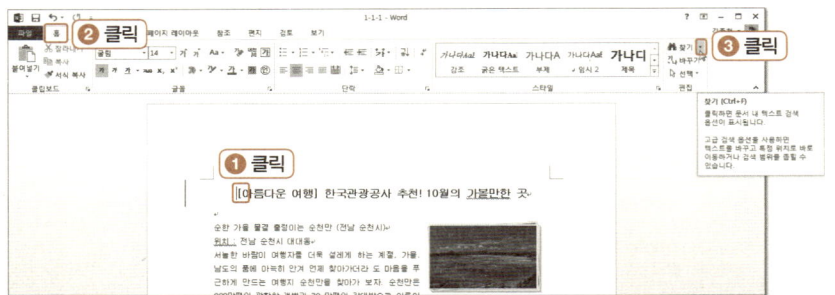

> **멘토의 한 수**
> 커서를 문서의 처음으로 이동할 때 단축키 Ctrl + Home 을 누릅니다.

❷ '이동'을 선택합니다.

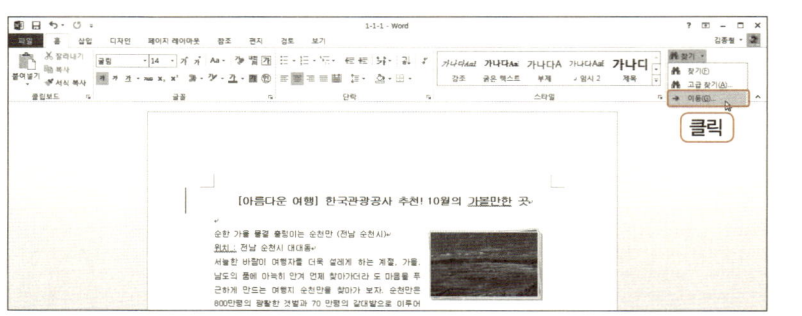

❸ '이동할 곳 : 책갈피, 책갈피 이름 입력 : 한개마을'을 선택한 후 〈이동〉을 클릭합니다.

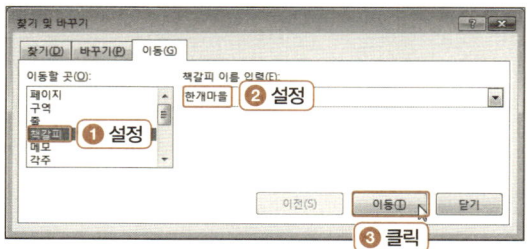

❹ '한개마을' 책갈피로 이동되면 〈닫기〉를 클릭합니다.

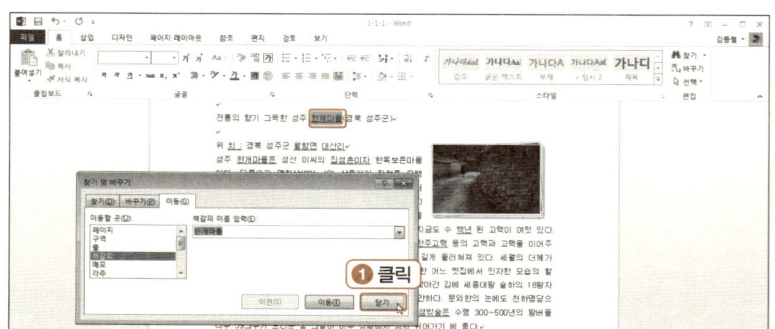

Chapter 03 문서에 서식 적용

3-1 페이지 설정

페이지 설정은 용지의 종류나 크기, 상하 좌우의 여백 등을 설정하여 문서가 보다 깔끔하게 인쇄되도록 하는 기능입니다. 문서를 만들 때 기본으로 사용해도 되지만 특정한 목적으로 만들 때 많이 사용합니다.

♦ 문서의 여백을 좌우 모두 '3.3cm'로 설정하시오.

❶ [페이지 레이아웃] 탭-[페이지 설정] 그룹-[자세히] 단추를 클릭합니다.

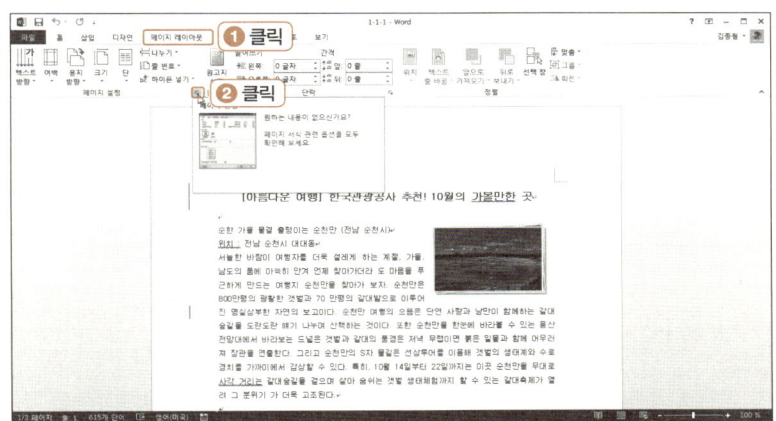

멘토의 한 수

[페이지 레이아웃] 탭-[페이지 설정] 그룹-[여백] 명령 단추를 클릭한 후 '사용자 지정 여백'을 선택해도 됩니다.

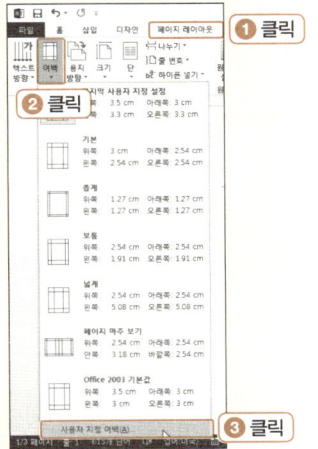

❷ '왼쪽 : 3.3cm, 오른쪽 : 3.3cm'로 설정한 후 〈확인〉을 클릭합니다.

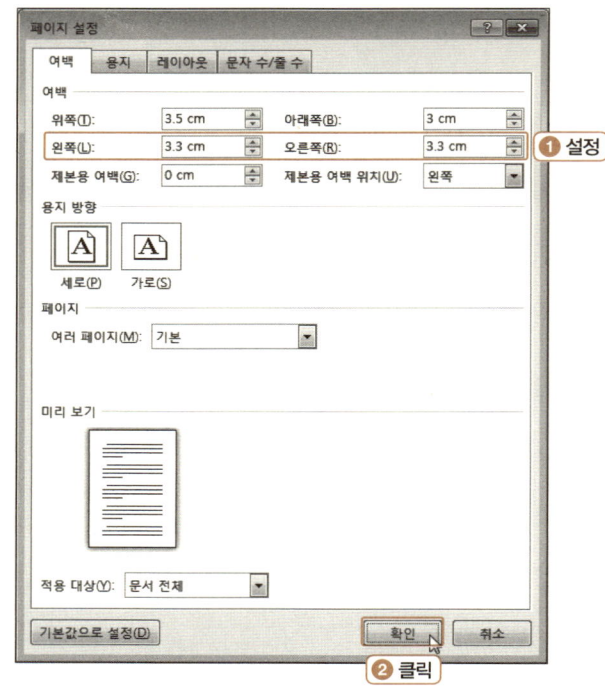

✤ 문서에 자동으로 하이픈이 삽입되도록 옵션을 설정하시오.

❶ [페이지 레이아웃] 탭-[페이지 설정] 그룹-[하이픈 넣기] 명령 단추를 클릭한 후 '하이픈 넣기 옵션'을 선택합니다.

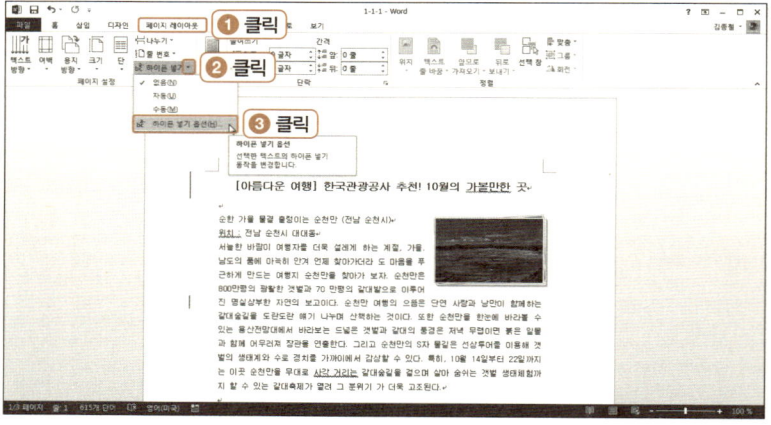

❷ '자동으로 하이픈 넣기'를 체크 표시한 후 〈확인〉을 클릭합니다.

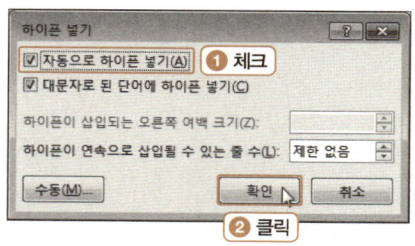

3-2 테마

워드에는 기본적으로 테마가 포함되어 있지만 사용자에 맞게 수정을 할 수가 있습니다. 나만의 글꼴, 색 등을 저장하여 워드 문서를 꾸밀 때 사용하면 편리합니다.

❖ 다음과 같이 사용자 지정 색을 변경하시오.

테마 색	색상	이름
강조 4	빨강(50), 녹색(70), 파랑(200)	mosaic

❶ [디자인] 탭-[문서 서식] 그룹-[색] 명령 단추를 클릭한 후 '색 사용자 지정'을 선택합니다.

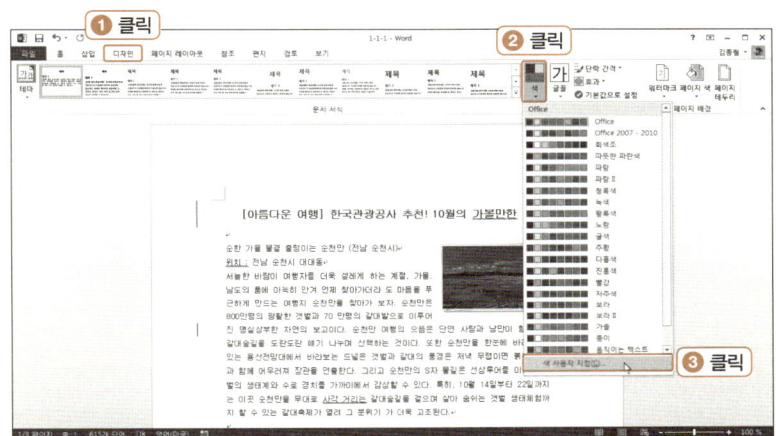

❷ '강조 4'에서 목록 단추를 클릭한 후 '다른 색'을 선택합니다.

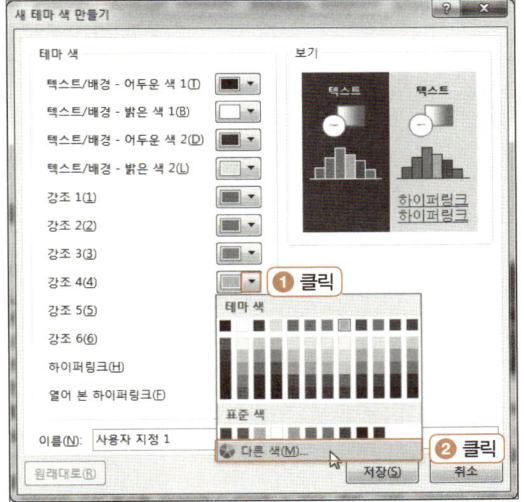

❸ '빨강(50), 녹색(70), 파랑(200)'을 설정한 후 〈확인〉을 클릭합니다.

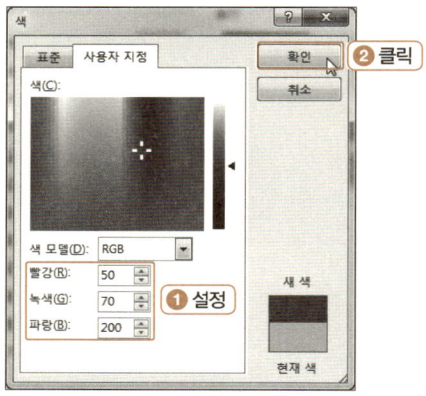

❹ '이름 : mosaic'로 변경한 후 〈저장〉을 클릭합니다.

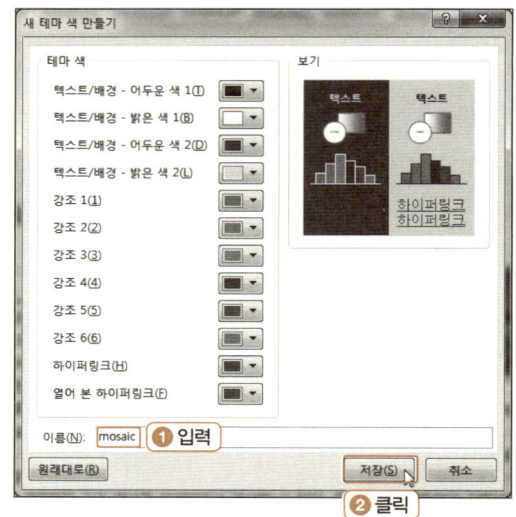

❺ [디자인] 탭-[문서 서식] 그룹-[색] 명령 단추를 클릭하면 추가한 테마 색을 볼 수 있습니다.

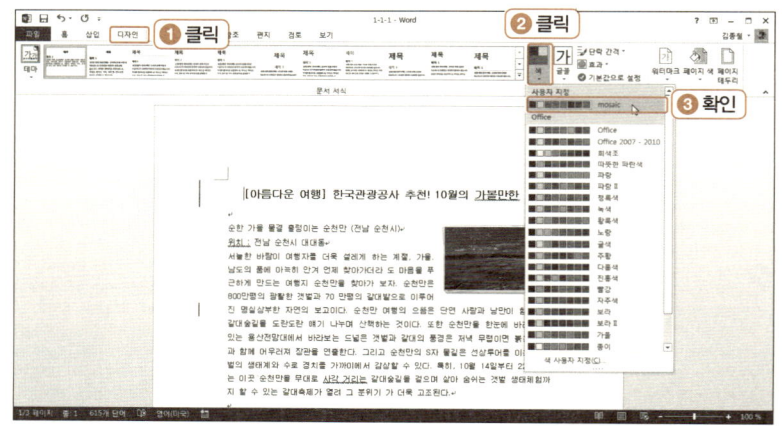

> **멘토의 한 수**
>
> 사용자 지정 글꼴을 등록할 때는 [디자인] 탭-[문서 서식] 그룹-[글꼴] 명령 단추를 클릭한 후 '글꼴 사용자 지정'을 선택합니다.

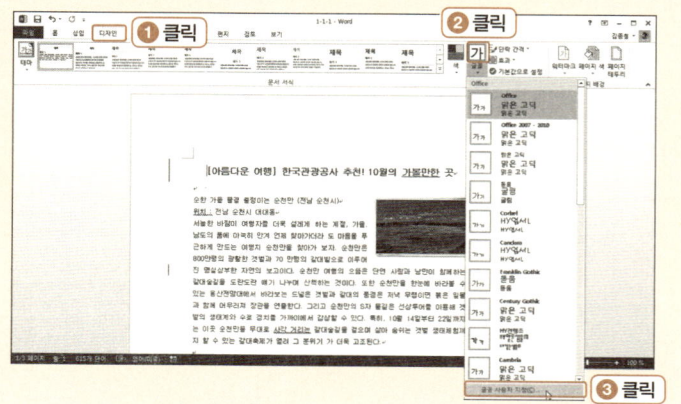

❖ 현재 테마를 'mosaic테마'로 저장하시오.

❶ [디자인] 탭-[문서 서식] 그룹-[테마] 명령 단추를 클릭하고 '현재 테마 저장'을 선택합니다.

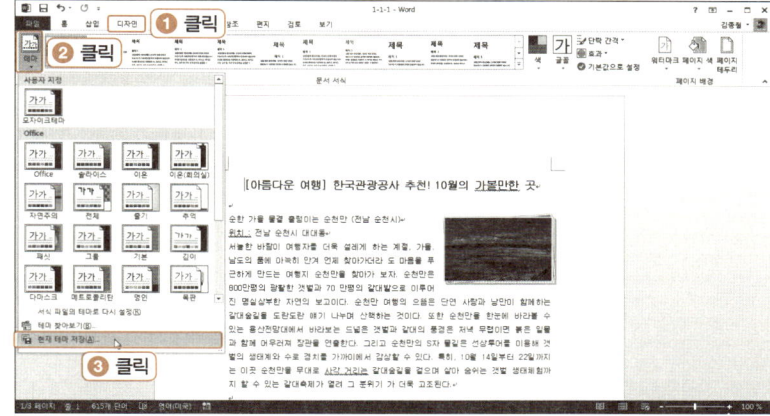

❷ '파일 이름 : mosaic테마'를 입력한 후 〈저장〉을 클릭합니다.

> **멘토의 한 수**
>
> 테마를 저장하면 'C:\Users\user\AppData\Roaming\Microsoft\Templates\Document Themes'에 저장됩니다.

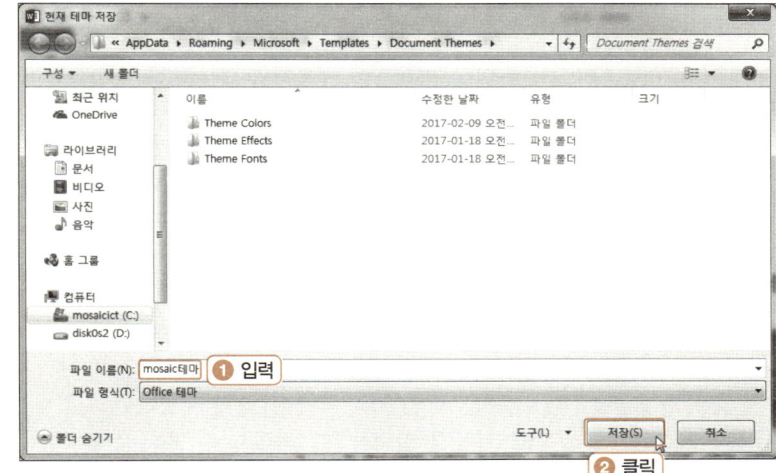

3-3 스타일

스타일은 글꼴, 테두리, 음영 등 셀에 적용할 서식을 한 번에 설정할 수 있도록 미리 만들어 놓은 것입니다. 워드 2013에서는 셀 스타일이 미리 만들어져 있어 간단하게 적용할 수 있는 다양한 스타일이 만들어져 있습니다. 또한 사용자가 원하는 스타일이 있으면 별도로 만들어서 저장할 수 있습니다.

❖ 다음과 같이 새로운 셀 스타일을 등록하시오(1페이지 1줄에 적용할 것).

스타일 이름	글꼴 스타일
mosaic서식	굵게, 기울임꼴

❶ 1페이지 1줄에 커서를 놓은 후 [홈] 탭-[스타일] 그룹-'자세히'를 클릭합니다.

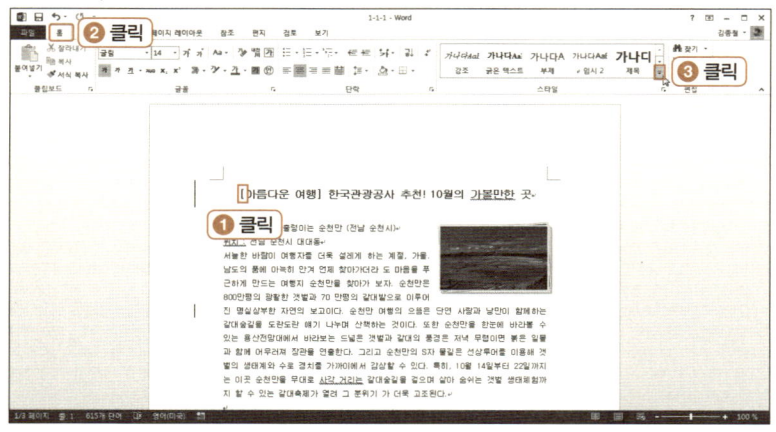

❷ '스타일 만들기'를 클릭합니다.

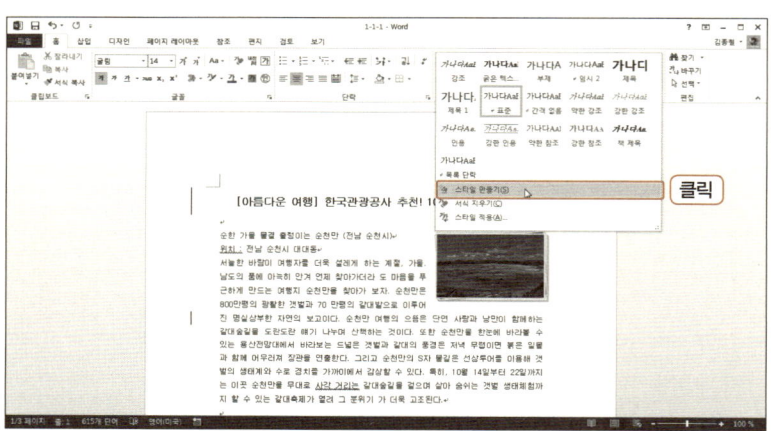

❸ '스타일 이름'에 'mosaic서식'을 입력한 후 〈수정〉을 클릭합니다.

❹ 〈서식〉을 클릭한 후 '글꼴'을 선택합니다.

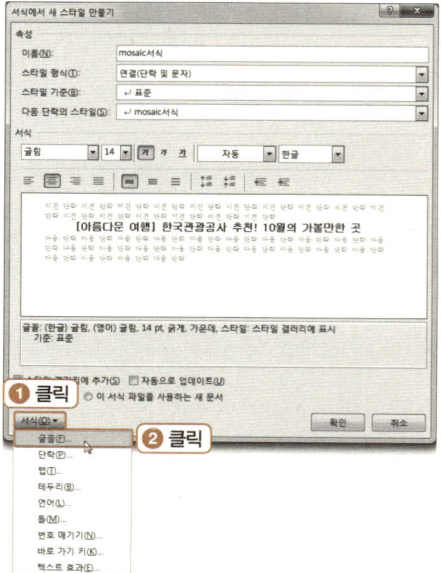

❺ [글꼴] 탭에서 '글꼴 스타일 : 굵게 기울임꼴'을 선택한 후 〈확인〉을 클릭합니다.

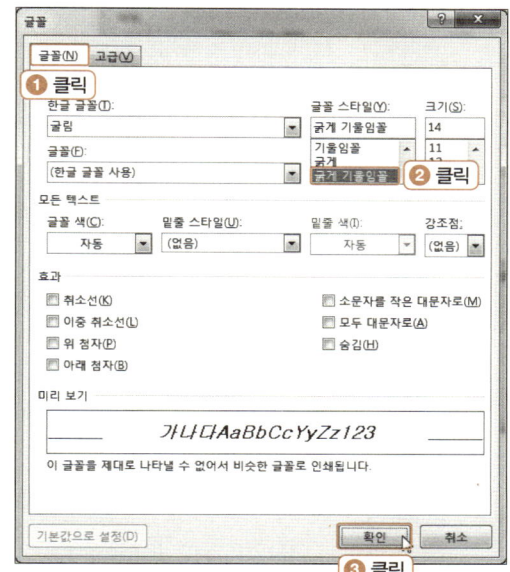

❻ 〈확인〉을 클릭합니다.

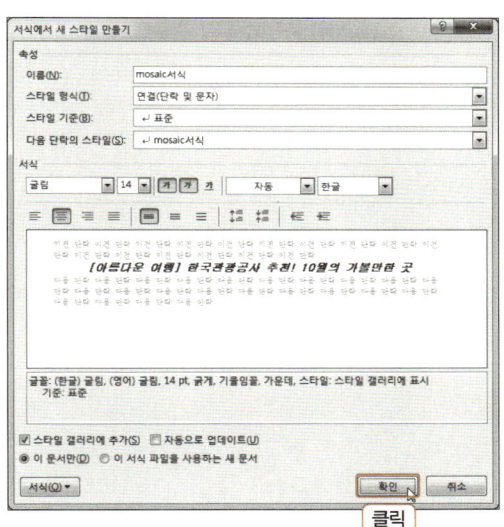

3-4 머리글 및 바닥글

머리글은 문서의 위쪽에, 바닥글은 아래쪽에 위치한 글자나 개체를 말합니다. 한 번만 설정하면 모든 페이지에 동일한 내용으로 설정할 수 있습니다.

✤ 문서의 오른쪽 위에 'KTO' 내용의 머리글이 나타나도록 설정하시오.

❶ [삽입] 탭-[머리글/바닥글] 그룹-[머리글] 명령 단추를 클릭합니다.

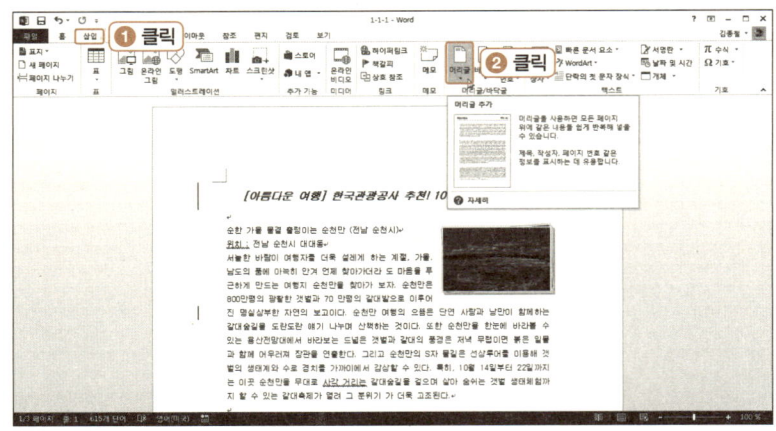

❷ '머리글 편집'을 선택합니다.

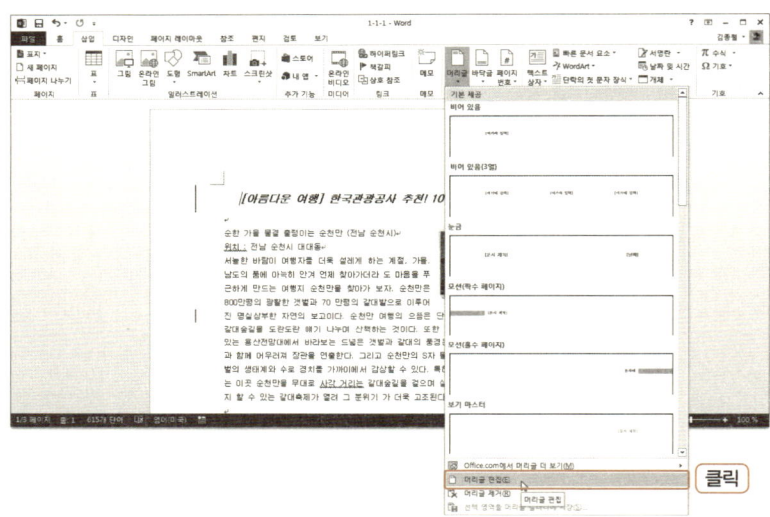

❸ 'KTO'를 입력한 후 [홈] 탭-[단락] 그룹-[오른쪽 맞춤] 명령 단추를 클릭합니다.

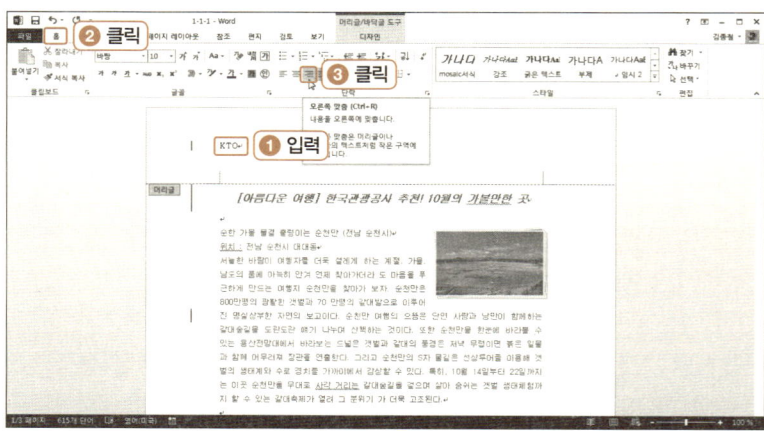

❹ [머리글/바닥글 도구]-[디자인] 탭-[닫기] 그룹-[머리글/바닥글 닫기] 명령 단추를 클릭합니다.

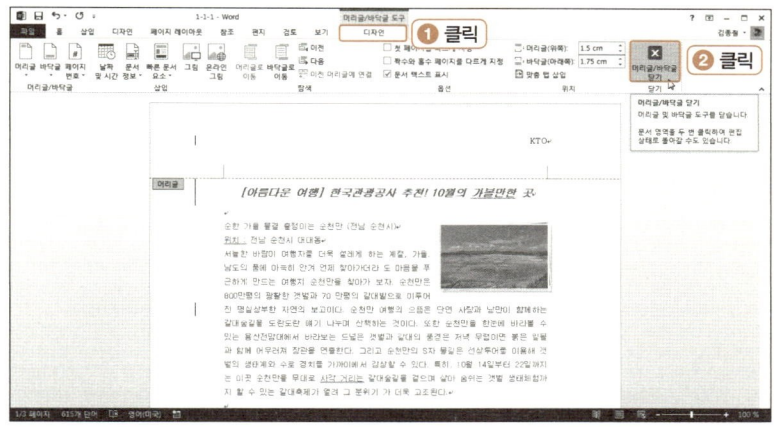

❺ 'KTO'가 머리글로 나타납니다.

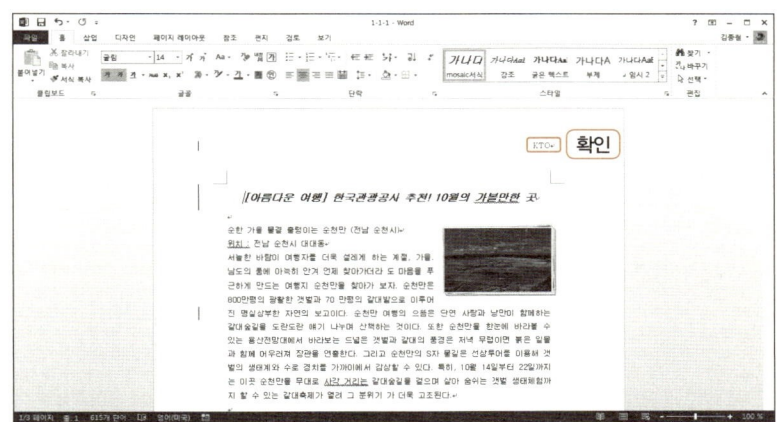

멘토의 한 수

[머리글/바닥글 도구]-[디자인] 탭-[옵션] 그룹에서 '첫 페이지를 다르게 지정 / 짝수와 홀수 페이지를 다르게 지정' 할 수 있습니다.

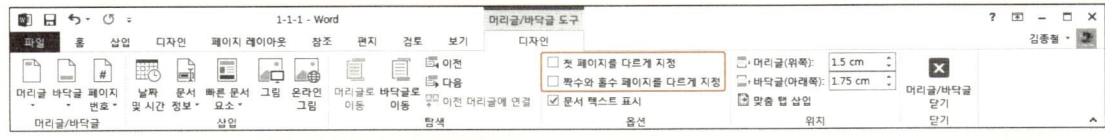

Chapter 03 문서에 서식 적용 | 33

✤ 바닥글 영역의 가운데에 자동으로 업데이트되는 날짜를 삽입하시오.

❶ [삽입] 탭-[머리글/바닥글] 그룹-[바닥글] 명령 단추를 클릭한 후 '바닥글 편집'을 클릭합니다.

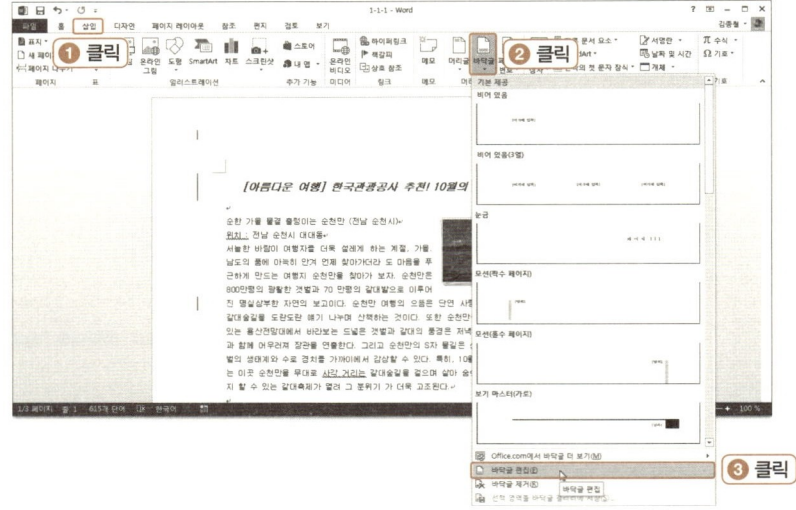

❷ [머리글/바닥글 도구]-[디자인] 탭-[삽입] 그룹-[날짜 및 시간] 명령 단추를 클릭합니다.

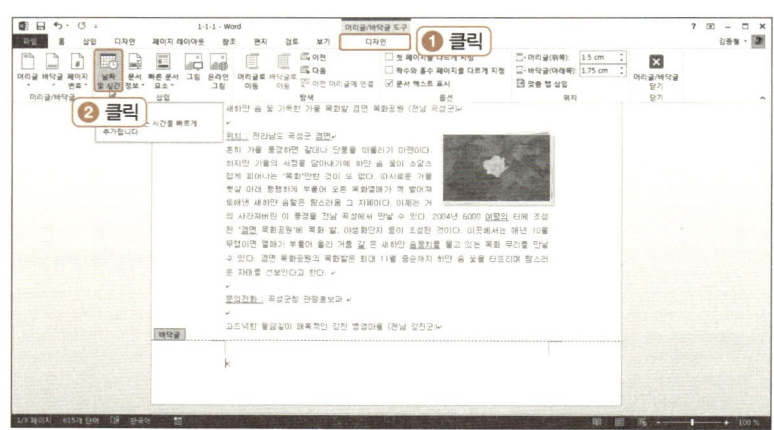

❸ 날짜를 선택한 후 '자동으로 업데이트' 항목에 체크 표시하고 〈확인〉을 클릭합니다.

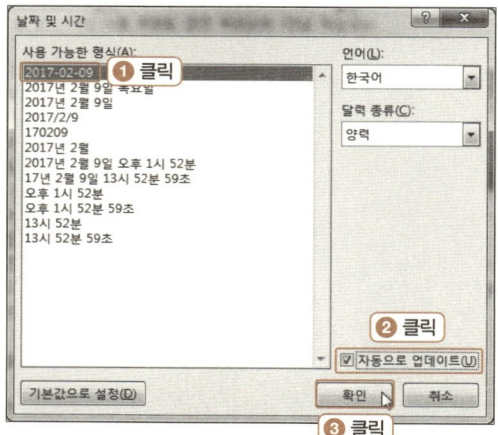

❹ 날짜가 삽입되면 [홈] 탭-[단락] 그룹-[가운데 맞춤] 명령 단추를 클릭합니다.

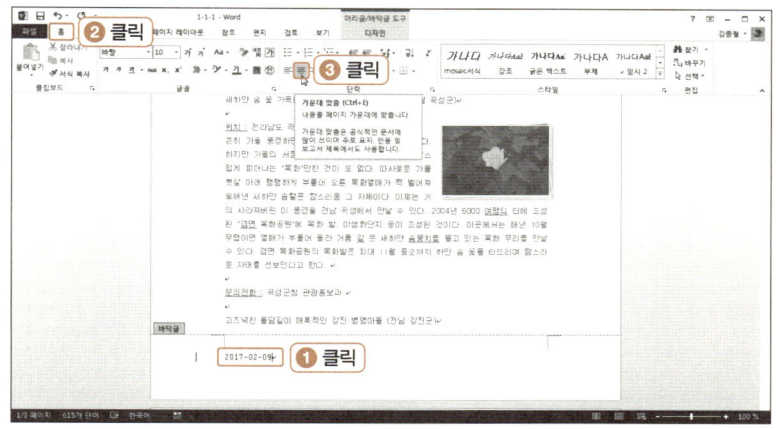

3-5 워터마크

워터마크는 문서를 인쇄할 때 배경에 나타나는 텍스트나 그림을 말합니다. 워터마크를 삽입하면 문서에 '초안', '대외비', '회사로고' 등을 설정할 수 있어 양식 같은 곳에 많이 사용됩니다.

✣ 문서에 'MOSAIC' 워터마크를 삽입하시오.

❶ [디자인] 탭-[페이지 배경] 그룹-[워터마크] 명령 단추를 클릭합니다.

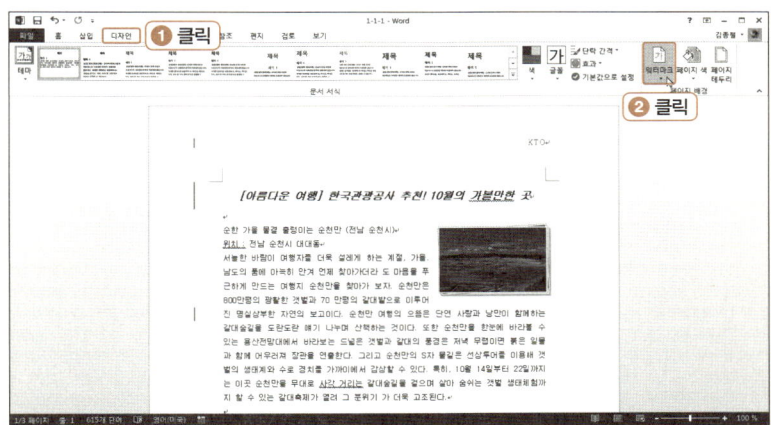

❷ '사용자 지정 워터마크'를 선택합니다.

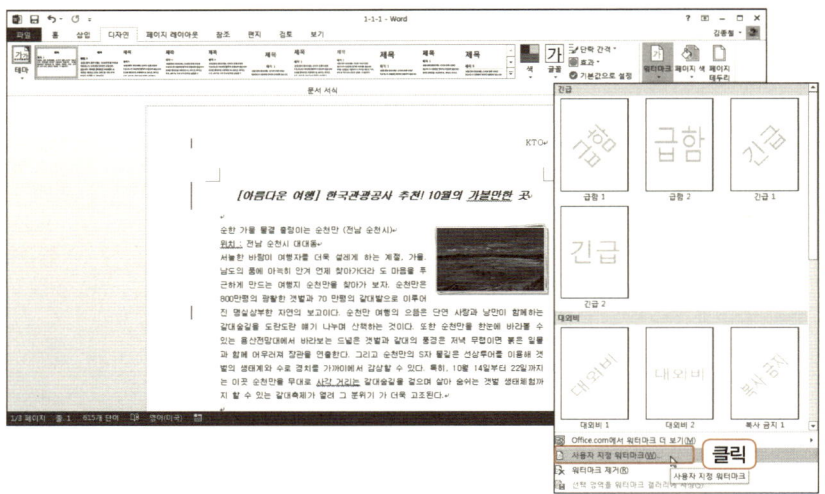

❸ '텍스트 : MOSAIC'를 입력합니다.

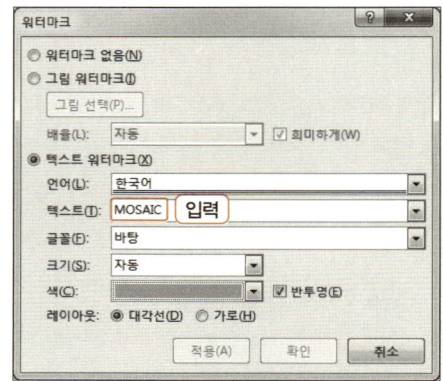

❹ '색'의 목록 단추를 클릭한 후 '연한 파랑'을 선택합니다. 그런 다음 〈확인〉을 클릭합니다.

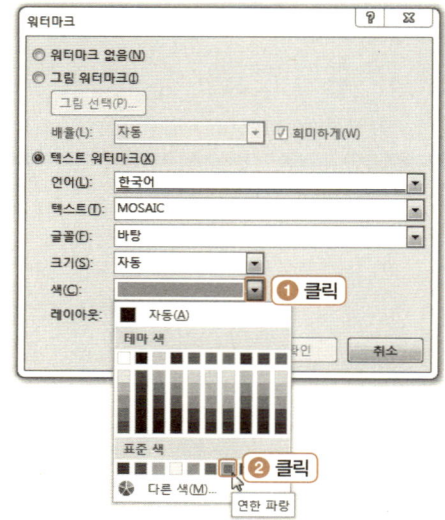
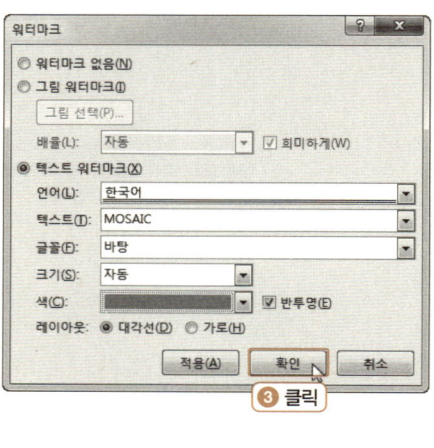

❺ 문서에 워터마크가 나타납니다.

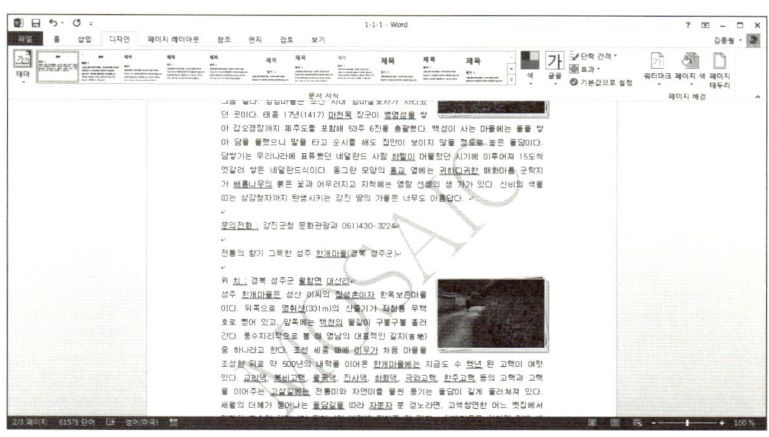

멘토의 한 수

설정된 워터마크를 삭제할 때는 [디자인] 탭-[페이지 배경] 그룹-[워터마크] 명령 단추를 클릭한 후 '워터마크 제거'를 선택합니다.

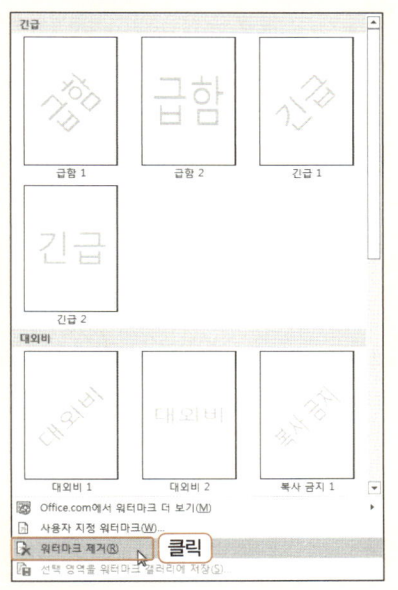

3-6 페이지 번호

페이지 번호는 페이지마다 번호가 자동으로 삽입되는 것을 말합니다. 페이지 번호를 일일이 삽입하면 번거로울 뿐 아니라 페이지 번호 규칙이 바뀌면 모두 바꿔야하는 문제점이 있습니다. 또한 삽입한 페이지 번호는 언제든지 모양이나 서식을 변경할 수 있으며, 삭제할 수도 있습니다.

✦ 문서의 바닥글에 '일반 번호 2' 페이지 번호를 삽입하시오.

❶ [삽입] 탭-[머리글/바닥글] 그룹-[페이지 번호] 명령 단추를 클릭합니다.

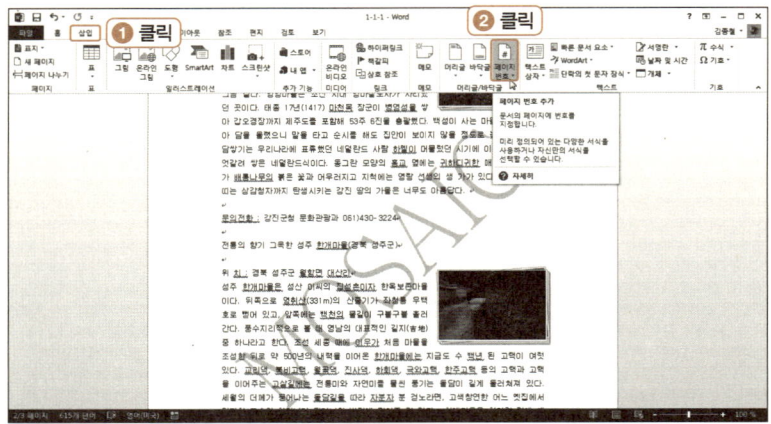

❷ '아래쪽'-'일반 번호 2'를 선택합니다.

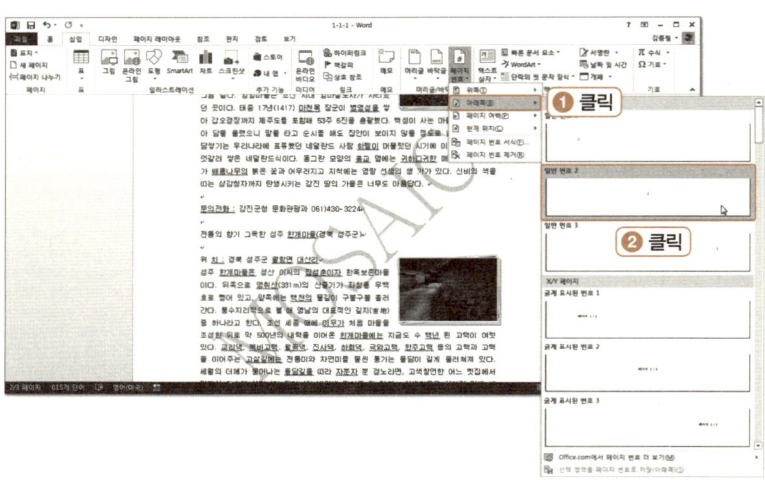

❸ 문서의 아래쪽에 페이지 번호가 삽입됩니다. [머리글/바닥글 도구]-[디자인] 탭-[닫기] 그룹-[머리글/바닥글 닫기] 명령 단추를 클릭합니다.

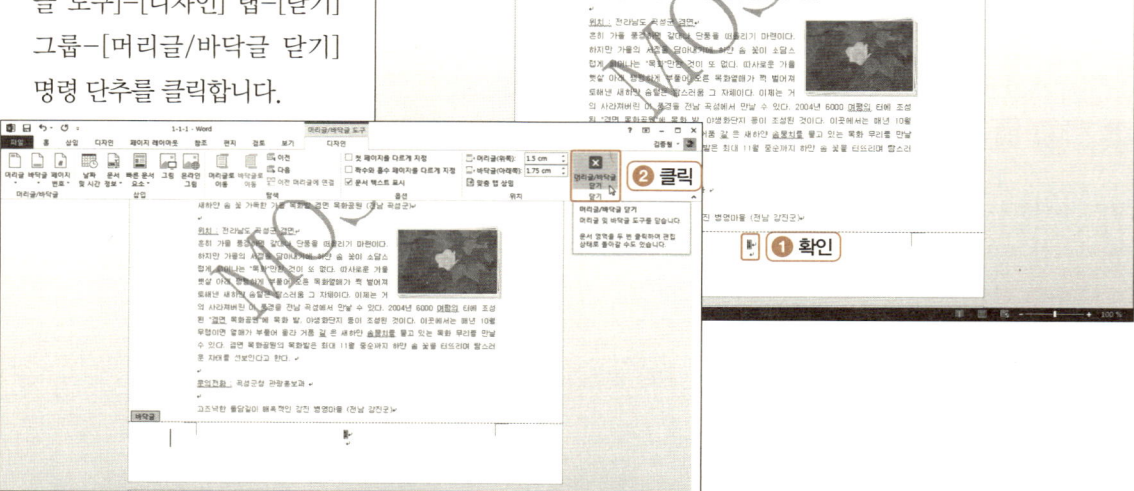

38 | Part 01 문서 만들기 및 관리

Chapter 04 문서 옵션

4-1 문서 보기

워드는 문서를 편리하게 작업할 수 있도록 여러 가지 형태로 볼 수 있는 방법을 제공합니다. 주로 사용하는 인쇄 모양 보기, 읽기 모드, 웹 모양, 개요, 초안 보기 등 작업하려는 성격에 맞게 보기를 변경할 수 있어 편리합니다.

✤ 문서를 '읽기 모드'로 본 후 '인쇄 모양'으로 변경하시오.

❶ [보기] 탭-[보기] 그룹-[읽기 모드] 명령 단추를 클릭합니다.

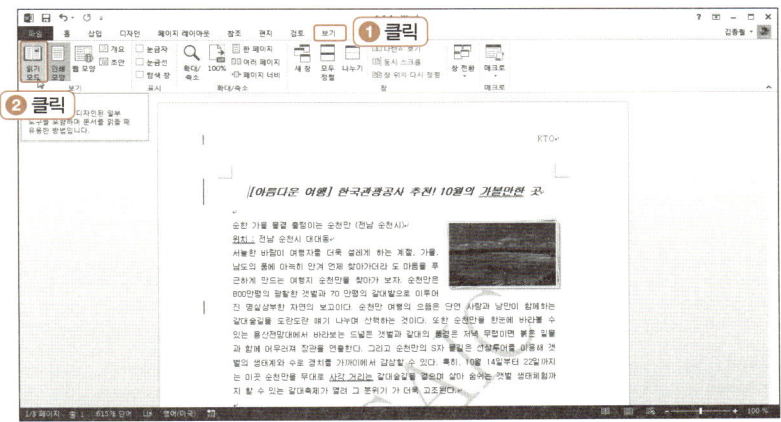

멘토의 한 수

오른쪽 하단에 있는 '읽기 모드'를 클릭해도 됩니다.

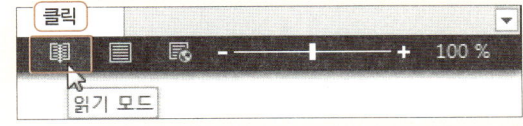

❷ 문서가 읽기 모드로 변경됩니다.

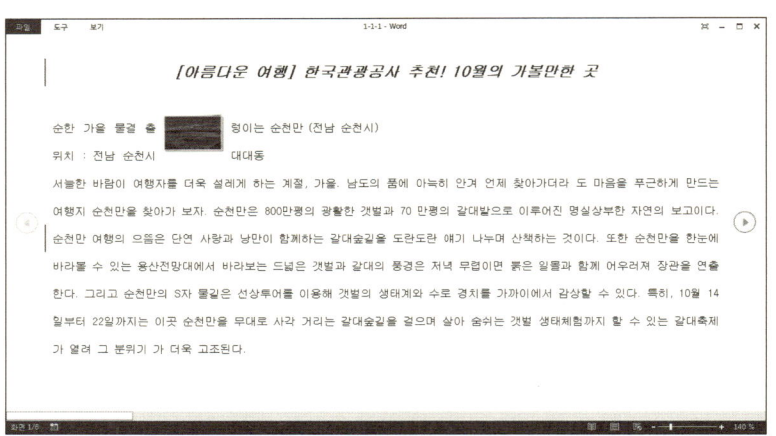

❸ 오른쪽 하단에 있는 '인쇄 모양'을 클릭합니다.

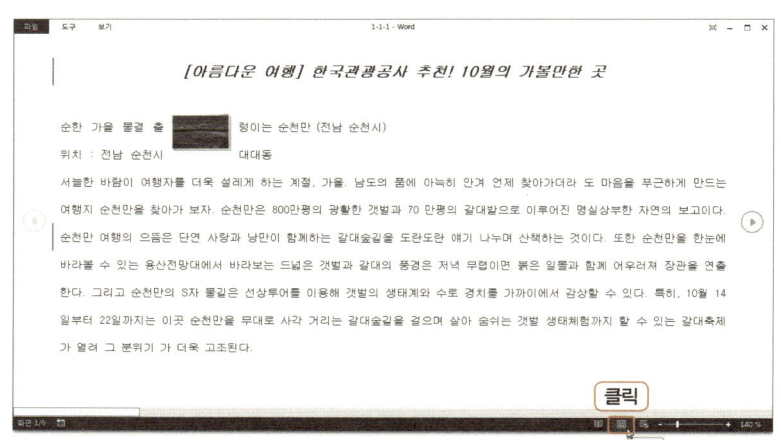

4-2 확대 및 축소

문서를 작성할 때 페이지의 확대 및 축소는 많이 사용하는 기능입니다. 특히 워드에서는 한 페이지, 여러 페이지, 페이지 너비 등 유용한 기능을 제공하고 있습니다.

✦ **문서를 여러 페이지로 본 후 '105%'로 설정하시오.**

❶ [보기] 탭-[확대/축소] 그룹-[여러 페이지] 명령 단추를 클릭합니다.

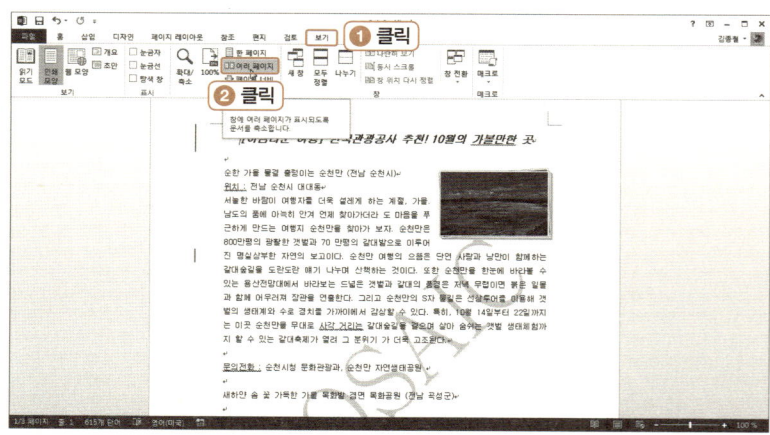

❷ 문서를 여러 페이지로 볼 수 있습니다.

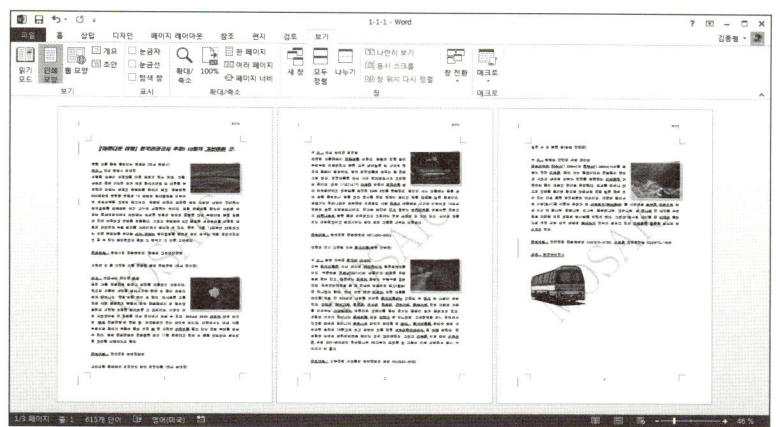

❸ [보기] 탭-[확대/축소] 그룹-[확대/축소] 명령 단추를 클릭합니다.

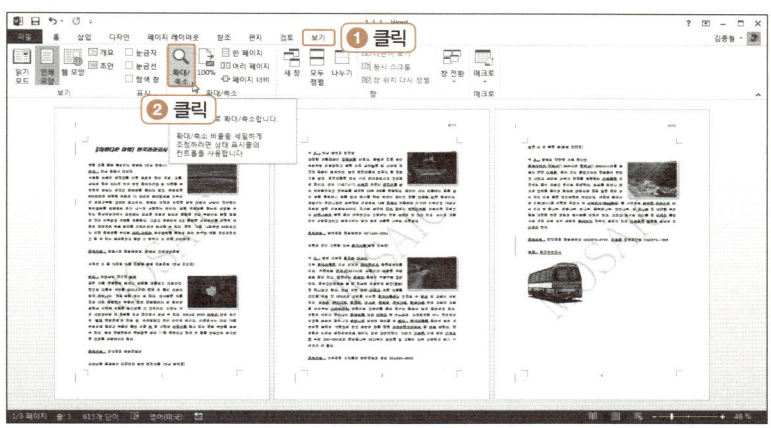

❹ '백분율 : 105'로 설정한 후 〈확인〉을 클릭합니다.

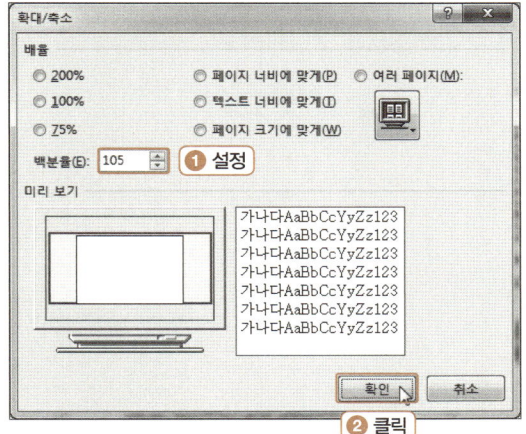

Chapter 04 문서 옵션 | 41

❺ 화면이 '105%'로 확대됩니다.

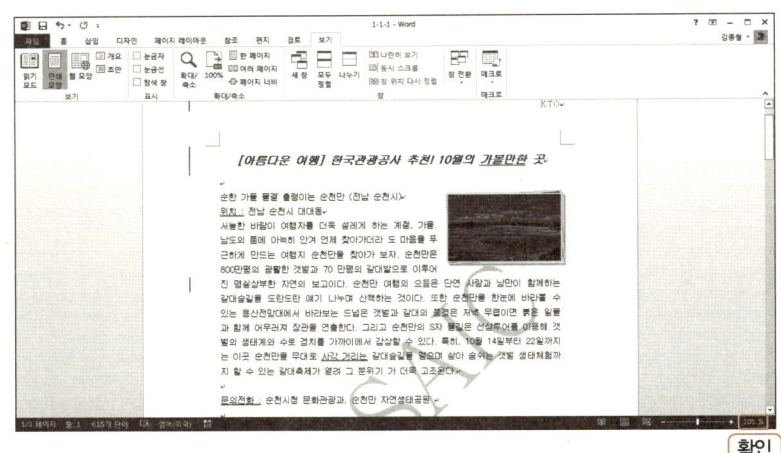

멘토의 한 수

오른쪽 하단에 있는 슬라이드 바를 움직이면서 설정해도 됩니다.

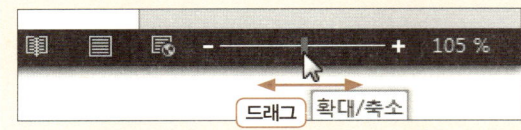

4-3 빠른 실행 도구 모음

자주 사용하는 명령을 작업할 때마다 찾아서 실행한다면 매우 불편하지만, 빠른 실행 도구 모음에 추가하면 훨씬 쉽고 빠르게 명령을 실행할 수 있습니다. 워드에서는 자주 사용하는 명령을 빠른 실행 도구 모음에 추가하는 기능을 제공합니다.

✤ '빠른 실행 도구 모음'에 형광펜 명령을 추가하시오.

❶ '빠른 실행 도구 모음'에서 목록 단추를 클릭한 후 '기타 명령'을 선택합니다.

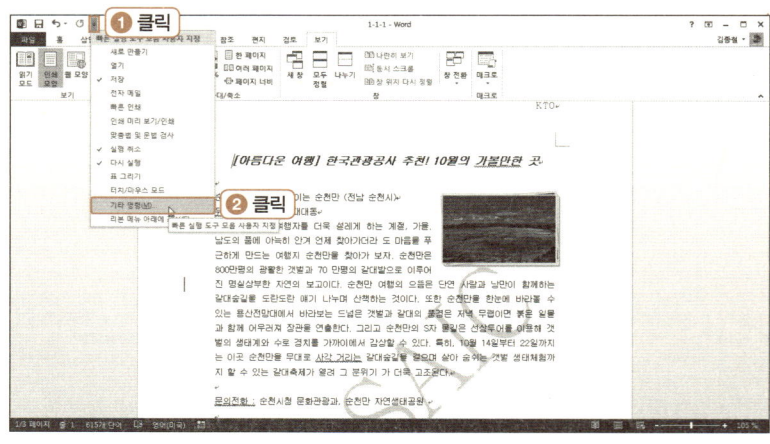

42 | Part 01 문서 만들기 및 관리

❷ '명령 선택'의 목록 단추를 클릭한 후
'모든 명령'을 선택합니다.

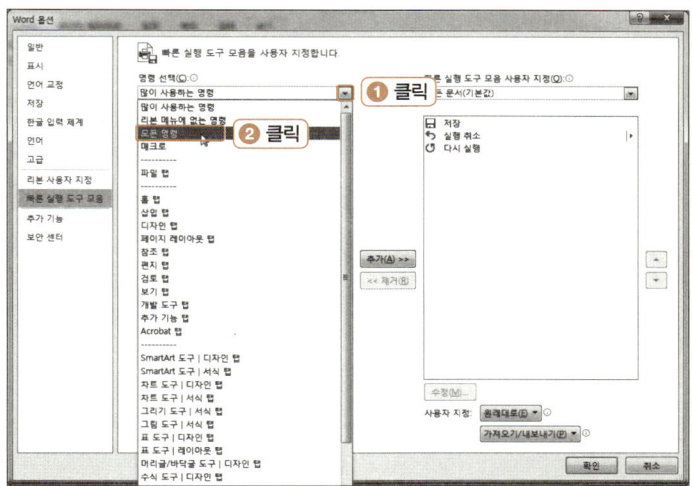

❸ '형광펜'을 선택한 후 〈추가〉를 클릭
합니다.

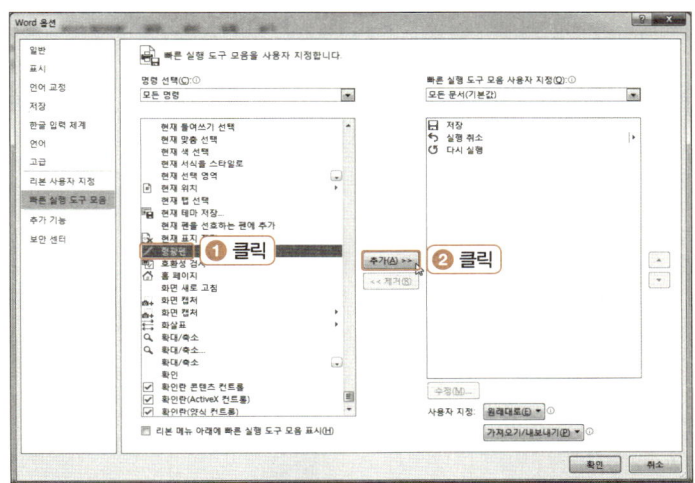

❹ 〈확인〉을 클릭합니다.

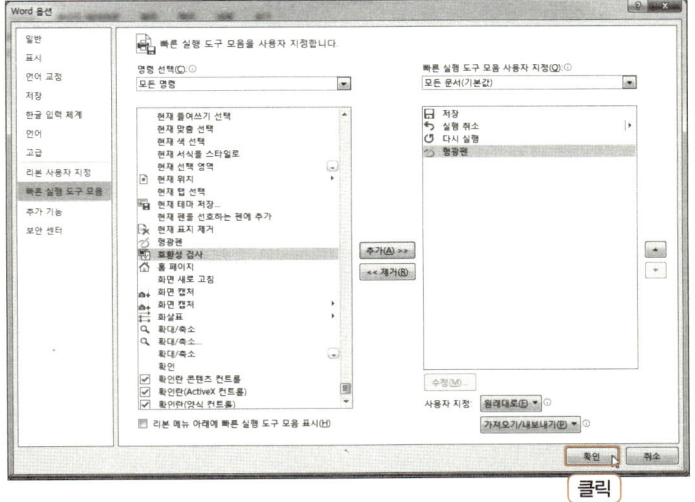

❺ 빠른 실행 도구 모음에 '형광펜' 명령이 추가됩니다.

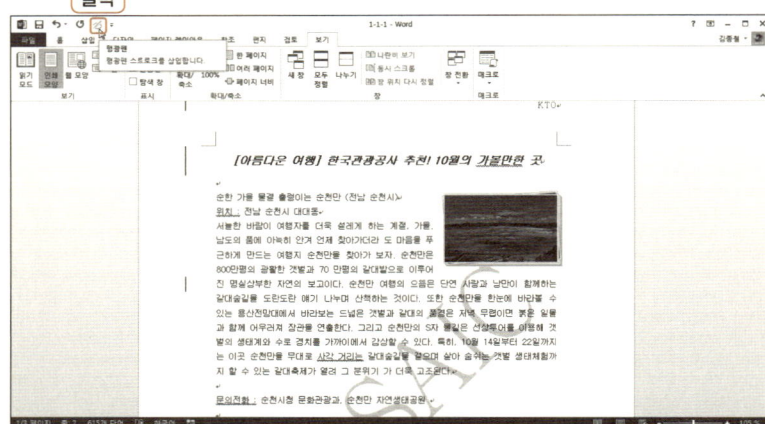

> **멘토의 한 수**
>
> [파일] 탭-[옵션]을 클릭한 후 '빠른 실행 도구 모음'에서 추가해도 됩니다.

4-4 리본 사용자 지정

워드는 각종 명령어들을 사용하기 편리하도록 리본 메뉴를 통해 제공하고 있습니다. 비슷한 성격의 명령어들을 리본 메뉴에 묶어 놓음으로써 사용자가 해당 기능을 수행할 때 빠르고 편리하게 찾을 수 있습니다. 또한 이러한 리본 메뉴는 새롭게 만들거나 기본으로 나타나지 않는 메뉴를 나타나게 할 수 있습니다.

❖ 리본 메뉴에 '개발 도구'가 나타나도록 설정하시오.

❶ [파일] 탭-[옵션]을 클릭합니다.

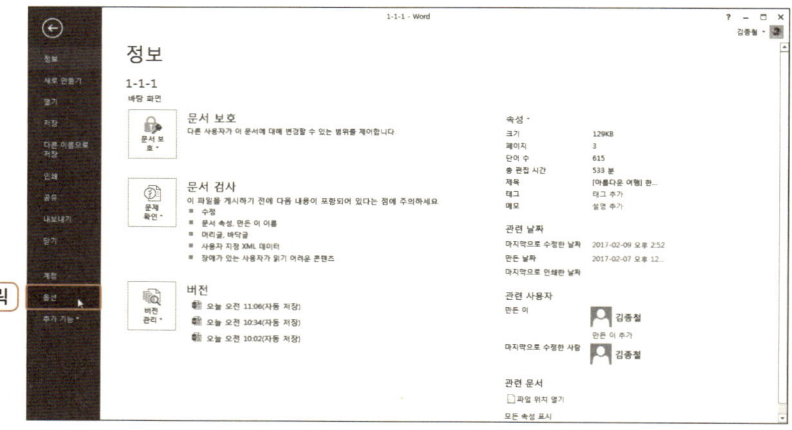

❷ '리본 사용자 지정'에서 '개발 도구'를 체크 표시한 후 〈확인〉을 클릭합니다.

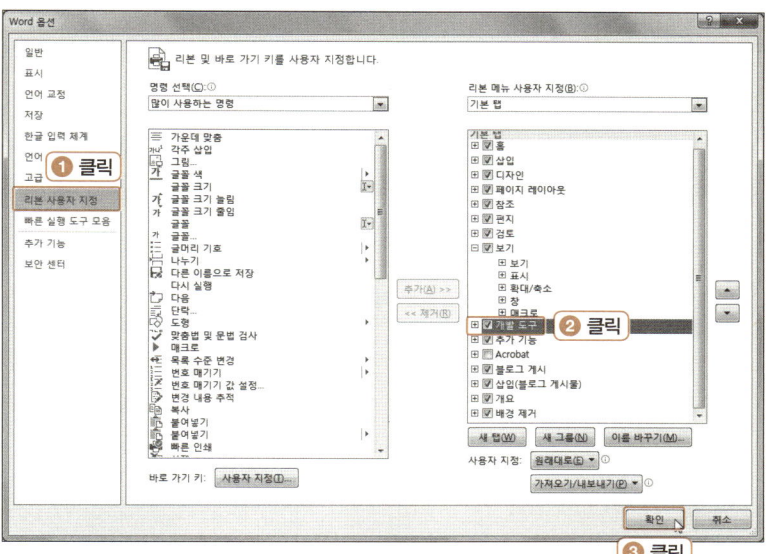

❸ 리본 메뉴에 '개발 도구'가 나타납니다.

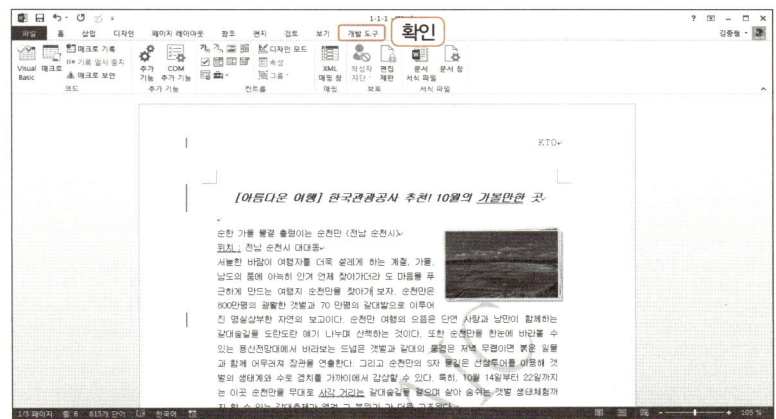

멘토의 한 수

변경한 리본 메뉴를 초기화할 때는 '사용자 지정'-'원래대로'를 클릭한 후 '모든 사용자 지정 다시 설정'을 선택합니다.

4-5 창 분할

문서의 내용이 많을 때 두 개로 보면서 작업하면 편리할 것입니다. 워드에서는 동일한 문서의 화면을 두 개로 나누어 스크롤 하면서 작업하는 공간을 제공합니다. 문서의 내용이 길 때 사용하면 편리합니다.

❖ **문서를 나누어서 본 후 원래 화면으로 보시오.**

❶ [보기] 탭-[창] 그룹-[나누기] 명령 단추를 클릭합니다.

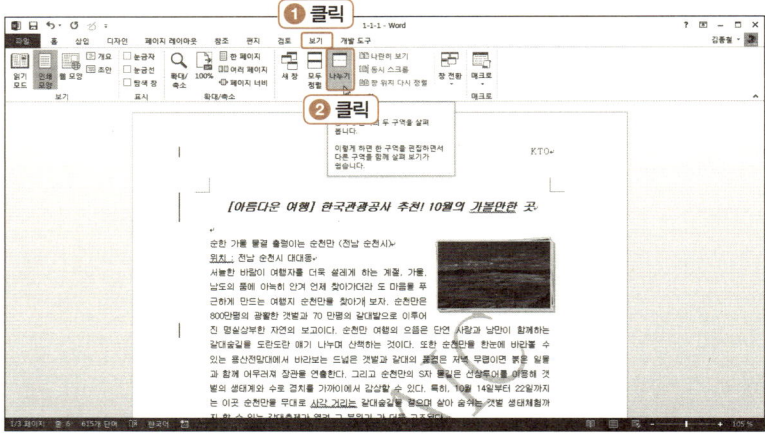

❷ 문서가 두 개로 나누어서 보여집니다.

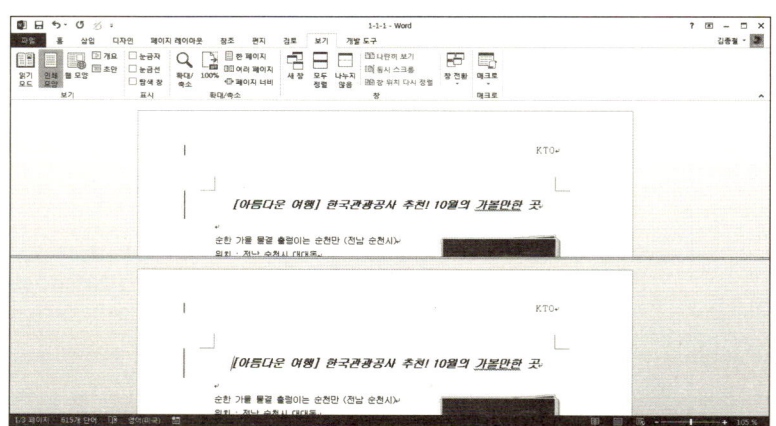

❸ 창의 분할줄을 더블 클릭합니다.

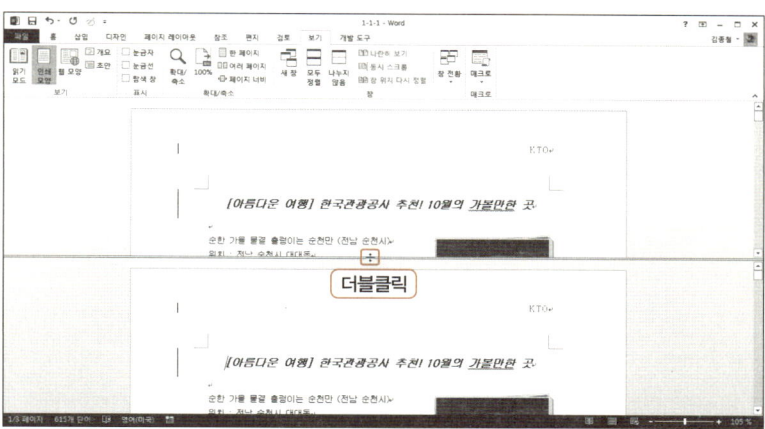

멘토의 한 수

[보기] 탭-[창] 그룹-[나누지 않음] 명령 단추를 클릭해도 됩니다.

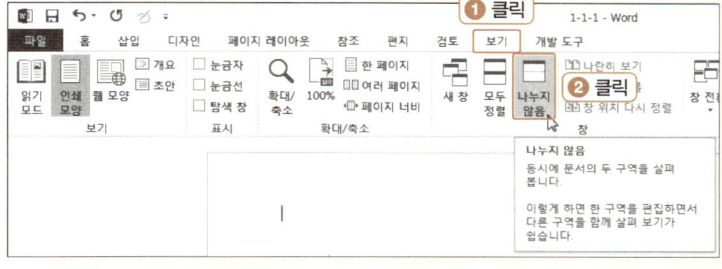

4-6 문서 속성

워드 문서에는 만든 이, 처음 만든 날짜, 마지막에 수정한 날짜, 수정한 사람 등을 저장할 수 있습니다. 속성을 보면 문서의 간단한 정보를 알 수 있기 때문에 필요에 따라 설정하면 편리합니다.

✦ 문서 속성(태그)에 '모자이크'를 추가하시오.

❶ [파일] 탭-[정보]-[모든 속성 표시]를 클릭합니다.

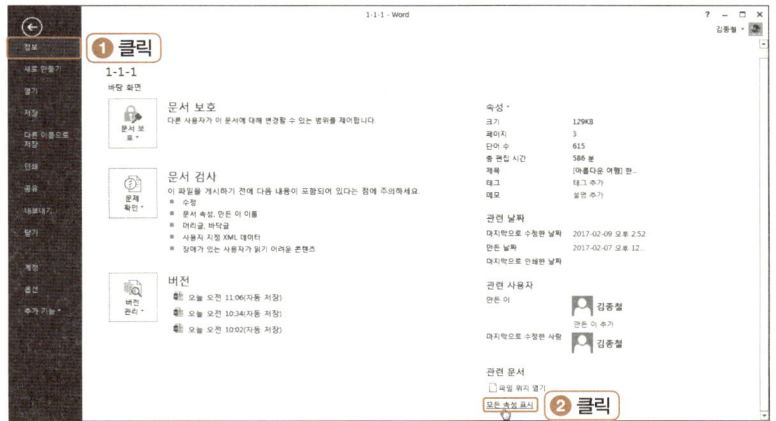

❷ '태그' 항목에서 '태그 추가'를 클릭합니다.

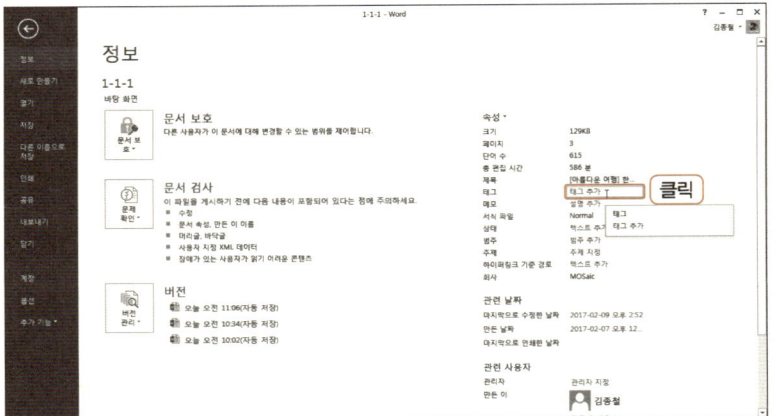

❸ '태그' 항목에 '모자이크'를 입력합니다.

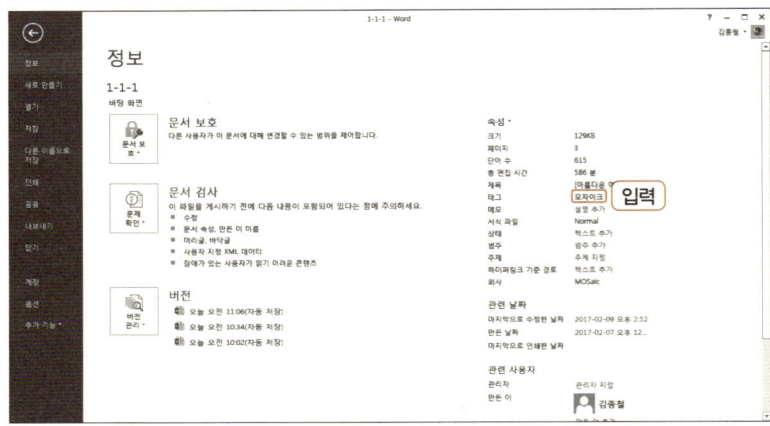

> **멘토의 한 수**
>
> [사용자 지정] 탭에서는 새로운 속성을 만들어서 저장할 수 있습니다.
>
>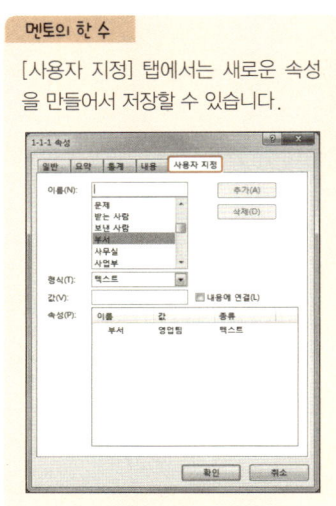

> **멘토의 한 수**
>
> '속성'-'고급 속성'을 클릭하면 더 많은 속성을 설정할 수 있습니다.
>
>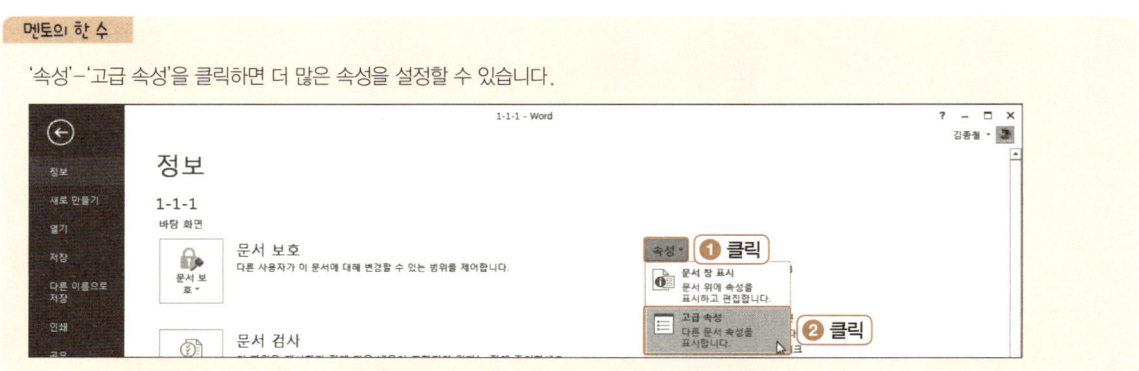

4-7 서식 기호 표시 및 숨기기

서식 기호는 문서의 레이아웃을 세밀하게 조정할 때 사용합니다. 탭, 단락 표시, 페이지 나누기, 구역 나누기를 표시하여 문서를 꾸밀 때 사용하면 편리합니다.

❖ **편집 기호를 표시한 후 숨기시오.**

❶ [홈] 탭-[단락] 그룹-[편집 기호 표시/숨기기] 명령 단추를 클릭합니다.

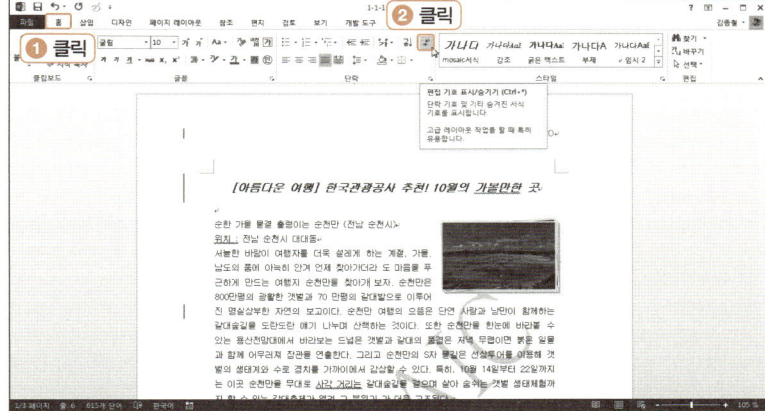

멘토의 한 수

단축키 Ctrl + Shift + 8 을 눌러도 됩니다.

❷ 동일한 방법으로 [홈] 탭-[단락] 그룹-[편집 기호 표시/숨기기] 명령 단추를 클릭합니다.

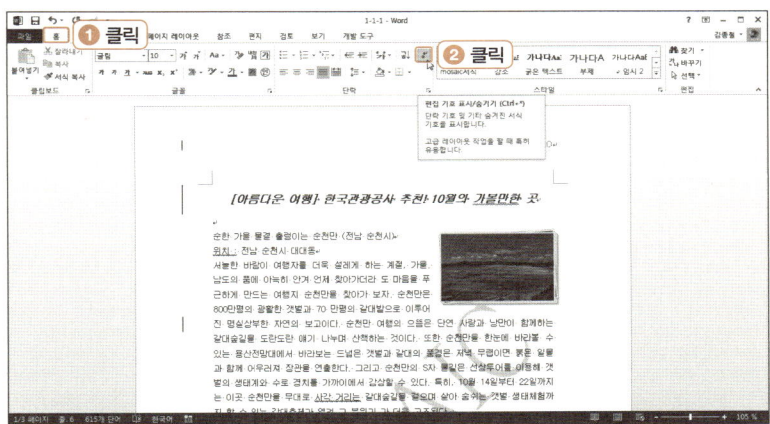

4-8 매크로

워드 문서를 만들다보면 항상 똑같은 작업을 반복할 때가 있습니다. 매번 동일한 명령을 수행할 때 매크로를 만들어두면 기록해 두었던 명령들이 일괄적으로 실행되어 문서 작업 시간을 많이 줄일 수 있습니다.

❖ 1페이지 3줄에 '굵게, 밑줄'이 설정되는 매크로를 기록한 후 1페이지 18줄에 적용하시오(매크로 이름은 '모자이크소제목'으로 할 것).

❶ 1페이지 3줄을 선택한 후 [개발 도구] 탭-[코드] 그룹-[매크로 기록] 명령 단추를 클릭합니다.

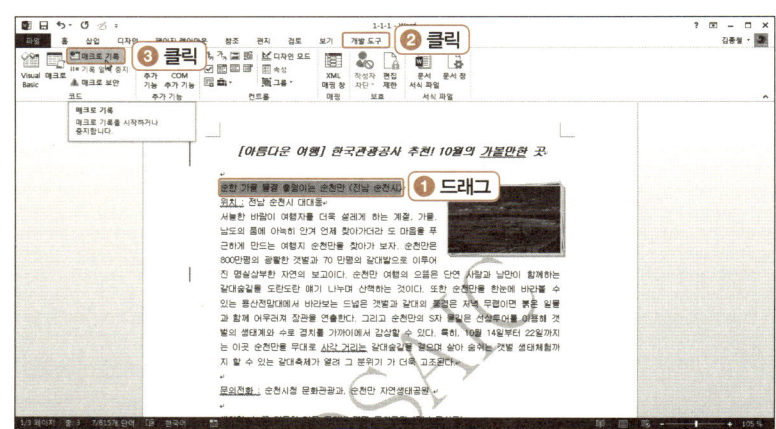

멘토의 한 수

'새 매크로 기록'이 실행되면 마우스로 이동이 불가능하기 때문에 미리 설정할 곳을 이동한 후 작업하는 것이 좋습니다. 단, 키보드의 방향키로는 이동이 가능합니다.

❷ '매크로 이름 : 모자이크소제목'을 입력한 후 〈확인〉을 클릭합니다.

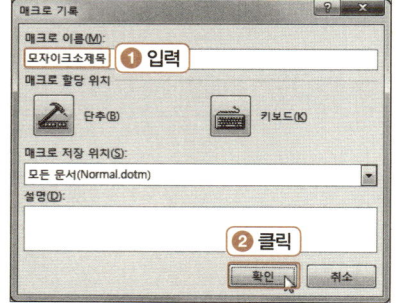

멘토의 한 수

매크로 이름을 입력할 때 다음과 같은 메시지가 나타나면서 매크로 이름이 입력되지 않는 경우가 많은데, 이럴 경우는 매크로 이름 마지막에 실수로 공백이 들어있지 않나 검사해보기 바랍니다.

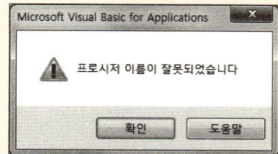

❸ [홈] 탭-[글꼴] 그룹-[굵게] 명령 단추를 클릭합니다.

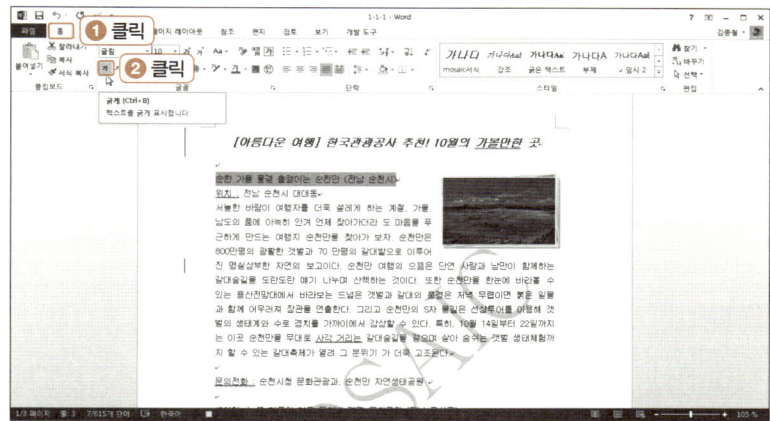

❹ [홈] 탭-[글꼴] 그룹-[밑줄] 명령 단추를 클릭합니다.

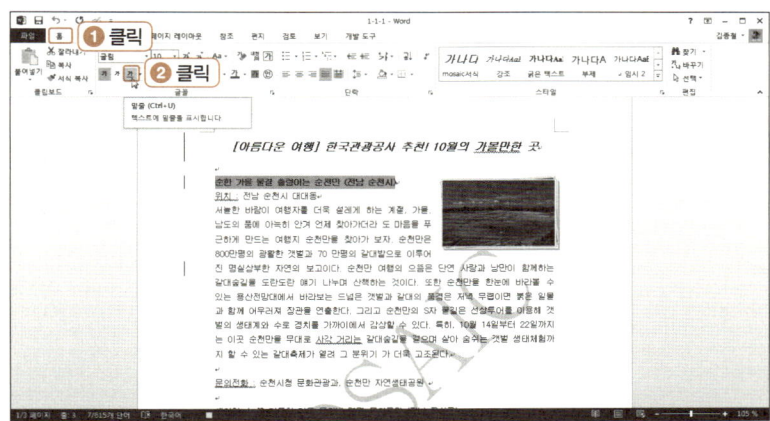

❺ [개발 도구] 탭-[코드] 그룹-[기록 중지] 명령 단추를 클릭합니다.

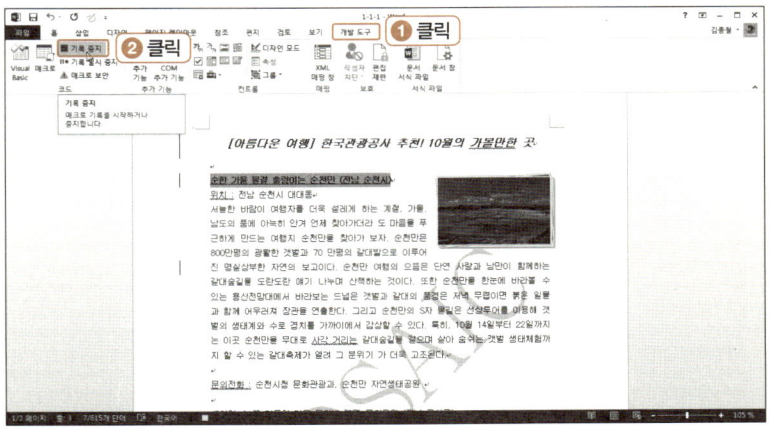

❻ 1페이지 18줄을 선택한 후 [개발 도구] 탭-[코드] 그룹-[매크로] 명령 단추를 클릭합니다.

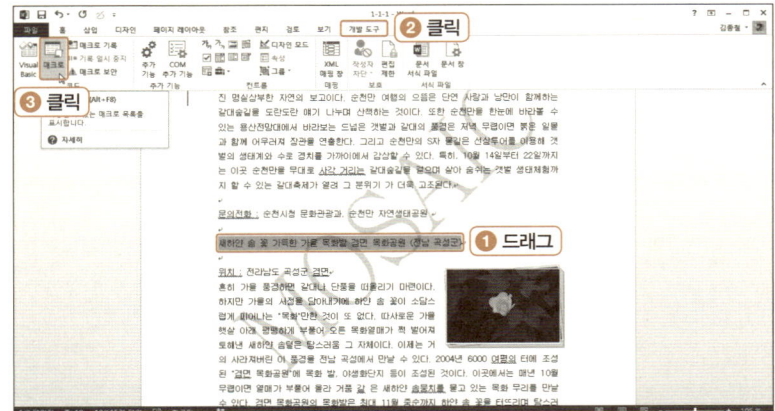

멘토의 한 수

'매크로 보기'를 실행할 때는 단축키 Alt + 8 을 눌러도 됩니다.

❼ '모자이크소제목' 매크로를 선택한 후 〈실행〉을 클릭합니다.

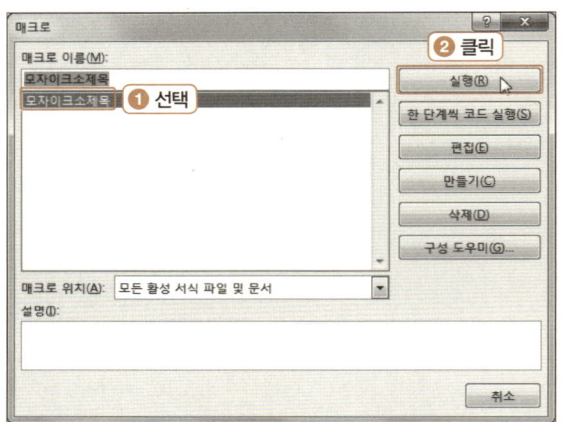

❽ 매크로가 실행됩니다.

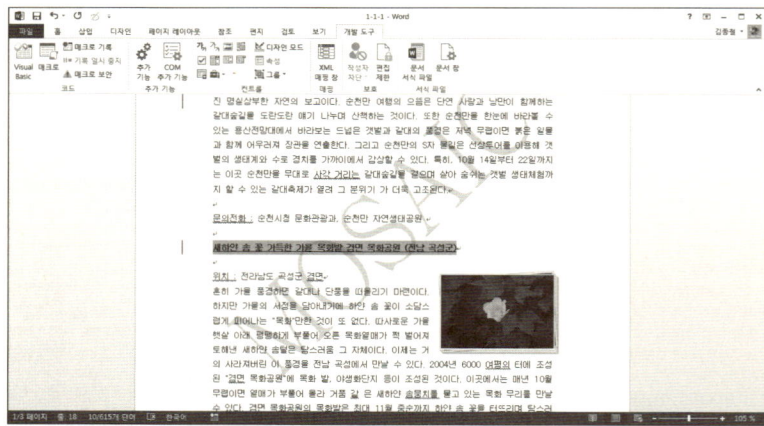

Chapter 05 문서 인쇄 및 저장

5-1 인쇄를 위한 문서 구성

워드는 다양한 방법으로 인쇄할 수 있는 기능을 제공합니다. 또한 문서 중에서 특정 영역만 인쇄할 경우에는 영역을 블록으로 지정한 후 인쇄 옵션에서 설정해 주면 됩니다. 문서 전체를 인쇄하지 않고 특정 부분만 인쇄할 때 편리합니다.

❖ 용지 한 면에 두 페이지가 인쇄되도록 설정하시오.

❶ [파일] 탭-[인쇄]를 클릭합니다.

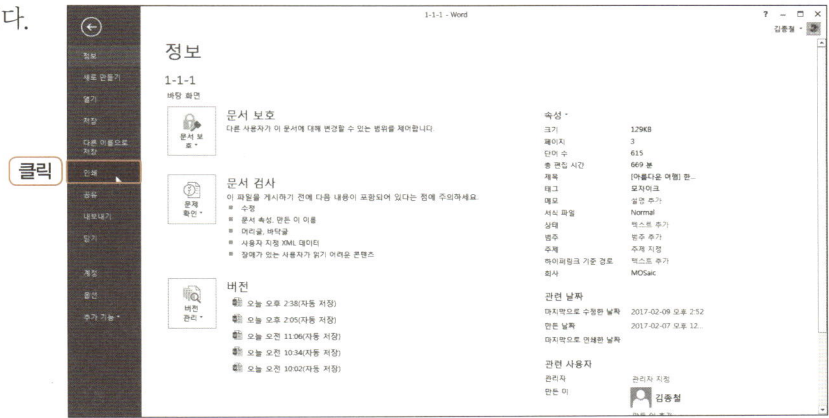

❷ '용지 한 면에 한 페이지'를 클릭합니다.

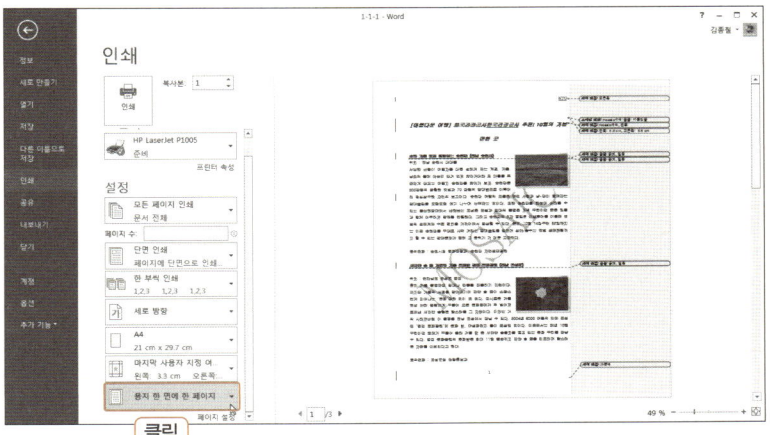

❸ '용지 한 면에 두 페이지'를 선택합니다.

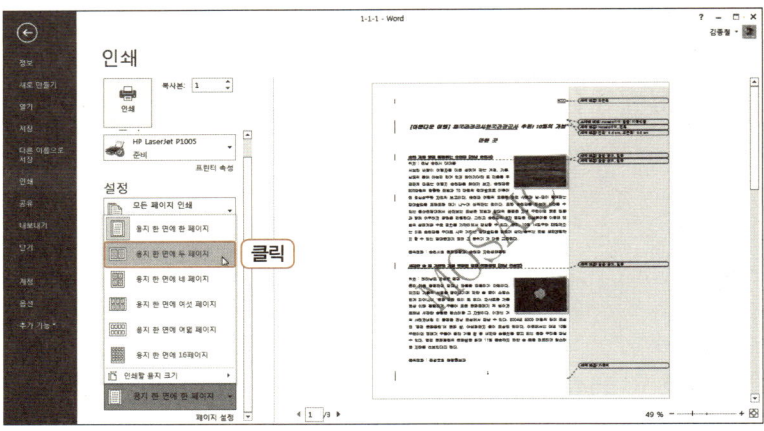

✦ 3페이지 1줄부터 13줄까지만 인쇄하시오.

❶ 3페이지 1줄부터 13줄까지 블록으로 설정한 후 [파일] 탭-[인쇄]를 클릭합니다.

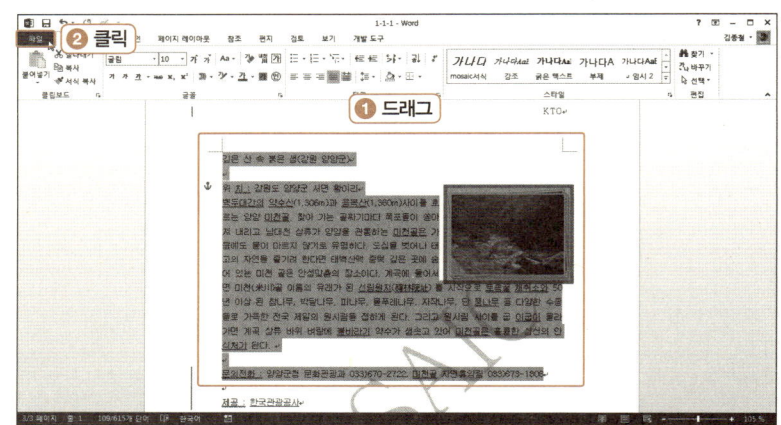

❷ '인쇄' 항목에서 '모든 페이지 인쇄'를 클릭한 후 '선택 영역 인쇄'를 선택합니다.

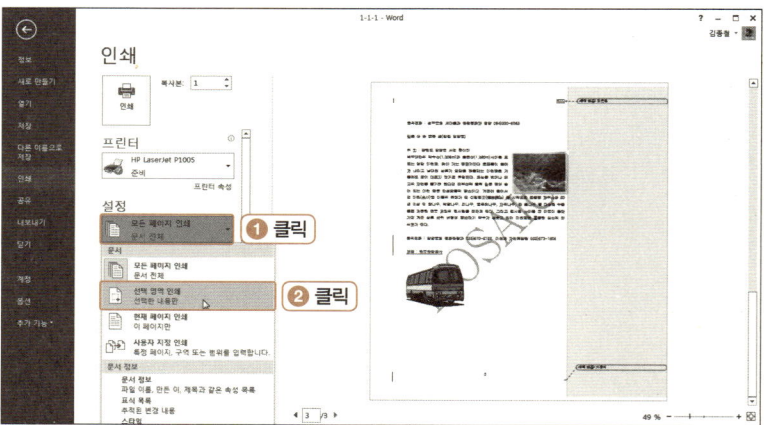

❸ '인쇄'를 클릭합니다.

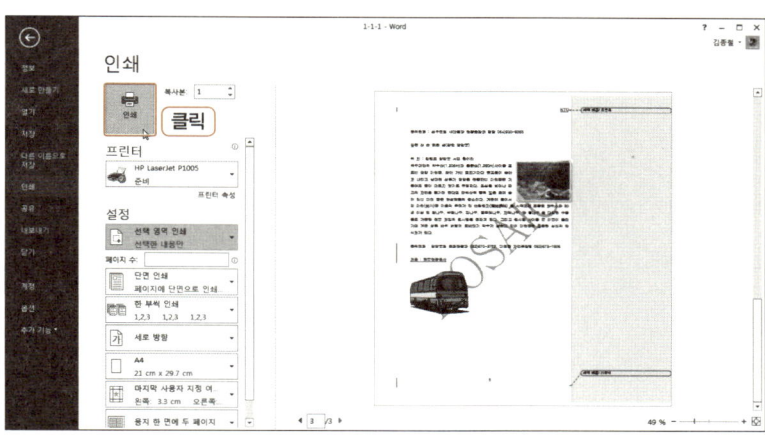

5-2 다른 파일 형식으로 저장

워드 문서는 다양한 파일 형식으로 저장할 수가 있습니다. PDF, XPS, 웹 페이지 등 상황에 맞게 저장할 수 있는 기능을 제공합니다.

문서를 다음과 같이 PDF 파일 형식으로 저장하시오.

저장 위치	파일 이름
문서	추천여행지

❶ [파일] 탭-[다른 이름으로 저장]을 클릭합니다.

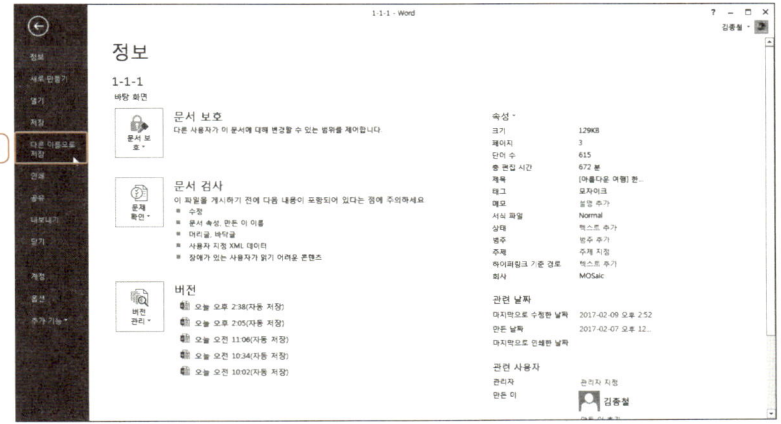

❷ '찾아보기'를 클릭합니다.

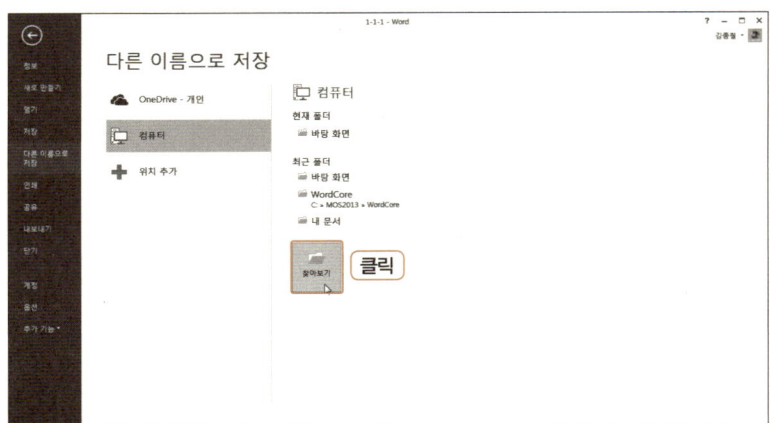

❸ 저장 위치를 지정하기 위해 '문서'를 클릭합니다.

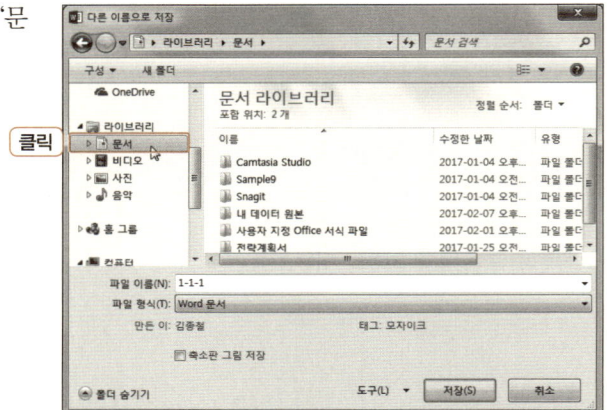

❹ '파일 형식'의 목록 단추를 클릭한 후 'PDF'를 선택합니다.

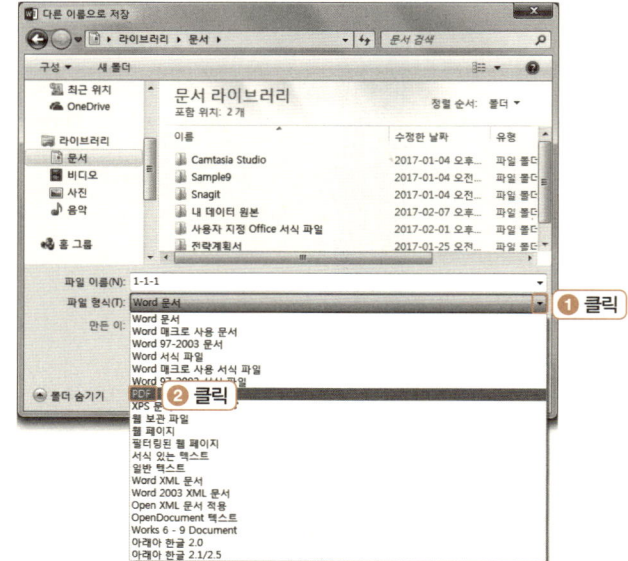

❺ '파일 이름 : 추천여행지'를 입력한 후 〈저장〉을 클릭합니다.

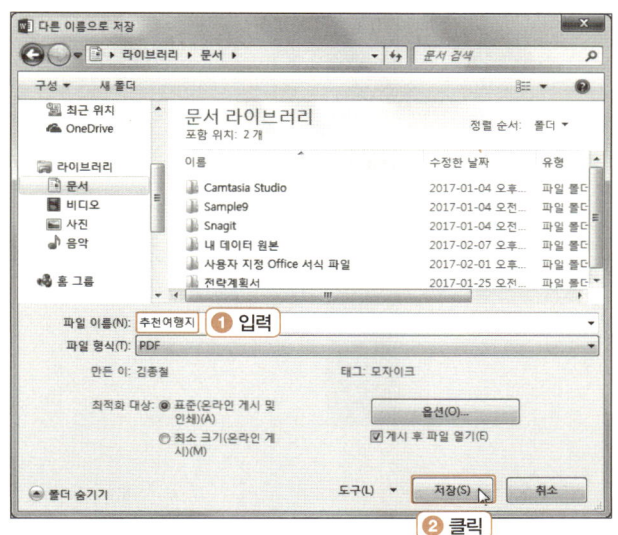

❻ PDF 파일로 저장된 것을 볼 수 있습니다.

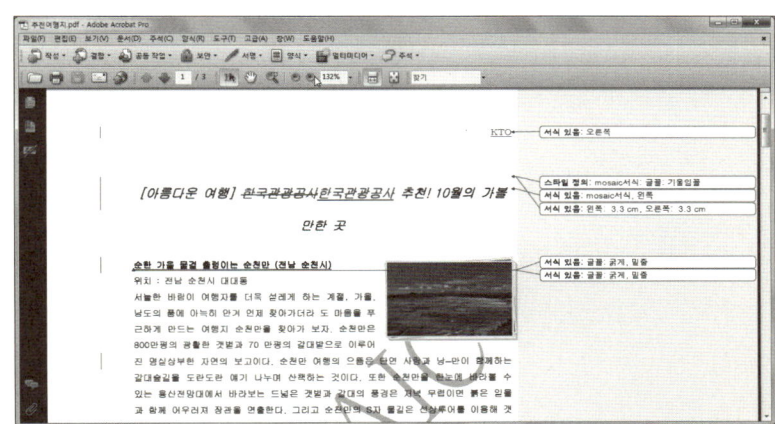

5-3 호환성 유지

오피스 2013 이전 버전의 사용자와 문서를 협업하는 경우 발생할 수 있는 문제는 호환성 검사에서 알아볼 수 있습니다. 2013에서 지원되지만 이전 버전에서는 그렇지 않은 기능들이 있기 때문입니다.

✤ 문서의 호환성 검사를 실행하시오.

❶ [파일] 탭-[정보]-[문제 확인] 명령 단추를 클릭합니다.

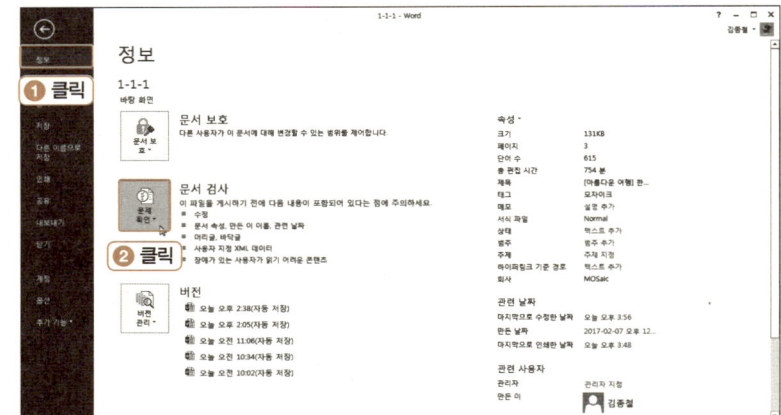

❷ '호환성 검사'를 클릭합니다.

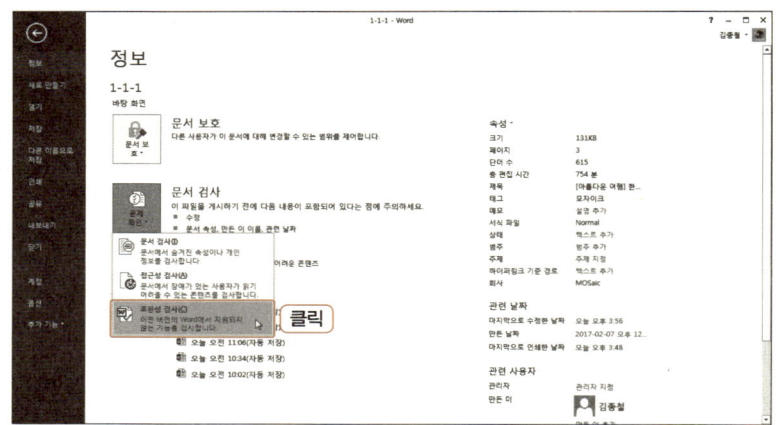

❸ 〈확인〉을 클릭합니다.

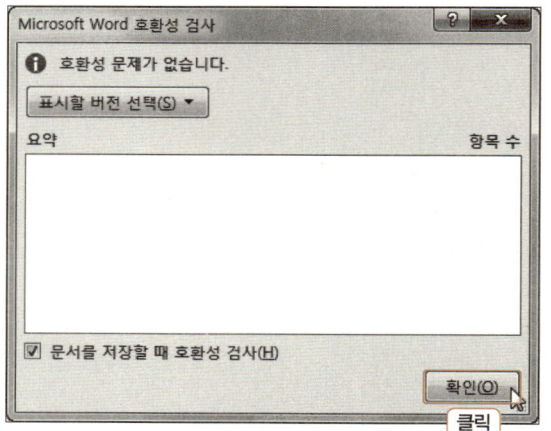

5-4 원격 위치에 저장

OneDrive는 Microsoft가 운영하는 클라우드 서비스입니다. 클라우드를 사용하면 워드에서 작업한 파일을 OneDrive에 업로드한 후 다른 사용자들과 공유해서 작업을 진행할 수 있어 편리합니다.

❖ **문서를 OneDrive에 저장하시오(파일명은 '추천여행지'로 할 것).**

❶ [파일] 탭-[다른 이름으로 저장]을 클릭합니다.

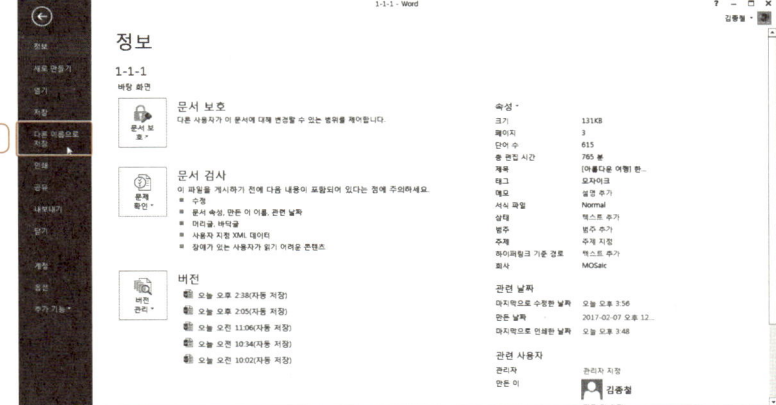

❷ 'OneDrive - 개인'을 클릭합니다.

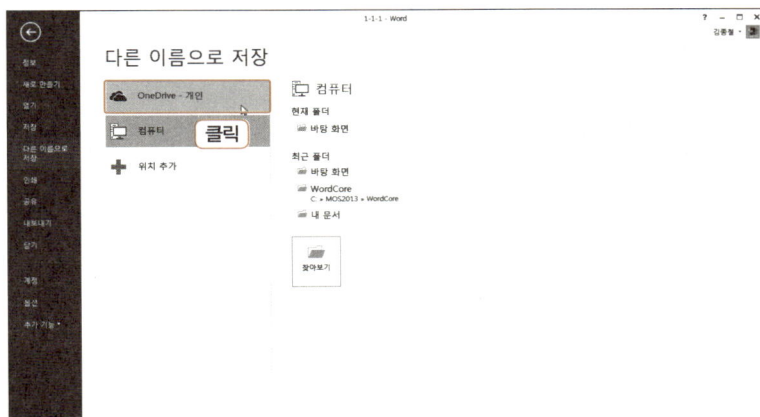

멘토의 한 수

OneDrive에 저장하려면 워드에서 로그인이 미리 되어 있어야 합니다.

❸ 저장할 폴더를 지정하기 위해 '찾아보기'를 클릭합니다.

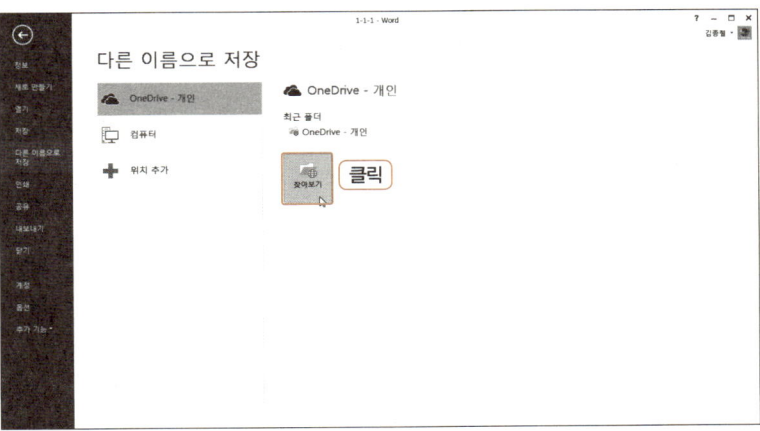

❹ 파일 이름에 '추천여행지'를 입력한 후 〈저장〉을 클릭합니다.

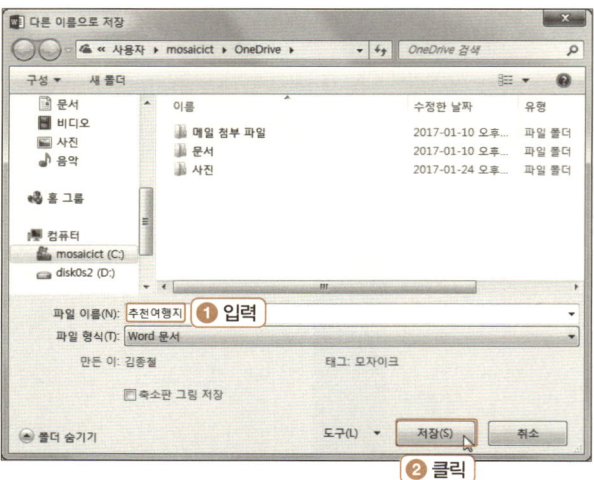

❺ OneDrive에 접속하면 방금 저장한 파일을 볼 수 있습니다.

멘토의 한 수

워드 파일을 더블 클릭하면 내용을 볼 수 있습니다.

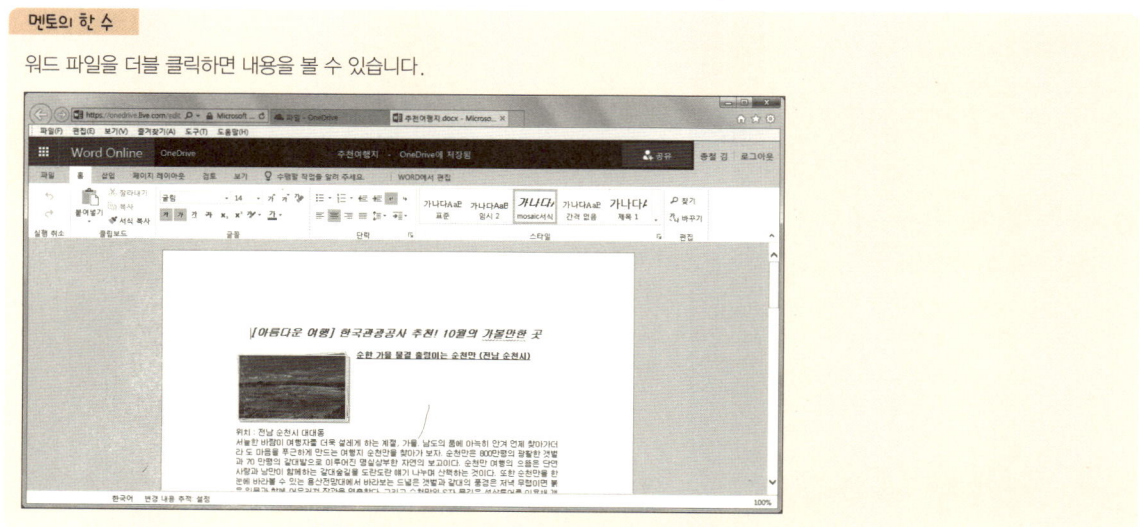

5-5 문서 보호

중요한 문서는 다른 사람이 볼 수 없도록 암호를 지정하는 것이 좋습니다. 열기 암호를 지정하면 암호를 입력해야 문서 파일을 열 수 있습니다. 그리고 쓰기 암호를 지정한 후 읽기 전용으로 열면 내용을 수정할 수가 없습니다.

❖ **문서에 열기 암호 'mosaic'을 설정하시오.**

❶ [파일] 탭-[정보]-[문서 보호]-[암호 설정]을 클릭합니다.

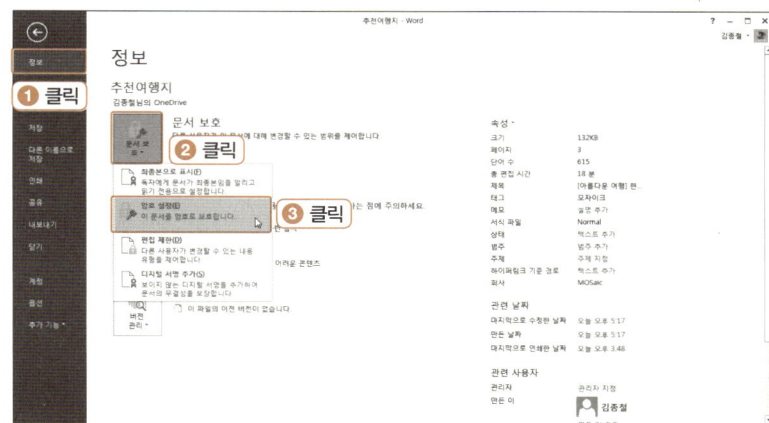

❷ 암호(mosaic)를 입력한 후 〈확인〉을 클릭합니다.

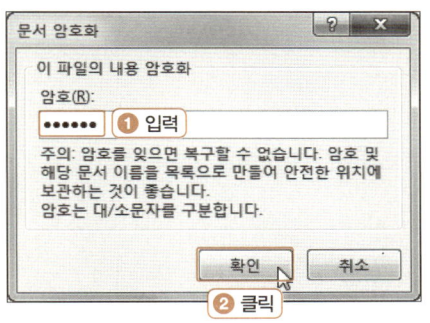

> **멘토의 한 수**
> 암호는 대/소문자를 구분하므로 주의해서 입력해야 합니다.

❸ 암호를 한 번 더 입력한 후 〈확인〉을 클릭합니다.

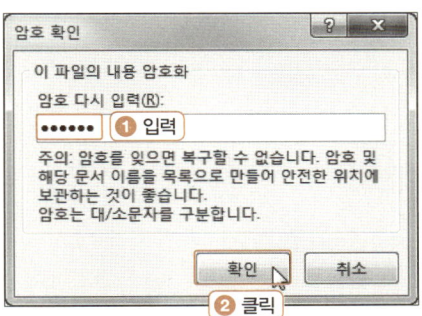

❹ 문서에 암호가 설정된 것을 볼 수 있습니다.

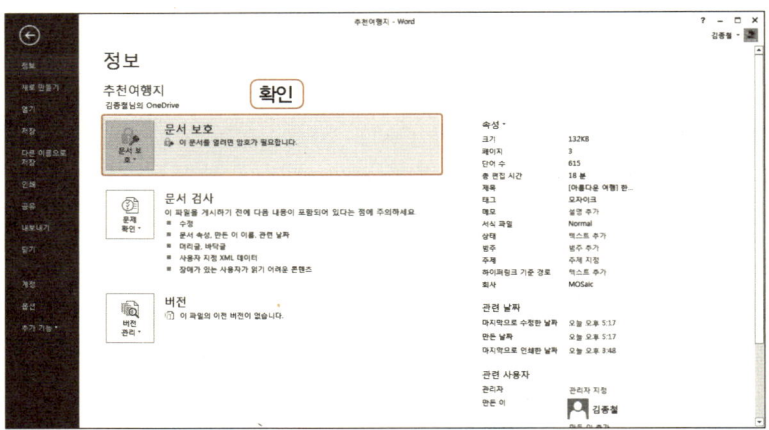

Microsoft Office Specialist

PART 2

텍스트, 단락 및 구역 서식 적용

학습목표

텍스트 및 단락 삽입, 텍스트 및 단락에 서식 적용, 텍스트와 단락 순서 지정 및 그룹화 방법 등에 대해 알아봅니다.

Chapter 01. 텍스트 및 단락 삽입

Chapter 02. 텍스트 및 단락에 서식 적용

Chapter 03. 텍스트, 단락 순서 지정 및 그룹화

Chapter 01 텍스트 및 단락 삽입

● 예제 : C:₩MOS2013₩WordCore₩2-1-1.docx

1-1 텍스트 붙여넣기

워드 2013은 다양한 방법으로 복사하는 방법을 제공합니다. 텍스트는 물론 기타 개체들도 복사한 후 다양한 형식으로 붙여넣기 할 수 있어 문서를 만들 때 편리합니다.

✤ 2페이지 15줄에 있는 '◇'를 1페이지 26줄에 복사하시오(공백 포함할 것).

❶ 2페이지 15줄에 있는 '◇'를 블록으로 설정한 후 [홈] 탭-[클립보드] 그룹-[복사] 명령 단추를 클릭합니다.

> **멘토의 한 수**
> 복사할 때 단축키 Ctrl+C를 눌러도 됩니다.

❷ 1페이지 26줄에 커서를 클릭한 후 [홈] 탭-[클립보드] 그룹-[붙여넣기] 명령 단추를 클릭합니다.

> **멘토의 한 수**
> 붙여넣기 할 때 단축키 Ctrl+V를 눌러도 됩니다.

❸ '◇' 기호가 복사됩니다.

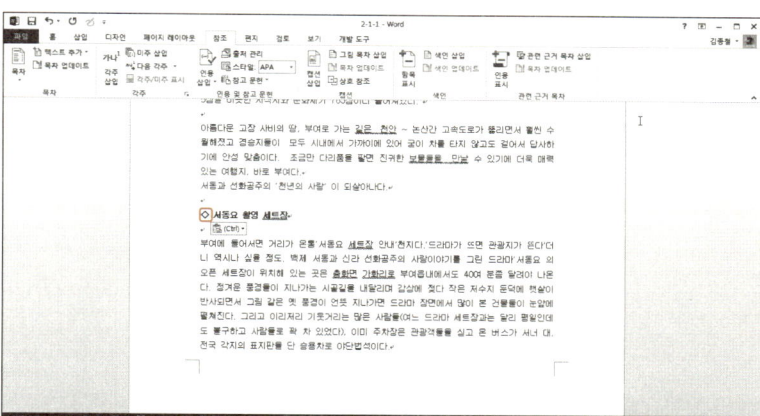

멘토의 한 수

문제에서 공백이 포함된 것을 주의해서 [복사]-[붙여넣기] 해야 합니다.

'C:₩MOS2013₩WordCore₩시청률.xlsx' 파일의 차트를 문서의 맨 마지막에 그림(PNG)으로 복사하시오.

❶ 'C:₩MOS2013₩WordCore₩시청률.xlsx' 파일을 엑셀에서 불러온 후 차트를 선택합니다. 그런 다음 [홈] 탭-[클립보드] 그룹-[복사] 명령 단추를 클릭합니다.

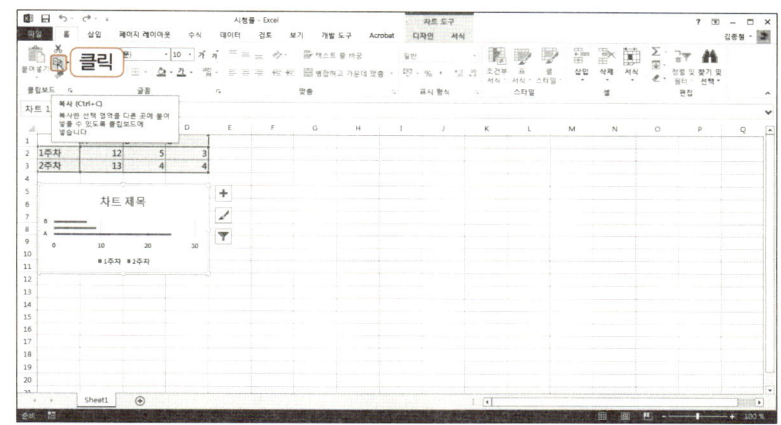

❷ 워드에서 문서의 마지막에 커서를 이동한 후 [홈] 탭-[클립보드] 그룹-[붙여넣기]의 목록 단추를 클릭하고 '선택하여 붙여넣기'를 클릭합니다.

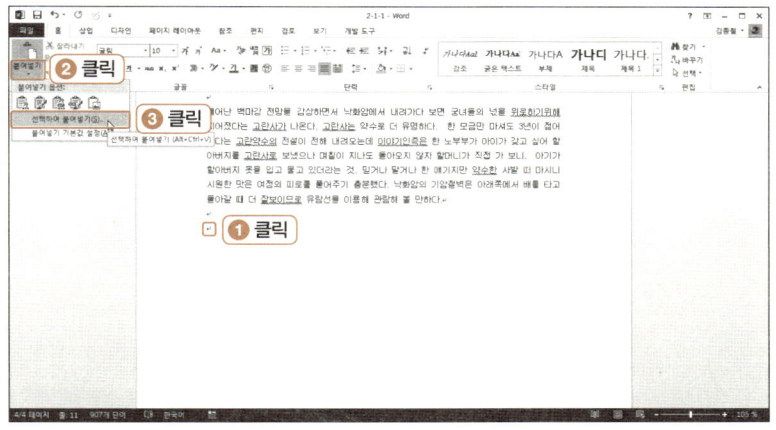

❸ '그림 (PNG)'을 선택한 후 〈확인〉을 클릭합니다.

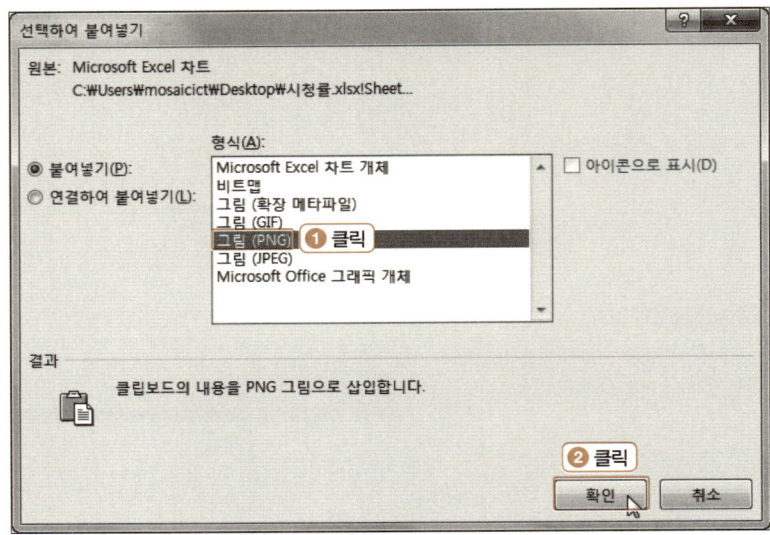

❹ 차트가 복사됩니다.

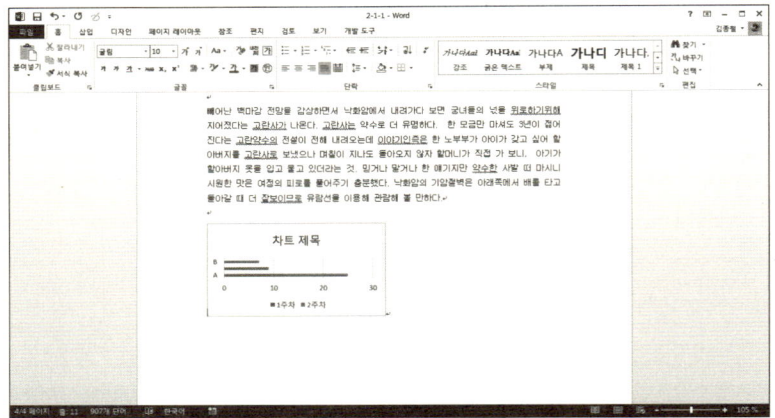

멘토의 한 수

'연결하여 붙여넣기'를 선택하면 '아이콘'으로 표시할 수도 있습니다.

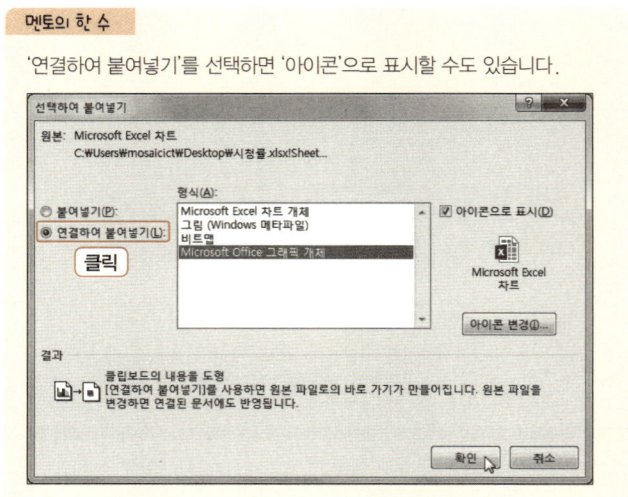

1-2 텍스트 찾기

문서에서 내용이 많을 경우 찾기 기능을 이용하여 단어, 서식, 단락 기호, 기타 항목 등을 찾을 수 있습니다. 또한 바꾸기 기능을 이용하면 기존 단어에서 다른 단어 및 서식 등을 찾아 편리하게 변경할 수 있습니다.

❖ 문서에서 '부소산'을 모두 찾으시오.

❶ [홈] 탭-[편집] 그룹-[찾기] 명령 단추를 클릭합니다.

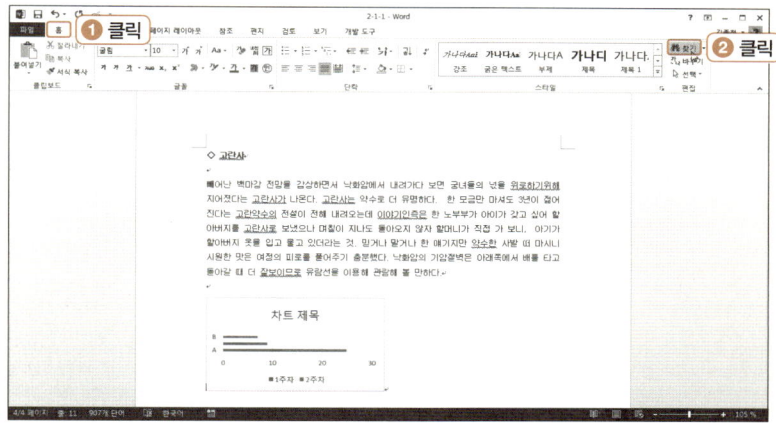

❷ '탐색'에서 '부소산'을 입력하면 결과가 나타납니다.

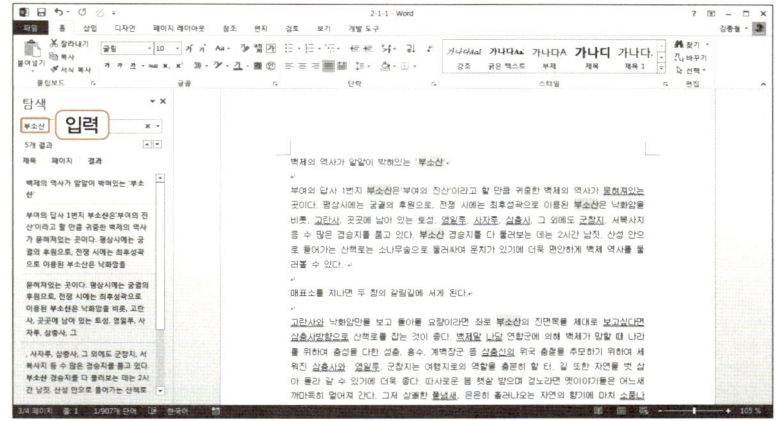

❸ '이전/다음'을 누르면 이전/다음 검색 결과로 이동합니다.

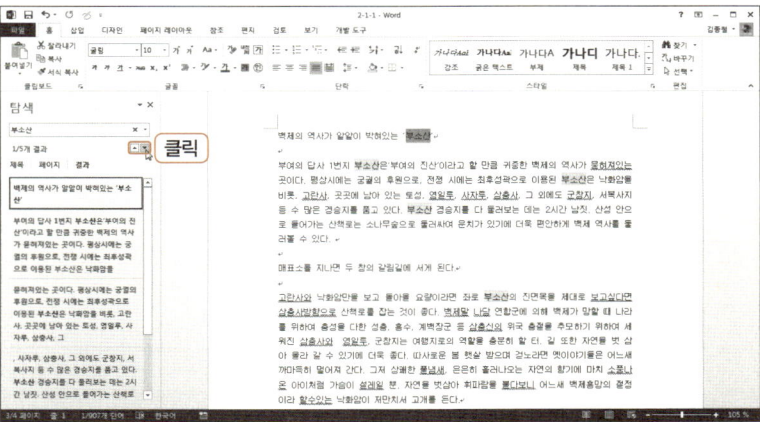

1-3 기호 및 특수 문자 삽입

문서를 꾸미려면 키보드에 없는 문자도 삽입할 경우가 많을 것입니다. 이런 경우 워드에서는 기호나 특수 문자를 삽입할 수가 있습니다. 다양한 기호와 특수 문자가 있기 때문에 문서를 꾸밀 때 유용하게 활용할 수 있습니다.

❖ 1페이지의 제목 끝에 '기호(☆)'를 삽입하시오.

❶ 1페이지의 제목 끝에 커서를 놓은 후 [삽입] 탭-[기호] 그룹-[기호] 명령 단추를 클릭합니다.

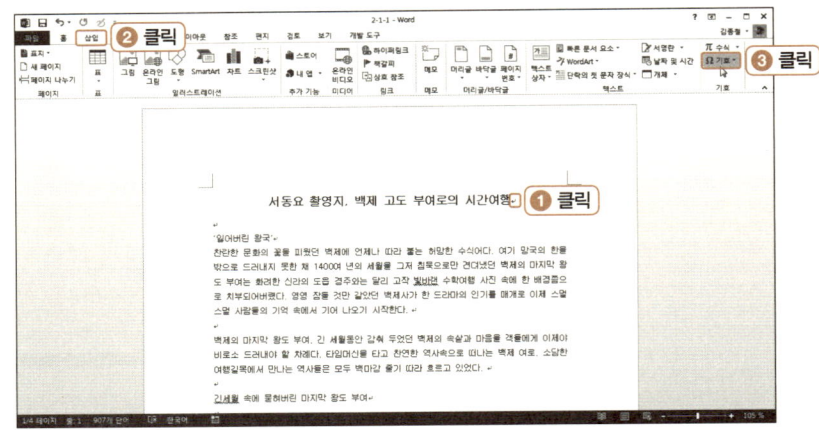

❷ '다른 기호'를 선택합니다.

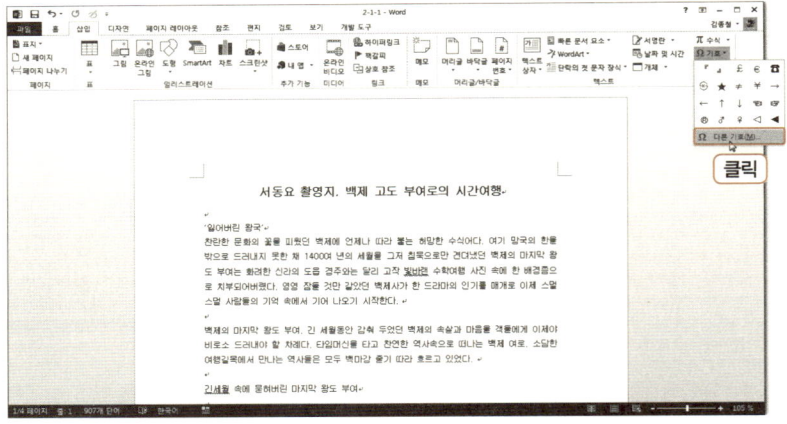

❸ '기호(☆)'를 선택한 후 〈삽입〉을 클릭합니다.

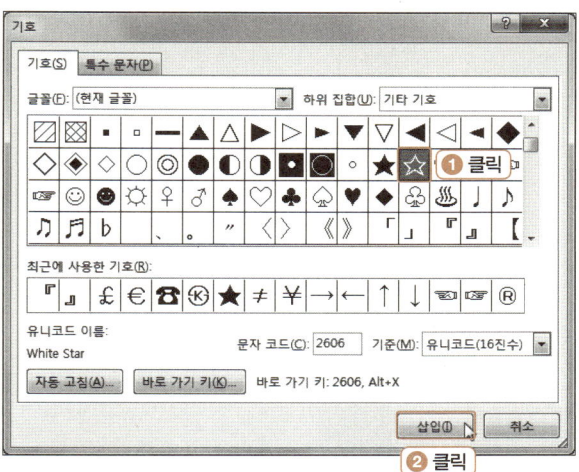

❹ 〈닫기〉를 클릭합니다.

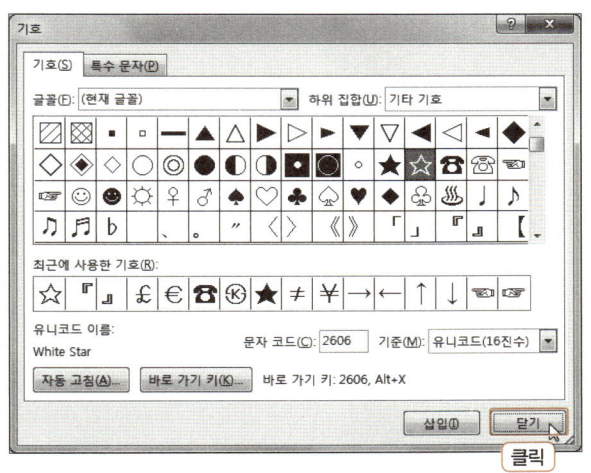

❺ 기호가 삽입된 것을 볼 수 있습니다.

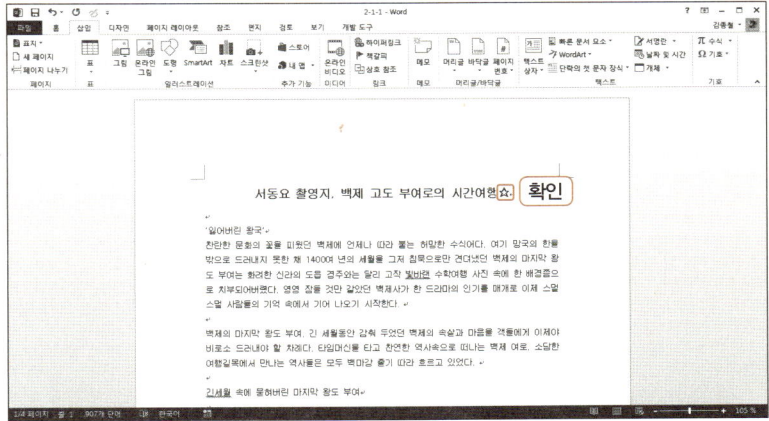

> 멘토의 한 수

저작권 기호(©)	등록 상표(®)	상표 기호(™)
(c)	(r)	(tm)
Alt + Ctrl + C	Alt + Ctrl + R	Alt + Ctrl + T

Chapter 01 텍스트 및 단락 삽입 | 69

1-4 자동 고침

단어가 어렵게 구성되어 있거나 회사 주소처럼 긴 내용을 자주 사용한다면 '자동 고침' 기능을 이용하는 것이 좋습니다. 워드에 등록하면 긴 문장이라도 약어 등으로 등록한 단어만 입력하면 자동으로 나타나기 때문입니다. 물론 더 이상 필요하지 않으면 언제든 삭제할 수 있습니다.

✤ '모자이크'를 입력하면 '(주)모자이크아이씨티'가 자동으로 나타나도록 설정한 후 차트 아래에 삽입하시오.

❶ [파일] 탭-[옵션]을 클릭합니다.

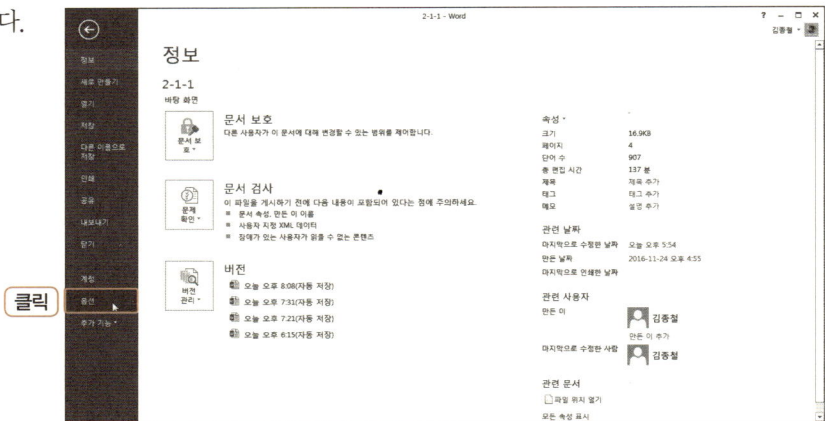

❷ '언어 교정' 항목에서 〈자동 고침 옵션〉을 클릭합니다.

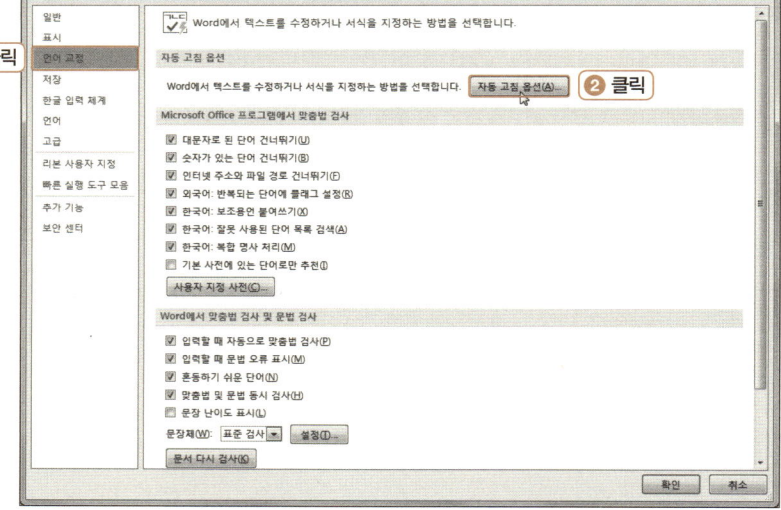

❸ '입력 : 모자이크, 결과 : ㈜모자이크아이씨티'를 입력한 후 〈추가〉를 클릭합니다.

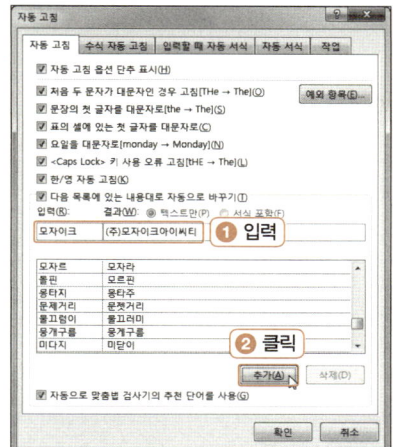

❹ 〈확인〉을 클릭합니다.

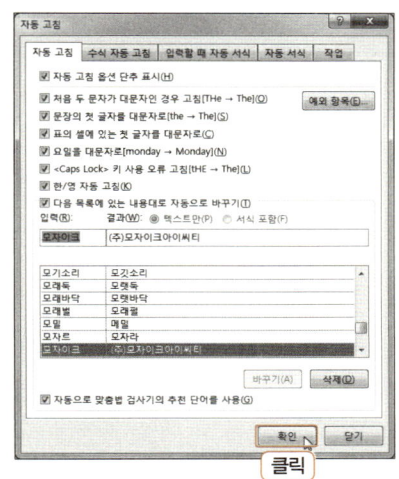

❺ 〈확인〉을 클릭합니다.

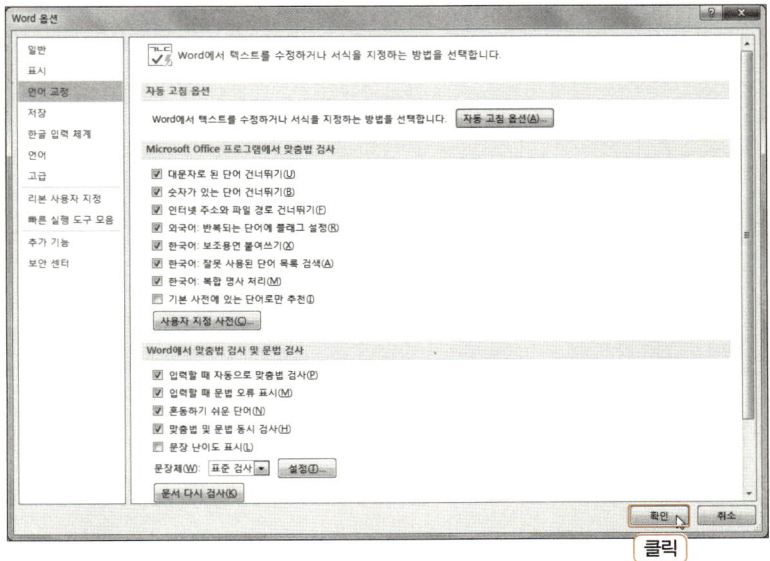

Chapter 01 텍스트 및 단락 삽입 | 71

❻ 차트 아래에 '모자이크'를 입력한 후 Spacebar 를 누릅니다.

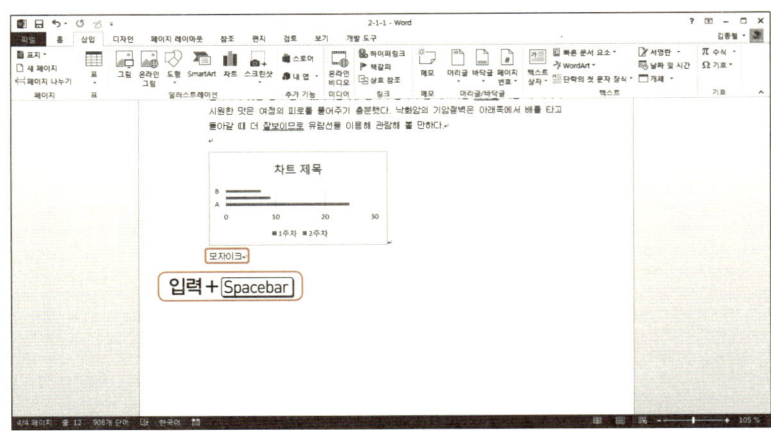

❼ 자동으로 '(주)모자이크아이씨티'가 입력됩니다.

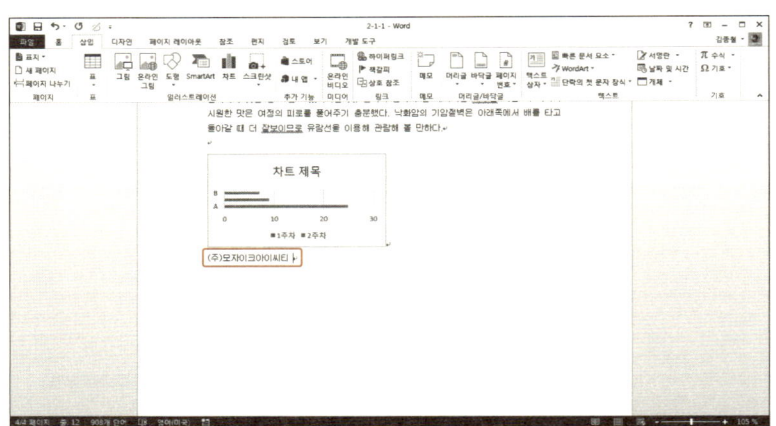

멘토의 한 수

자동 고침에 등록된 항목을 삭제할 때는 해당 항목을 선택한 후 〈삭제〉를 클릭합니다.

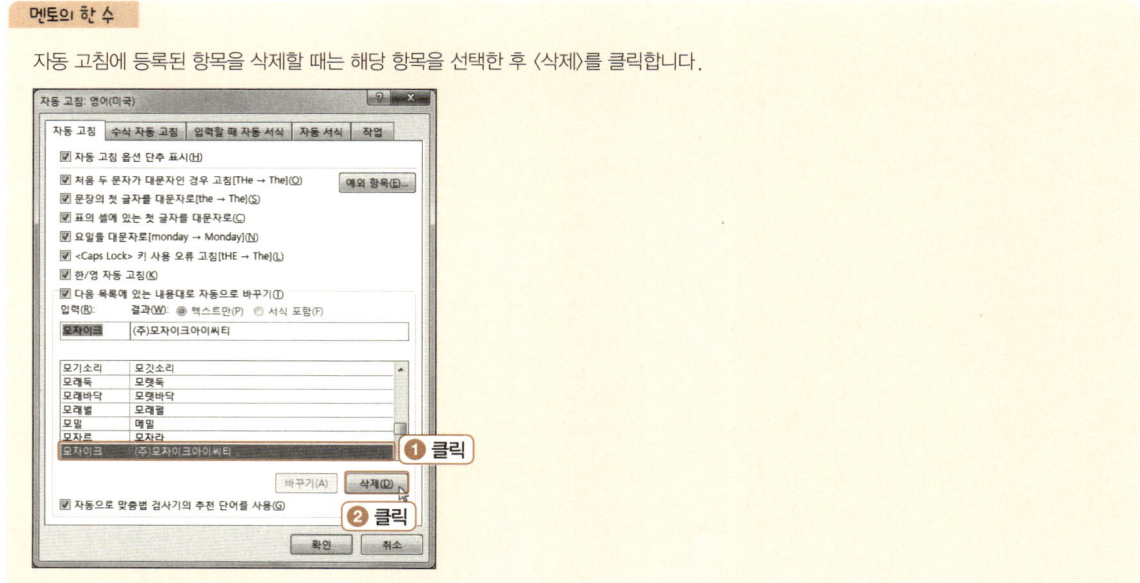

72 | Part 02 텍스트, 단락 및 구역 서식 적용

1-5 필드 삽입

필드란 삽입할 내용(만든이, 문서 등록 정보, 날짜 및 시간 등)을 지정하는 특정한 코드 형식으로 일종의 프로그램 언어가 포함된 입력란입니다. 주로 '머리글/바닥글' 영역에서 많이 사용하며 본문에서도 사용할 수 있습니다.

✤ 1페이지의 2줄에 날짜(2017년 2월 11일 형식) 필드를 삽입한 후 오른쪽 맞춤을 설정하시오.

❶ 1페이지의 2줄에 커서를 이동한 후 [삽입] 탭-[텍스트] 그룹-[빠른 문서 요소] 명령 단추를 클릭합니다.

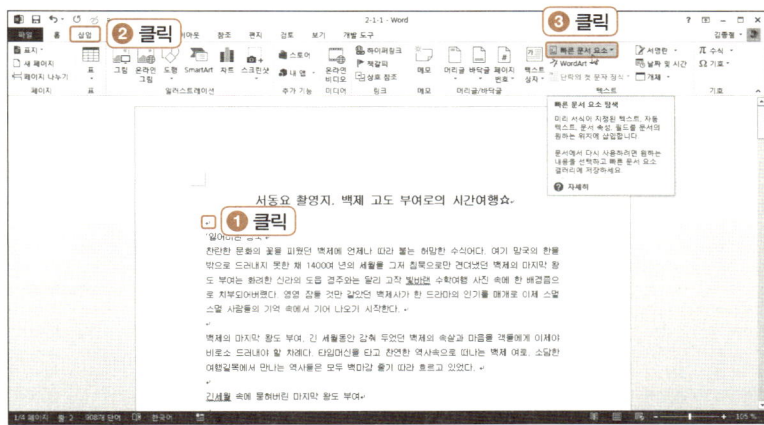

❷ '필드'를 선택합니다.

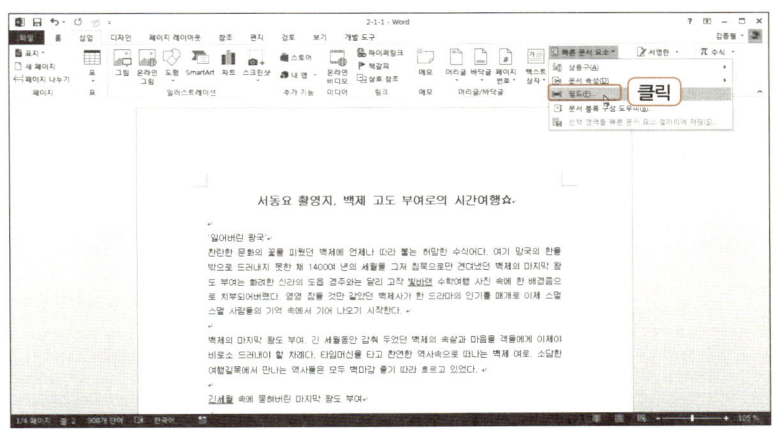

❸ '범주' 항목의 목록 단추를 클릭한 후 '날짜 및 시간'을 선택합니다.

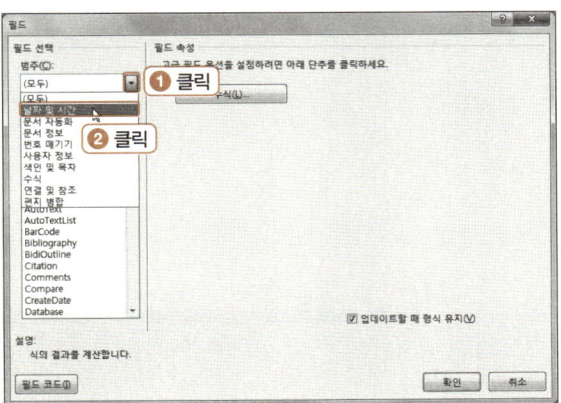

❹ '날짜 형식' 항목에서 '2017년 2월 11일'을 선택한 후 〈확인〉을 클릭합니다.

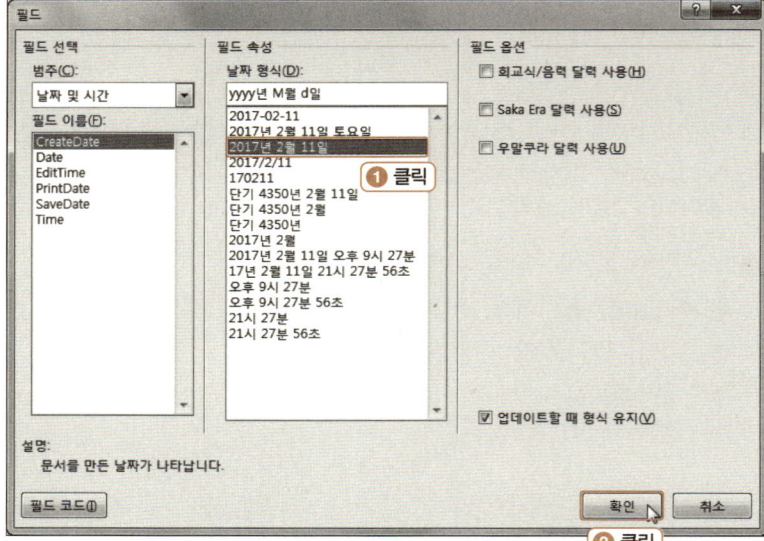

> **멘토의 한 수**
>
> '날짜 형식' 항목에는 현재 사용하고 있는 컴퓨터 시스템의 날짜가 표시되므로 '2017년 2월 11일'이 아닌 다른 날짜가 표시됩니다.

❺ 시스템에 설정된 현재의 날짜가 삽입되면 [홈] 탭-[단락] 그룹-[오른쪽 맞춤] 명령 단추를 클릭합니다.

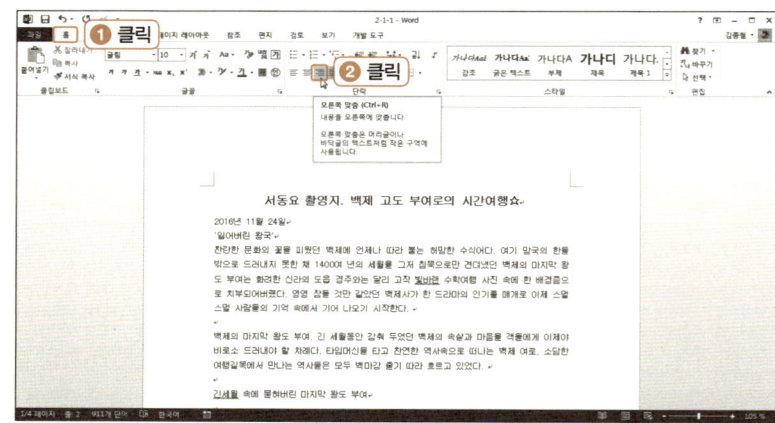

❻ 날짜가 오른쪽 맞춤으로 설정됩니다.

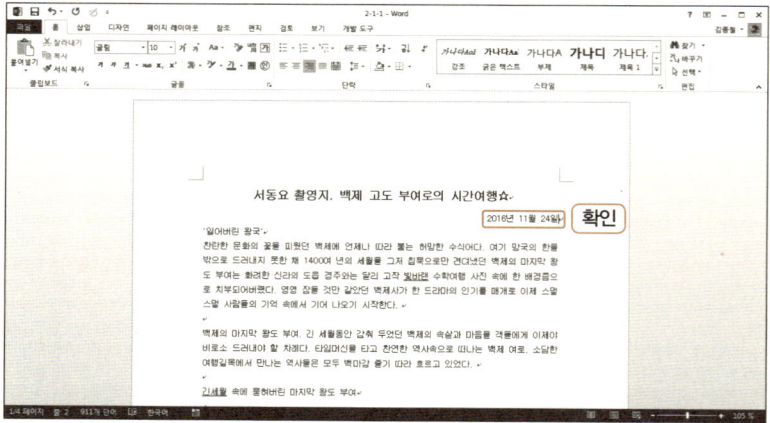

❖ **삽입한 날짜의 코드를 본 후 다시 날짜가 나타나도록 하시오.**

❶ 날짜 위에서 마우스 오른쪽 단추를 클릭한 후 '필드 코드 토글'을 선택합니다.

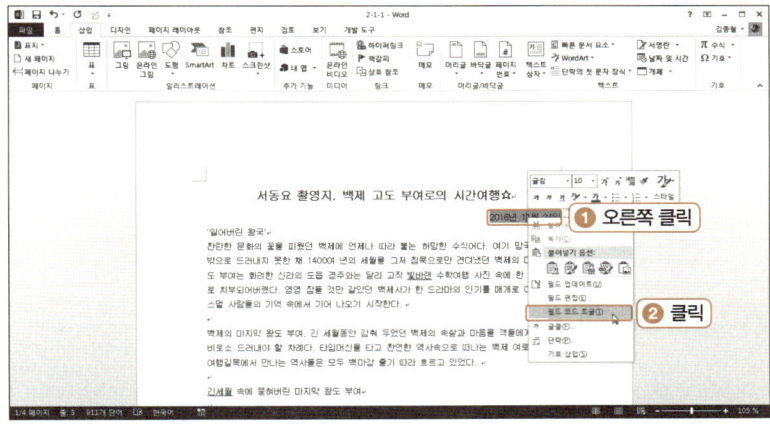

❷ 날짜가 코드로 보여집니다. 다시 한 번 날짜 위에서 마우스 오른쪽 단추를 클릭한 후 '필드 코드 토글'을 선택합니다.

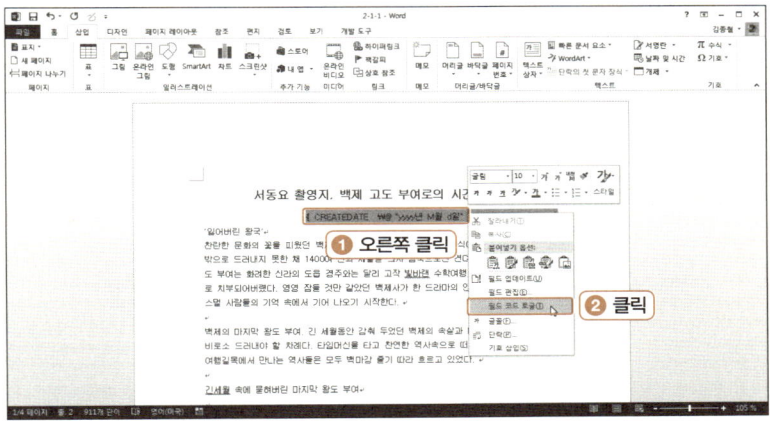

❸ 날짜 형식으로 변경됩니다.

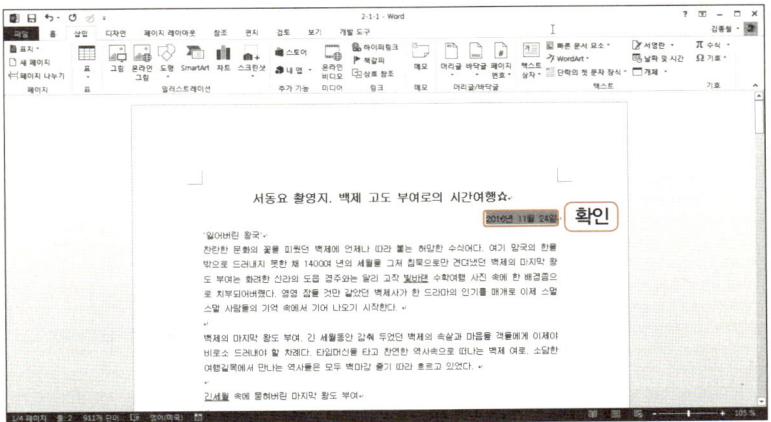

Chapter 02 텍스트 및 단락에 서식 적용

2-1 바꾸기를 이용한 텍스트 서식 지정

문서의 내용 중 특정 텍스트를 찾아서 원하는 서식으로 한꺼번에 변경할 때 '바꾸기' 기능을 이용하면 편리합니다. 보통은 텍스트를 찾아 바꾸는 기능을 사용하지만 서식도 변경할 수 있어 유용하게 활용할 수 있습니다.

❖ '서동요'를 모두 찾아 '파랑' 색으로 변경하시오.

❶ [홈] 탭-[편집] 그룹-[바꾸기] 명령 단추를 클릭합니다.

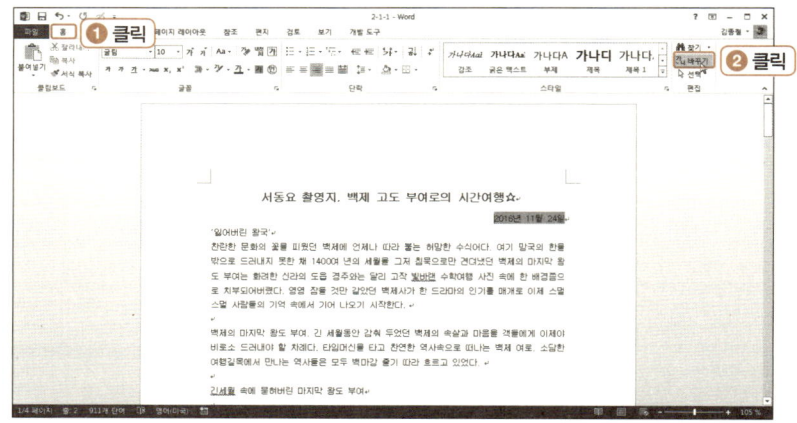

❷ '찾을 내용 : 서동요'를 입력한 후 '바꿀 내용'에 커서를 이동합니다. 그런 다음 〈자세히〉를 클릭합니다.

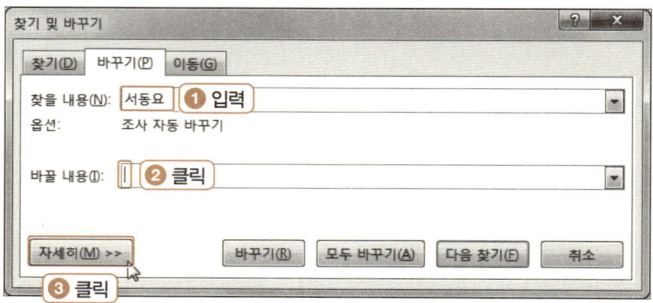

❸ 〈서식〉을 클릭한 후 '글꼴'을 선택합니다.

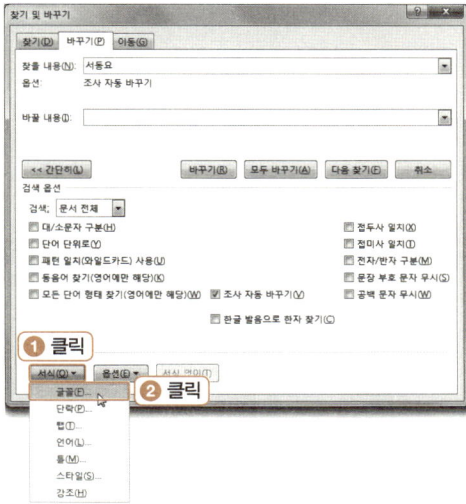

❹ '글꼴 색'의 목록 단추를 클릭한 후 '파랑'을 선택합니다. 그런 다음 〈확인〉을 클릭합니다.

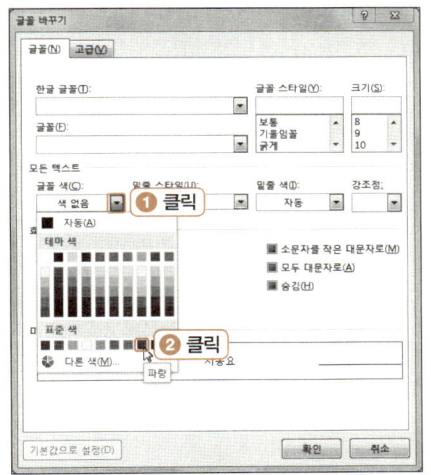 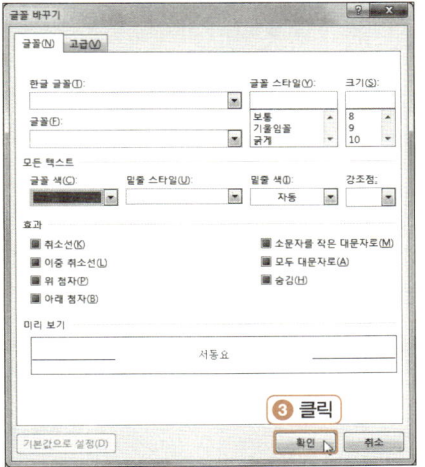

❺ 〈모두 바꾸기〉를 클릭합니다.

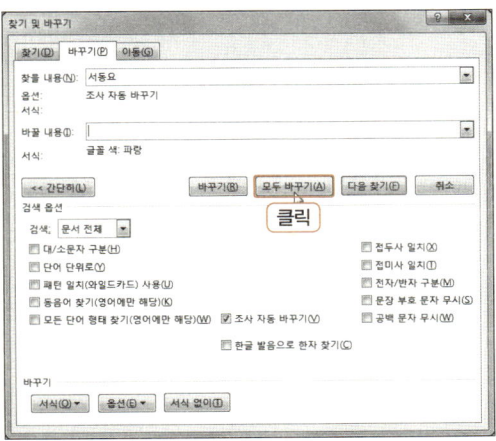

❻ 항목이 바뀌었다는 화면이 나타나면 〈확인〉을 클릭합니다.

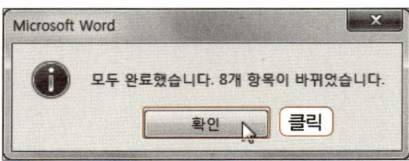

❼ 〈닫기〉를 클릭합니다.

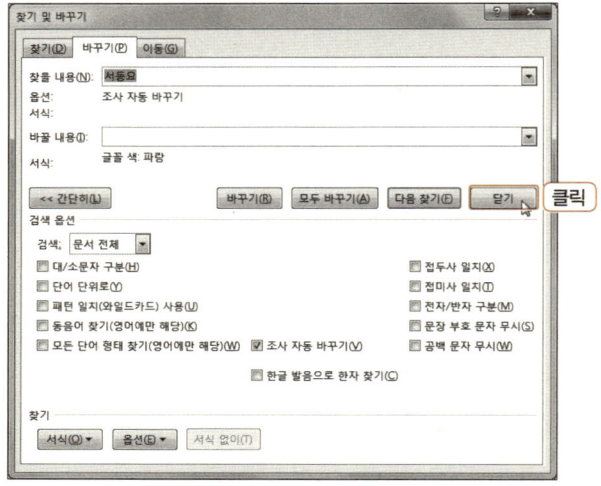

❽ 텍스트 '서동요'가 모두 파란색으로 변경됩니다.

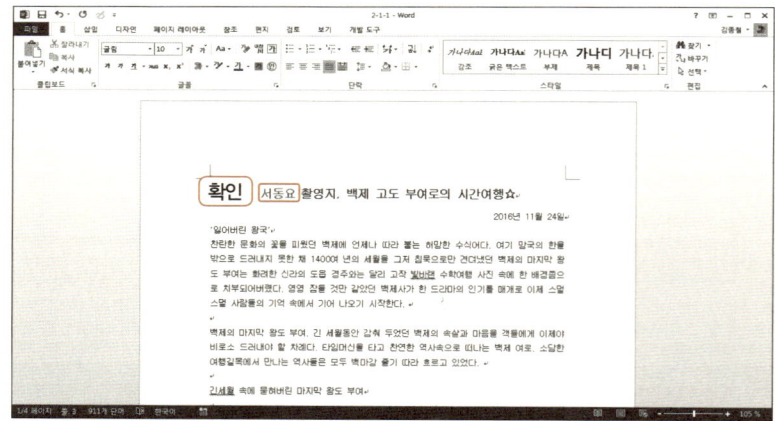

2-2 서식 복사

문서를 작성할 때 여러 텍스트에 동일한 서식을 지정해야 하는 경우가 발생하는데 이럴 경우 '서식 복사' 기능을 이용하면 편리합니다. 서식을 한 곳에만 복사할 경우에는 '서식 복사'를 클릭, 여러 곳에 반복해서 복사할 경우에는 더블 클릭합니다.

❖ 1페이지 26줄에 있는 '서동요' 서식을 2페이지 15줄에 있는 '궁남지'에 복사하시오.

❶ 1페이지 26줄에 있는 '서동요'에 커서를 이동한 후 [홈] 탭-[클립보드] 그룹-[서식 복사] 명령 단추를 클릭합니다.

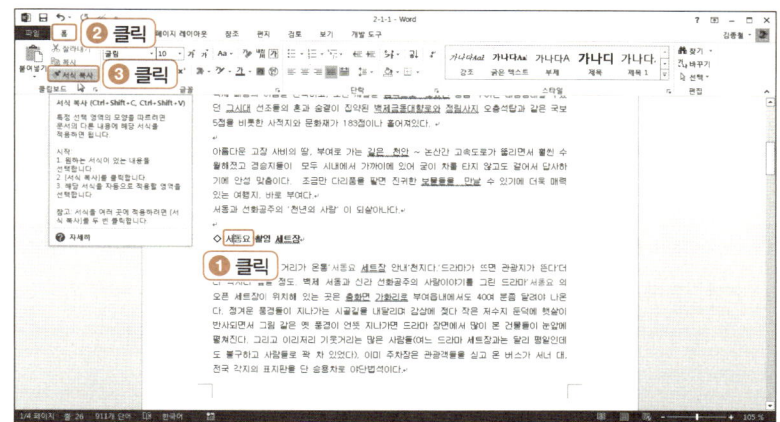

❷ 2페이지 15줄에 있는 '궁남지'를 드래그 합니다.

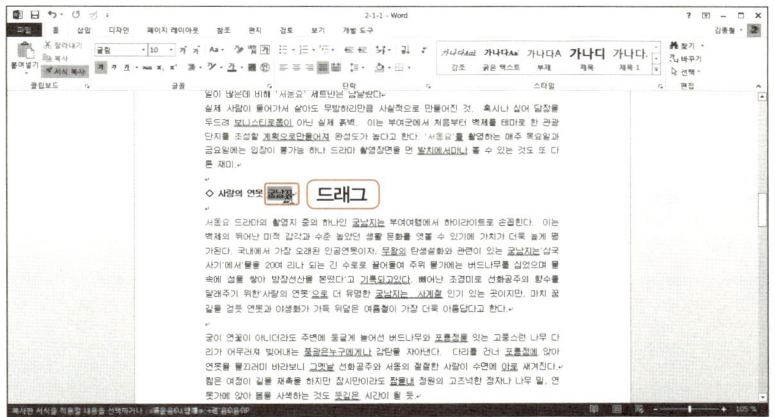

❸ 서식이 복사됩니다.

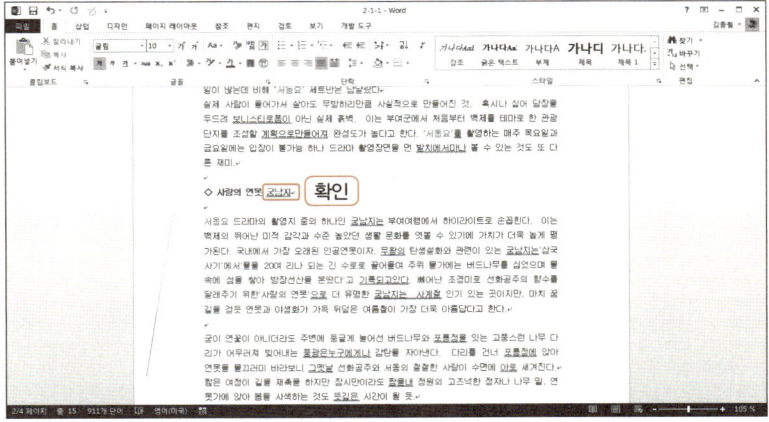

2-3 WordArt

WordArt는 텍스트를 멋지게 변경해 주는 도구로 밋밋한 텍스트를 화려하게 변경할 때 사용합니다. 다양한 방법으로 효과를 적용할 수 있기 때문에 효과적으로 사용하면 좋을 것입니다.

❖ 문서의 마지막에 있는 '(주)모자이크아이씨티'를 '채우기 - 주황, 강조 2, 윤곽선 - 강조 2' WordArt로 변경하시오.

❶ 문서의 마지막에 있는 '(주)모자이크아이씨티'를 선택한 후 [삽입] 탭-[텍스트] 그룹-[WordArt] 명령 단추를 클릭합니다.

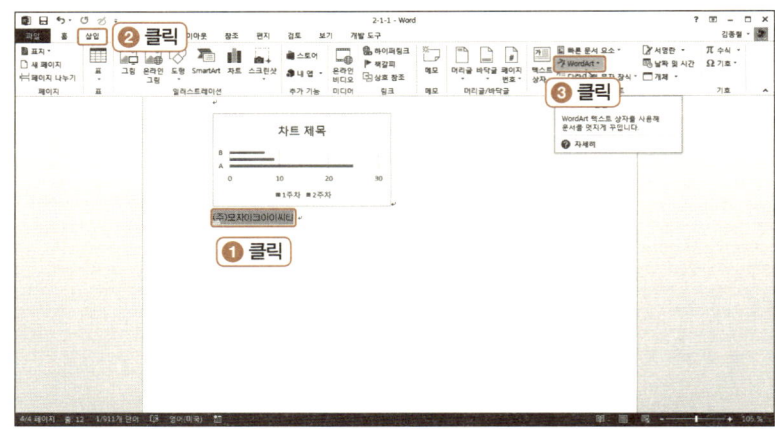

❷ '채우기 - 주황, 강조 2, 윤곽선 - 강조 2'를 선택합니다.

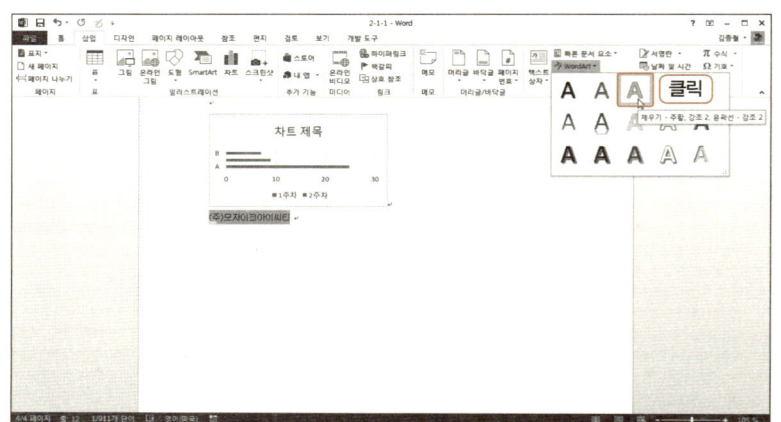

❸ WordArt가 만들어집니다.

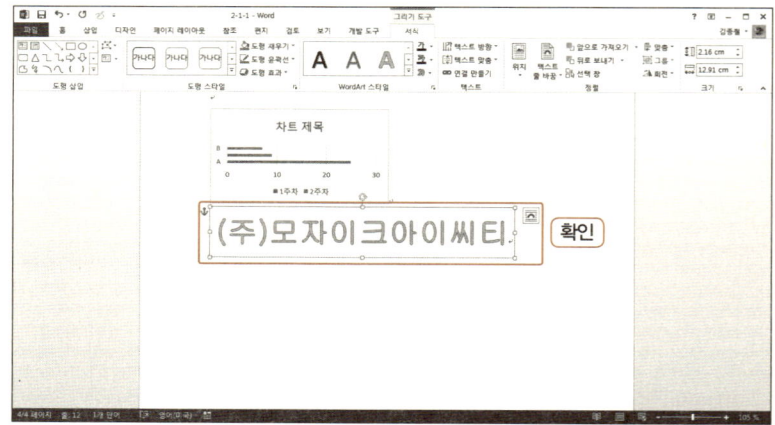

2-4 단락 들여쓰기 및 간격

문서를 작성하다 보면 들여쓰기와 내어쓰기를 이용해서 편집하는 경우가 많이 있습니다. 단락을 시작할 때 첫 글자가 조금씩 들어가는 정렬 방식을 들여쓰기라고 하고, 첫 행을 제외한 두 번째 줄부터 조금씩 들어가도록 정렬하는 것을 내어쓰기라고 합니다. 또한 단락 전체가 이동되는 들여쓰기와는 달리 첫 줄만 들여쓰기가 되는 '첫 줄 들여쓰기'가 있습니다.

❖ **1페이지의 3줄에 있는 단락의 첫 줄을 '1.5글자' 만큼 들여쓰기 하시오.**

❶ 1페이지의 3줄에 있는 단락에 커서를 위치시킨 후 [홈] 탭-[단락] 그룹-[자세히]를 클릭합니다.

> **멘토의 한 수**
> '들여쓰기'를 설정할 때는 단락 내에 아무 곳이나 커서를 클릭한 후 작업해도 됩니다.

❷ [들여쓰기 및 간격] 탭에서 '첫 줄' 항목의 목록 단추를 클릭한 후 '첫 줄'을 선택합니다.

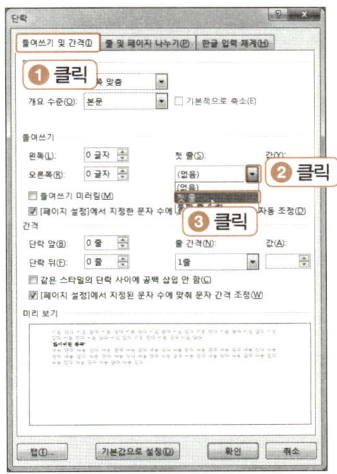

> **멘토의 한 수**
> 단락 전체가 이동되는 '들여쓰기'와는 달리 '첫줄 들여쓰기'는 첫 줄만 들여쓰기가 됩니다.

❸ '값' 항목을 '1.5 글자'로 변경한 후 〈확인〉을 클릭합니다.

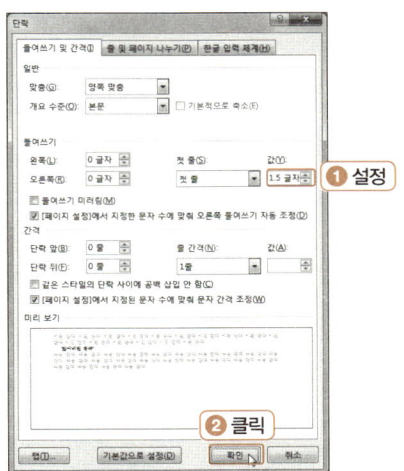

> **멘토의 한 수**
> '값' 항목에서 콤보 단추를 클릭하면 '0.5 글자' 단위로 변경됩니다. 특별히 '1.3 글자'와 같이 '0.5 글자' 단위가 아닌 단위로 값을 변경하려면 직접 입력하면 됩니다.

❹ 단락의 첫 줄이 안쪽으로 '1.5 글자' 들여쓰기 됩니다.

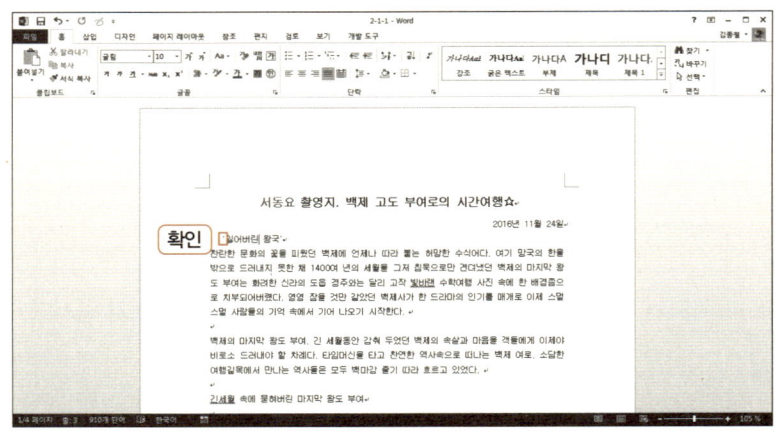

❖ 4페이지의 3줄에 있는 단락에 '1.5줄'의 줄 간격을 설정하시오.

❶ 4페이지의 3줄에 있는 단락에 커서를 위치시킨 후 [홈] 탭-[단락] 그룹-[자세히]를 클릭합니다.

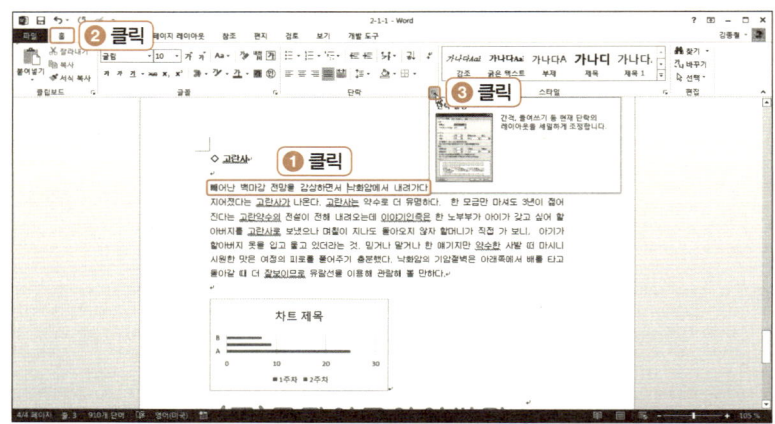

❷ [들여쓰기 및 간격] 탭의 '간격' 항목에서 '줄 간격'의 목록 단추를 클릭하여 '1.5줄'을 선택한 후 〈확인〉을 클릭합니다.

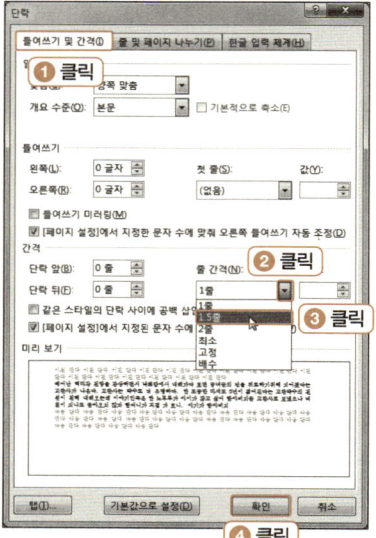

멘토의 한 수

줄 간격을 만들 때 보통 Enter를 누르지만 [단락] 대화상자를 이용하면 다양한 방법으로 설정할 수 있습니다.

❸ 〈확인〉을 클릭합니다.

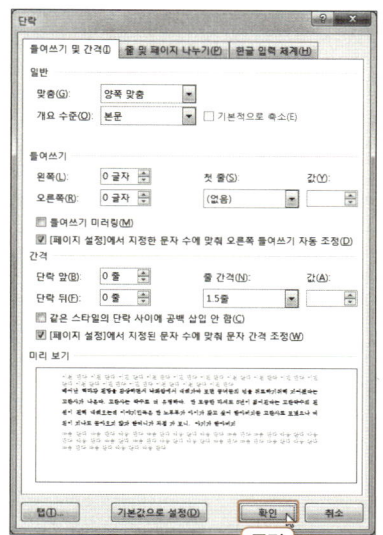

멘토의 한 수

단락의 줄 간격을 변경할 때 1줄 간격은 Ctrl + 1, 1.5줄 간격은 Ctrl + 5, 2줄 간격은 Ctrl + 2를 누릅니다.

❹ 줄 간격이 '1.5줄'로 변경됩니다.

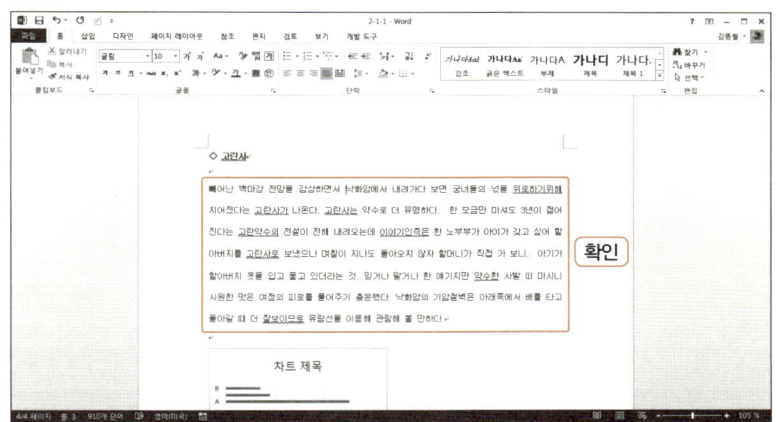

멘토의 한 수

[홈] 탭-[단락] 그룹-[줄 간격] 명령 단추를 클릭한 후 목록에서 원하는 값을 선택해도 됩니다.

Chapter 02 텍스트 및 단락에 서식 적용 | 83

2-5 다단

다단은 용지를 세로 방향으로 나누어 내용을 편집하는 방식으로 주로 신문이나 잡지에서 많이 사용합니다. 워드에서는 기본적으로 1단으로 구성되며, 다단 기능을 이용하면 두 개 이상의 단으로 나누어 편집할 수가 있습니다.

❖ 문서를 2개의 단으로 설정한 후 1페이지 1~3줄은 1개의 단으로 설정하시오.

❶ [페이지 레이아웃] 탭-[페이지 설정] 그룹-[단] 명령 단추를 클릭합니다.

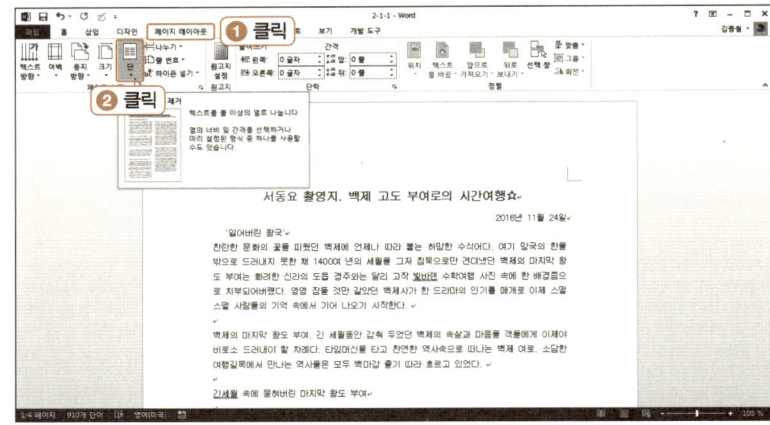

❷ '둘'을 선택합니다.

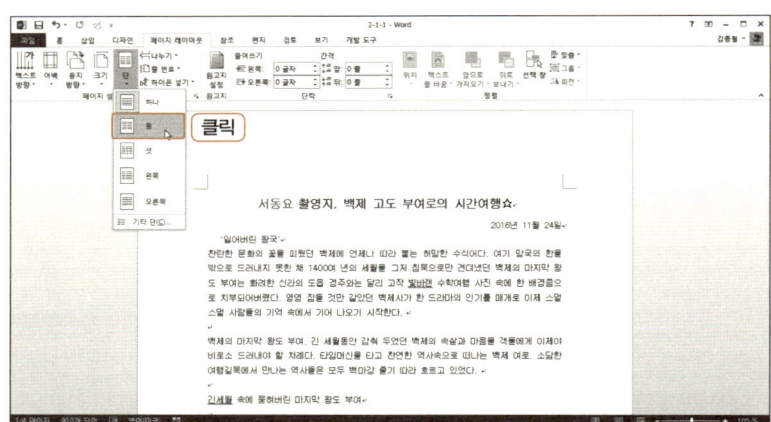

멘토의 한 수
'기타 단'을 선택하면 [단] 대화상자가 나타나서 옵션을 변경할 수 있습니다.

❸ 문서가 두 개의 단으로 나누어집니다.

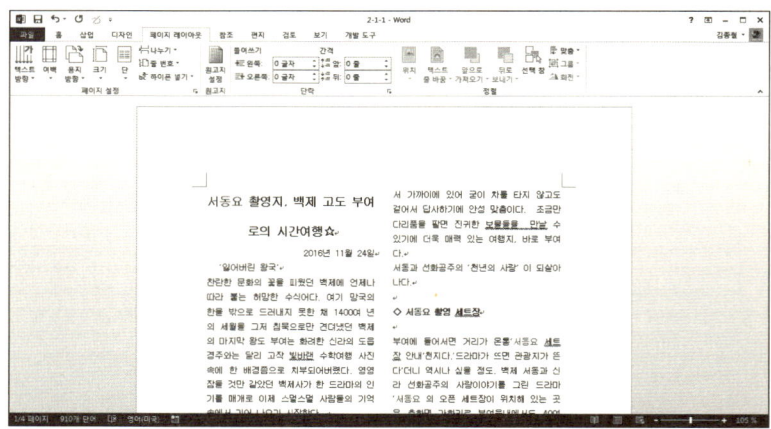

❹ 1페이지 1~3줄을 선택한 후 [페이지 레이아웃] 탭-[페이지 설정] 그룹-[단] 명령 단추를 클릭합니다. 그런 다음 '하나'를 선택합니다.

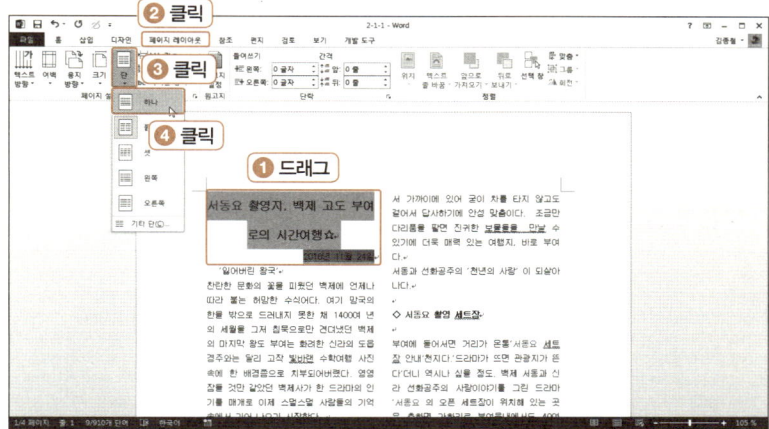

❺ 하나의 단으로 변경됩니다.

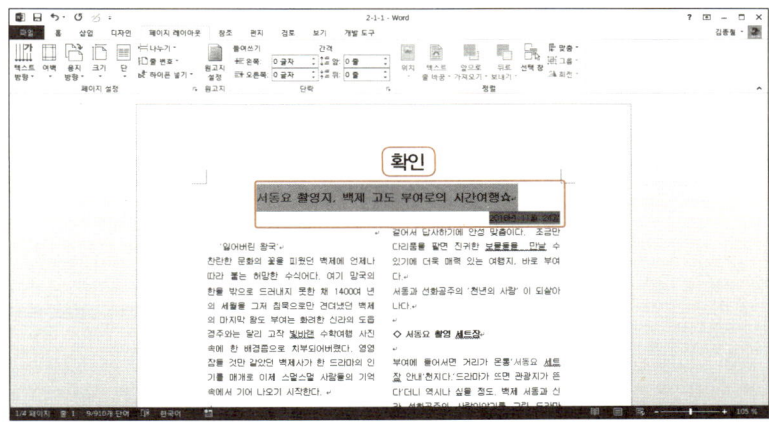

2-6 텍스트에 스타일 적용

스타일은 문서에 적용하기 위해 독특한 나만의 서식을 만들어서 등록해 두는 것입니다. 이러한 스타일은 워드에서 기본적으로 만들어둔 것을 사용해도 되고, 별도로 스타일을 만들어서 사용하는 방법이 있습니다.

✤ 다음과 같은 스타일을 삽입하시오.

스타일 이름	서식
모자이크	단락 앞 : 9pt, 단락 뒤 : 5pt

❶ [홈] 탭-[스타일] 그룹-[자세히]를 클릭합니다.

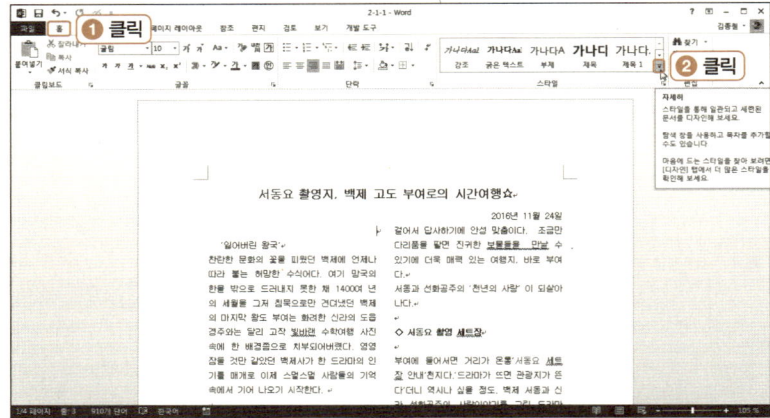

❷ '스타일 만들기'를 선택합니다.

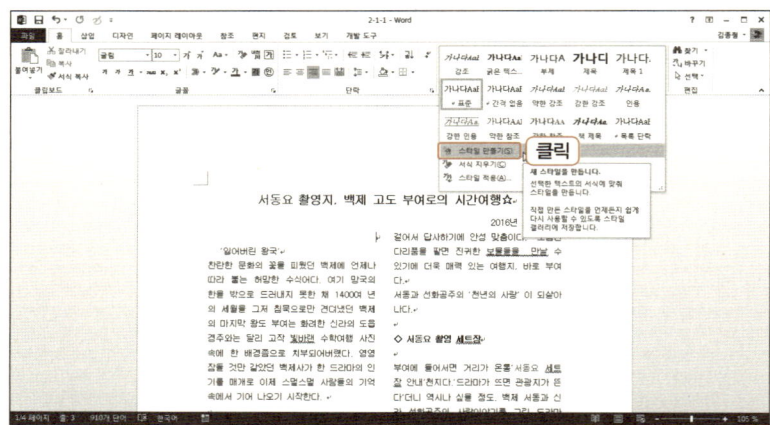

멘토의 한 수

[새 스타일] 대화상자를 표시하는 Alt + Ctrl + Shift + S 를 눌러도 됩니다.

❸ '이름' 항목에 '모자이크'를 입력한 후 〈수정〉을 클릭합니다.

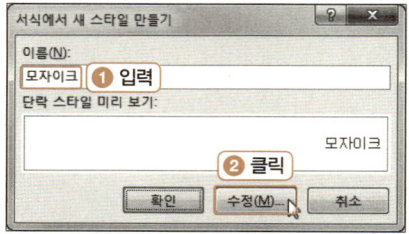

❹ 〈서식〉을 클릭한 후 '단락'을 선택합니다.

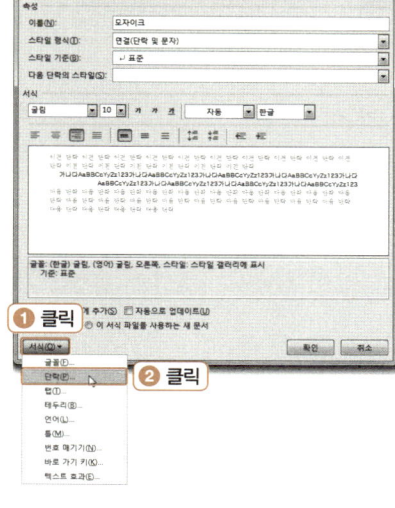

멘토의 한 수

'스타일 기준' 항목은 이미 만들어져 있는 스타일에 새로운 내용을 추가해서 만들 때 선택합니다.

❺ '단락 앞 : 9pt, 단락 뒤 : 5pt'로 설정한 후 〈확인〉을 클릭합니다.

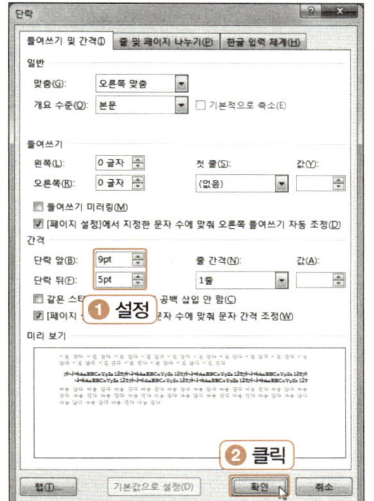

멘토의 한 수

'pt'는 직접 입력하면 됩니다.

❻ 〈확인〉을 클릭합니다.

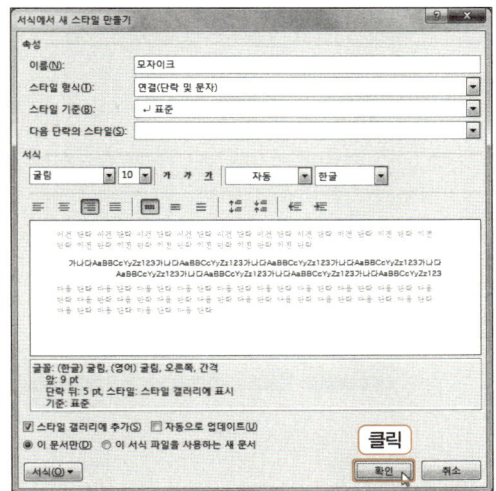

❼ '모자이크' 스타일이 만들어 진 것을 볼 수 있습니다.

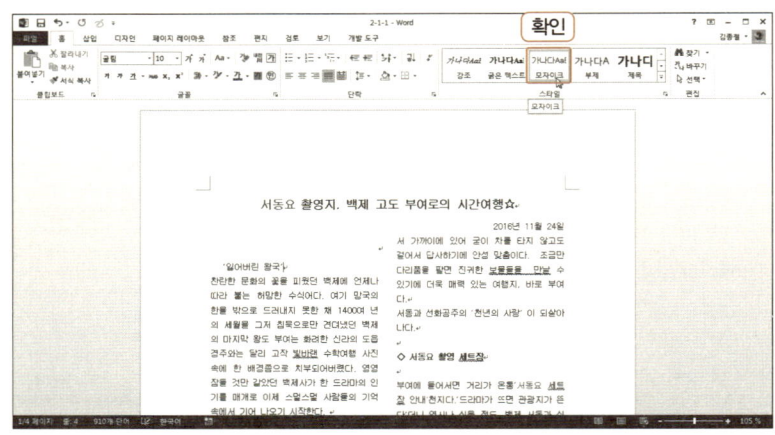

✛ 1페이지의 '잃어버린 왕국'에 '강한 인용' 스타일을 적용하시오.

❶ 1페이지의 '잃어버린 왕국'에 커서를 이동한 후 [홈] 탭-[스타일] 그룹-[자세히]를 클릭합니다.

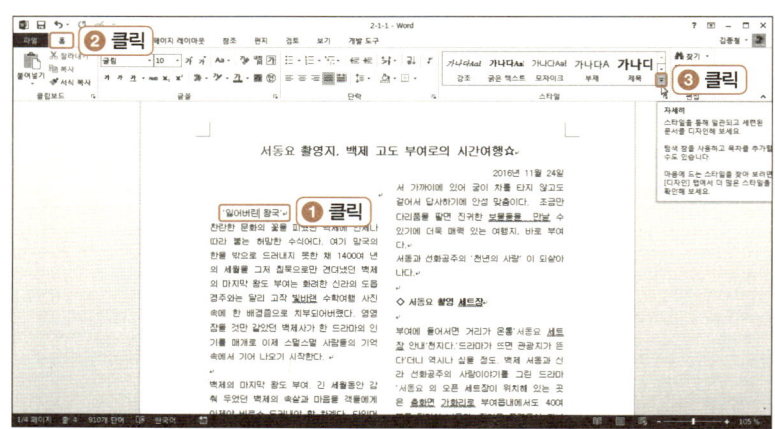

❷ '강한 인용'을 선택합니다.

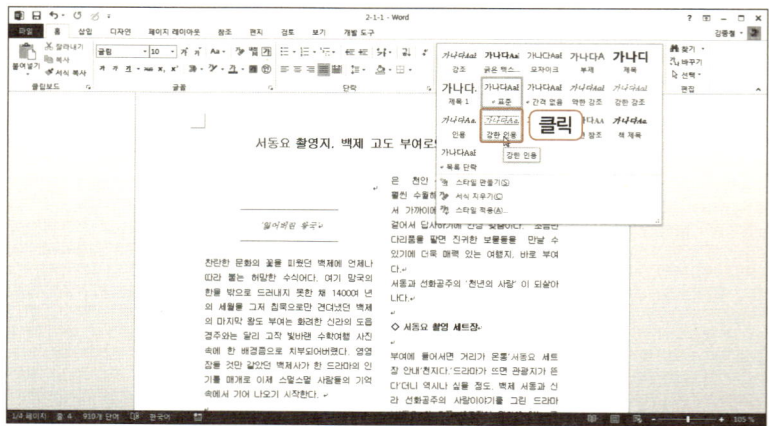

❸ '강한 인용' 스타일이 적용됩니다.

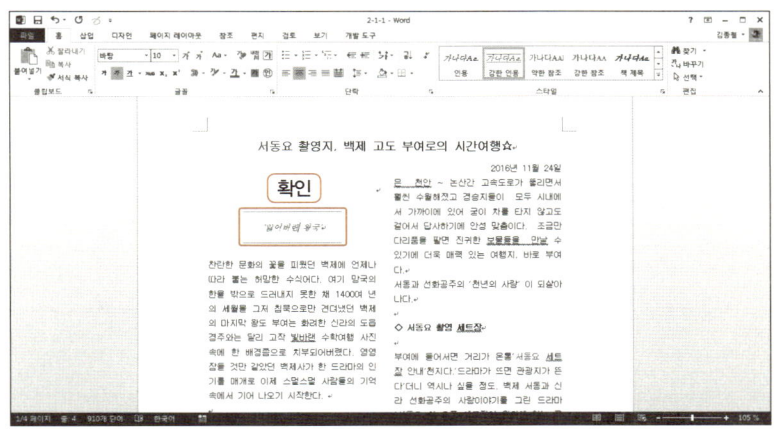

2-7 서식과 스타일 지우기

텍스트에 적용된 서식과 스타일은 언제든 삭제할 수가 있습니다. 스타일을 삭제하면 해당 스타일에 적용된 텍스트가 모두 영향을 받기 때문에 주의해야 합니다.

✤ 2페이지 21줄에 설정된 '궁남지'의 서식만 삭제하시오.

❶ 2페이지 21줄에 설정된 '궁남지'를 선택한 후 [홈] 탭-[글꼴] 그룹-[모든 서식 지우기] 명령 단추를 클릭합니다.

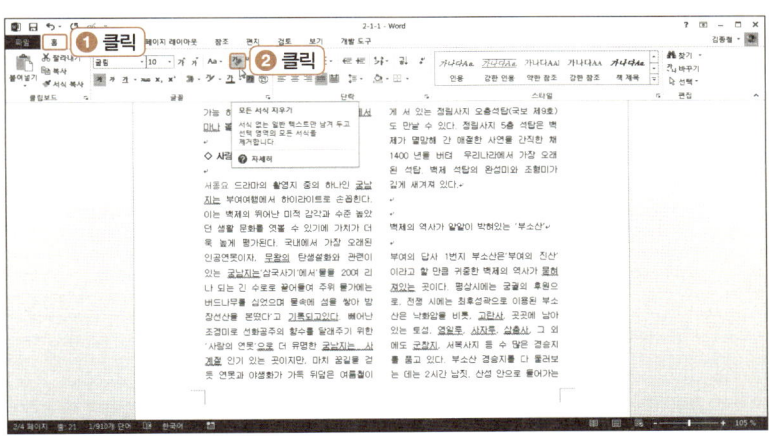

❷ 서식이 삭제됩니다.

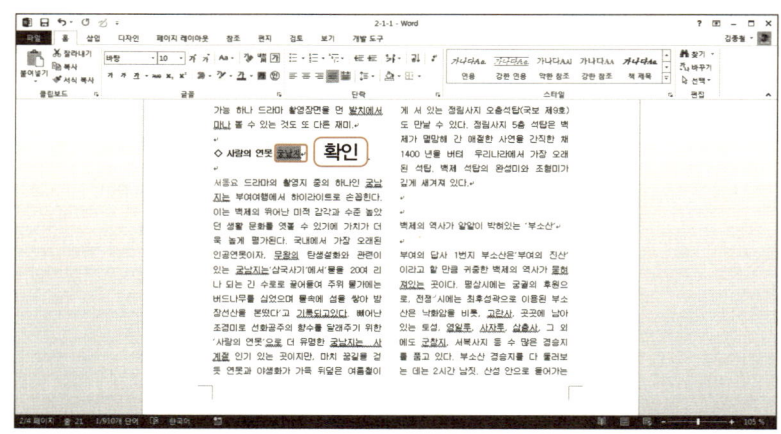

✤ '모자이크' 스타일을 삭제하시오.

❶ [홈] 탭-[스타일] 그룹-[스타일 대화상자]를 클릭합니다.

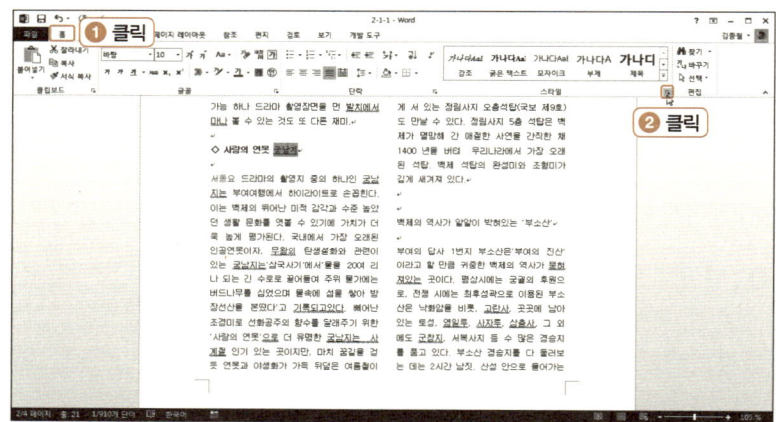

❷ '모자이크'의 목록 단추를 클릭한 후 '모자이크 삭제'를 선택합니다.

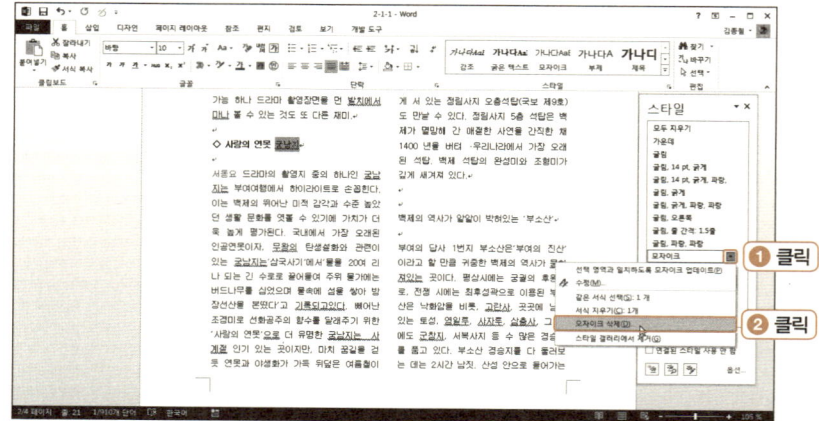

③ 〈예〉를 클릭합니다.

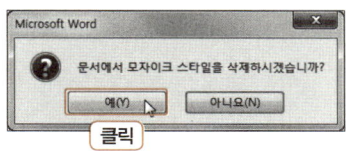

④ '모자이크' 스타일이 삭제됩니다.

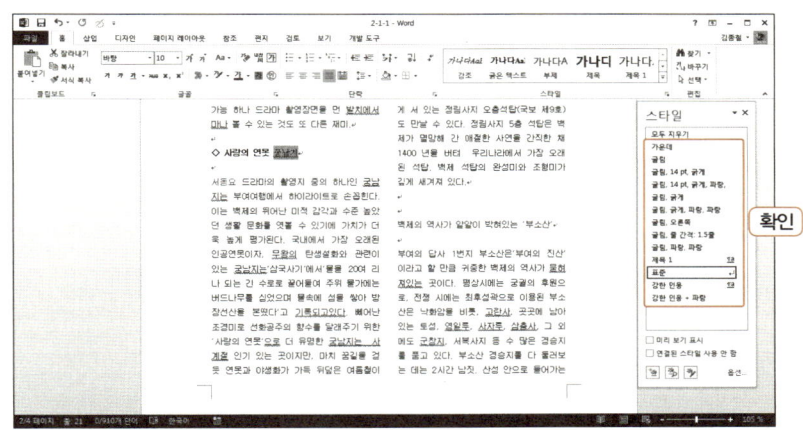

멘토의 한 수

스타일을 수정할 때는 해당 스타일 위에서 마우스 오른쪽 단추를 클릭한 후 '수정'을 선택합니다.

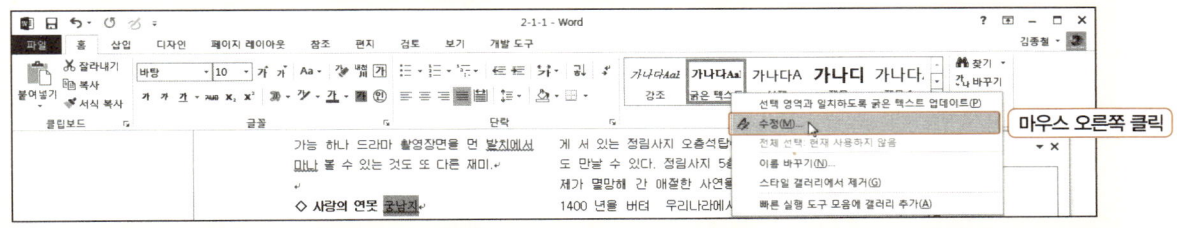

Chapter 02 텍스트 및 단락에 서식 적용 | 91

Chapter 03 텍스트, 단락 순서 지정 및 그룹화

● 예제 : C:₩MOS2013₩WordCore₩2-2-1.docx

3-1 페이지 나누기

강제로 페이지를 나눌 때는 보통 Enter를 눌러도 되지만 내용이 많은 경우 일일이 수동으로 작업해야 하는 불편함이 있습니다. 따라서 성격이 다른 페이지라면 페이지 나누기를 이용하는 것이 편리합니다.

❖ 1페이지 26줄부터 새로운 페이지에서 시작하도록 나누시오.

❶ 1페이지 26줄의 맨 앞에 커서를 이동한 후 [삽입] 탭-[페이지] 그룹-[페이지 나누기] 명령 단추를 클릭합니다.

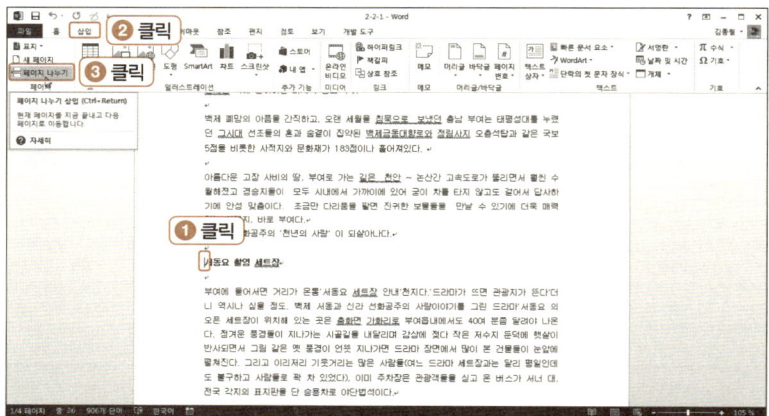

❷ 새로운 페이지부터 시작됩니다.

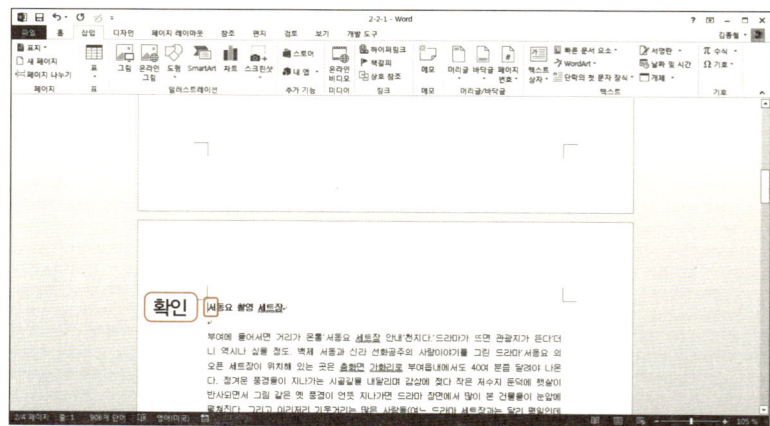

단축키 Ctrl+Enter를 누르거나 [페이지 레이아웃] 탭-[페이지 설정] 그룹-[나누기]-[페이지]를 선택해도 됩니다.

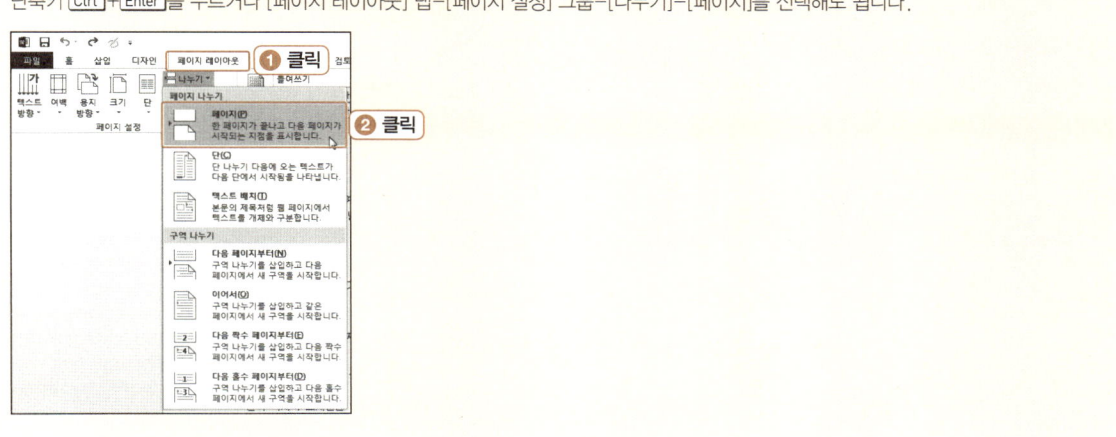

3-2 단락 나누기

문서를 작업하다보면 동일한 페이지에 있어야 할 내용이 다음 페이지로 넘어가는 경우가 종종 있습니다. 이럴 경우 임의로 내용을 늘리거나 줄이는 방법은 편집을 다시 해야 하는 불편함이 있습니다. 워드에서는 이러한 불편함을 해소하기 위해 다양한 옵션을 설정하는 방법을 제공합니다.

✤ **2페이지의 35줄에 있는 단락이 항상 같은 페이지에 배치되도록 설정하시오.**

❶ 2페이지의 35줄에 있는 단락에 커서를 이동한 후 [홈] 탭-[단락] 그룹-[자세히]를 클릭합니다.

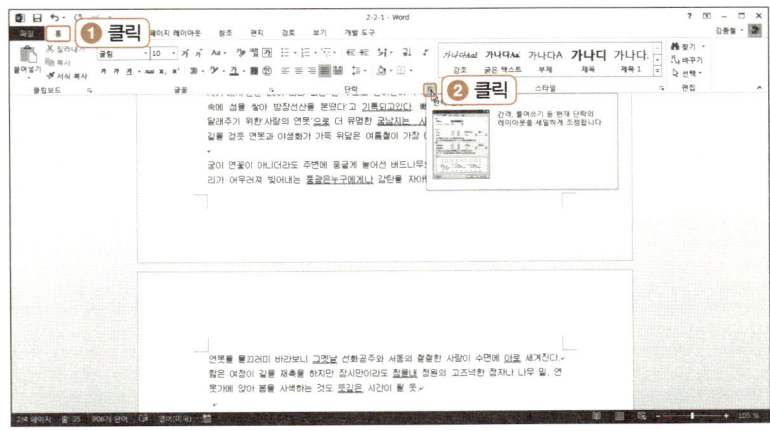

❷ [줄 및 페이지 나누기] 탭에서 '현재 단락을 나누지 않음'을 체크 표시한 후 〈확인〉을 클릭합니다.

❸ 나누어진 단락이 같은 페이지로 이동되는 것을 볼 수 있습니다.

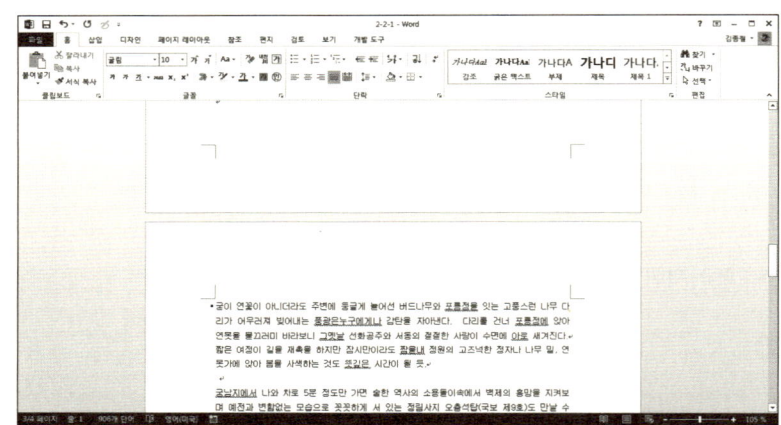

> **멘토의 한 수**
> 나누기 방지가 설정된 단락의 왼쪽 여백에는 검은색의 작은 상자(■)가 나타나는데, 이는 화면에만 보일뿐 출력물에는 나타나지 않습니다.

3-3 문서 구역

구역 나누기는 하나의 문서 안에서 여러 개의 영역을 나누는 기능으로 다른 구역에는 페이지의 크기, 여백, 용지 방향, 머리글/바닥글 등을 각각 다르게 지정할 수 있습니다. 하나의 문서 안에 구역을 나누면 여러 편리한 기능을 사용할 수 있기 때문에 매우 편리합니다.

✤ 4페이지 10줄부터 새로운 구역이 되도록 설정한 후 용지 방향을 가로로 변경하시오.

❶ 4페이지의 10줄에 커서를 위치시킨 후 [페이지 레이아웃] 탭-[페이지 설정] 그룹-[나누기] 명령 단추를 클릭합니다.

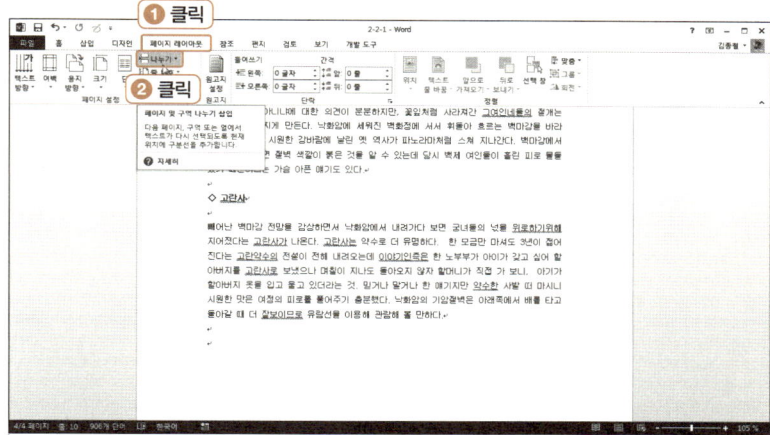

❷ '구역 나누기' 항목에서 '다음 페이지부터'를 선택합니다.

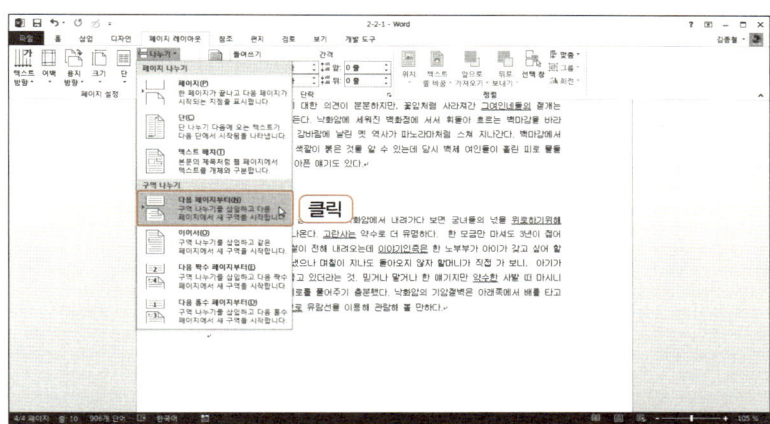

❸ 구역 나누기가 설정됩니다.

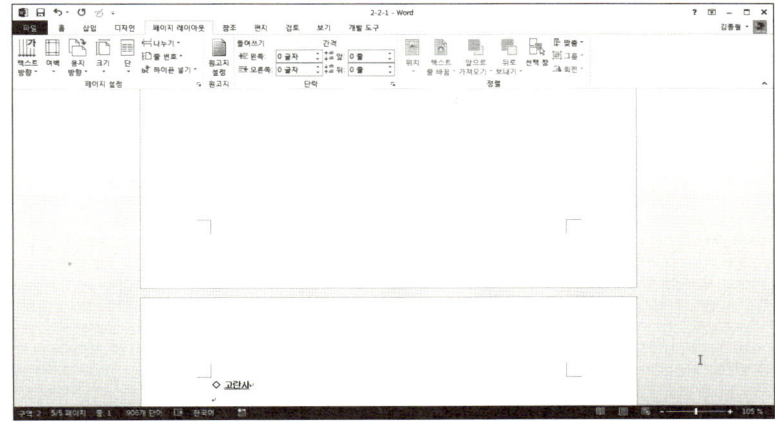

멘토의 한 수

'상태 표시줄'에 '구역: 2'로 되어있는 것을 볼 수 있습니다.

Chapter 03 텍스트, 단락 순서 지정 및 그룹화 | 95

멘토의 한 수

'상태 표시줄'에 구역이 보이지 않으면 '상태 표시줄' 위에서 마우스 오른쪽 단추를 클릭한 후 '구역'을 선택합니다.

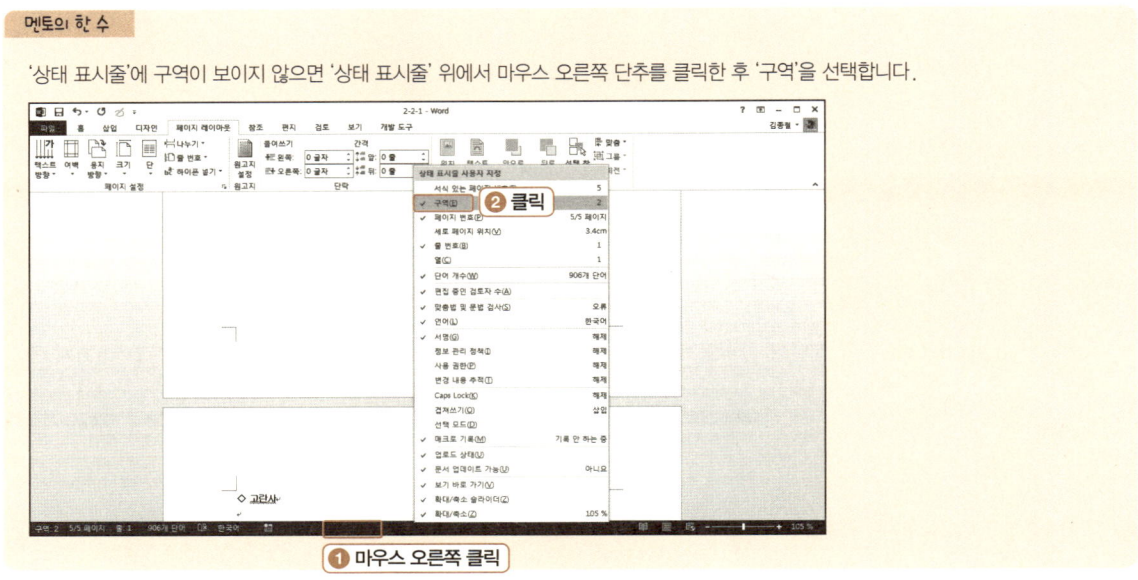

❹ [페이지 레이아웃] 탭-[페이지 설정] 그룹-[용지 방향] 명령 단추를 클릭합니다.

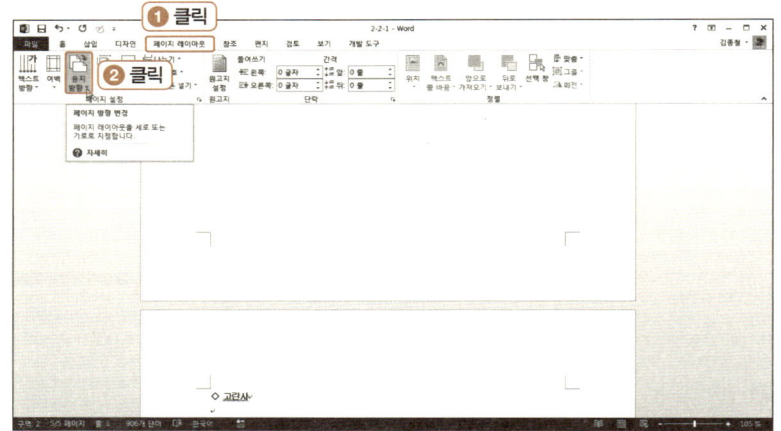

❺ '가로'를 선택합니다.

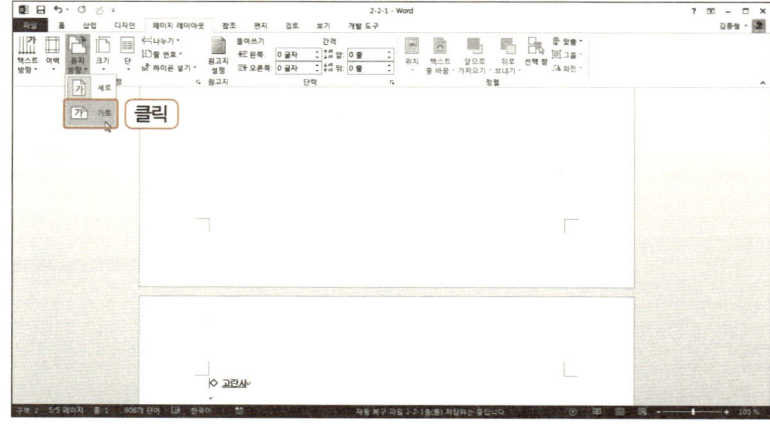

❻ 첫 페이지는 세로, 두 번째 페이지는 가로의 문서가 설정됩니다.

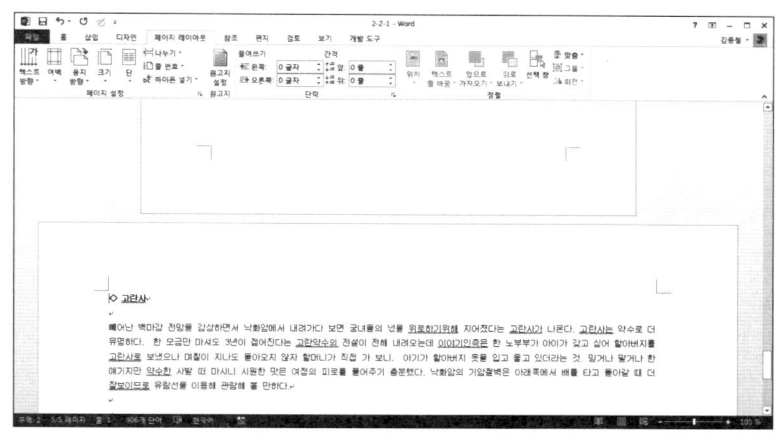

MEMO

Microsoft Office Specialist

PART 3

표 및 목록 만들기

학습목표

표 만들기, 표 수정, 목록 만들기 및 수정 방법 등에 대해 알아봅니다.

Chapter 01. 표 만들기

Chapter 02. 표 수정

Chapter 03. 목록 만들기 및 수정

Chapter 01 표 만들기

● 예제 : C:\MOS2013\WordCore\3-1-1.docx

1-1 표 만들기

표는 데이터를 일목요연하게 정리하는 개체로 텍스트만 있는 문서보다 표를 삽입한 문서가 더 쉽게 내용을 전달할 수 있어 많이 사용합니다. 표는 행과 열을 이용해 만드는데 편집할 때는 전체가 그룹을 이루고 있기 때문에 주의해야 합니다.

❖ 1페이지에 3행 5열의 표를 삽입한 후 다음과 같은 내용을 입력하시오.

	AI	IoT	Dron	Clouds
1학기				
2학기				

❶ [삽입] 탭-[표] 그룹-[표] 명령 단추를 클릭합니다.

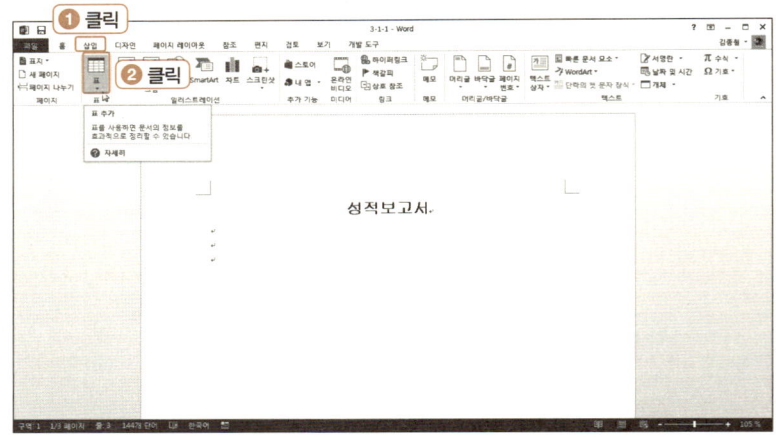

❷ 3행 5열을 선택합니다.

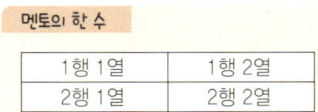

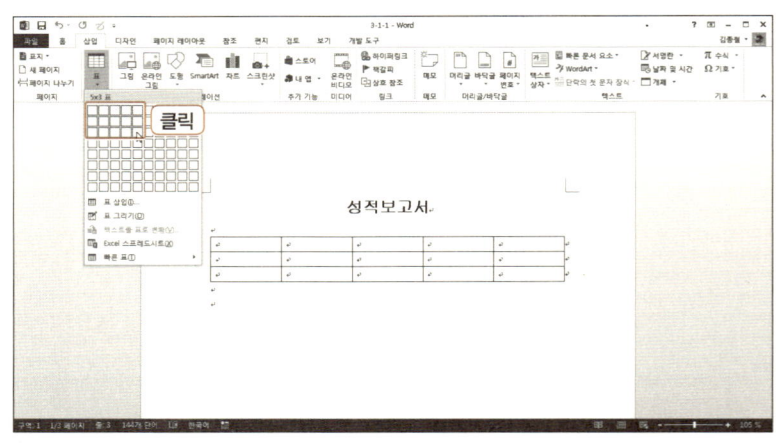

> **멘토의 한 수**
>
> '표 삽입'을 선택한 후 '열 개수(5)'와 '행 개수(3)'를 지정해도 됩니다.

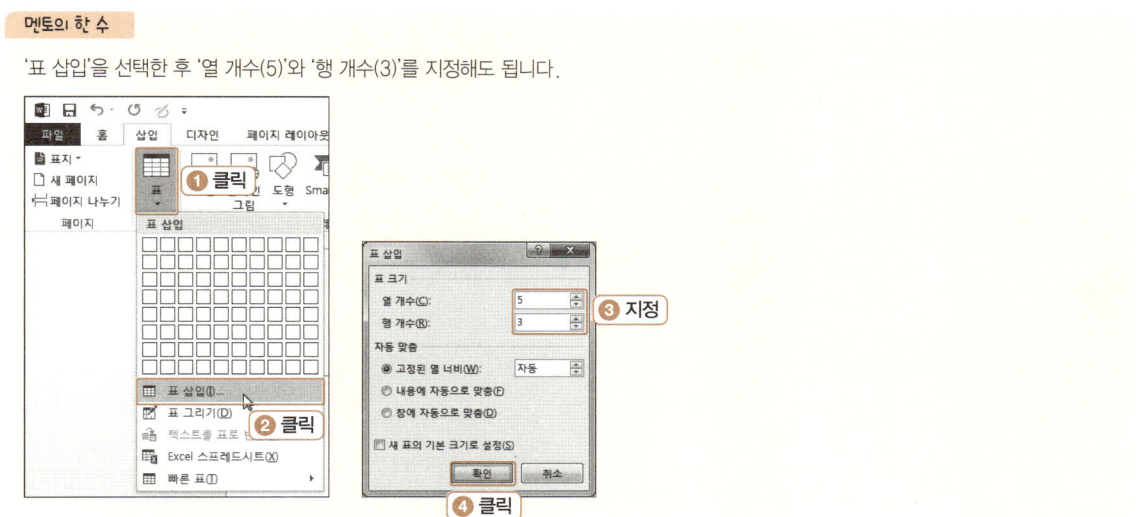

❸ 3행 5열의 표가 삽입되면 내용을 입력합니다.

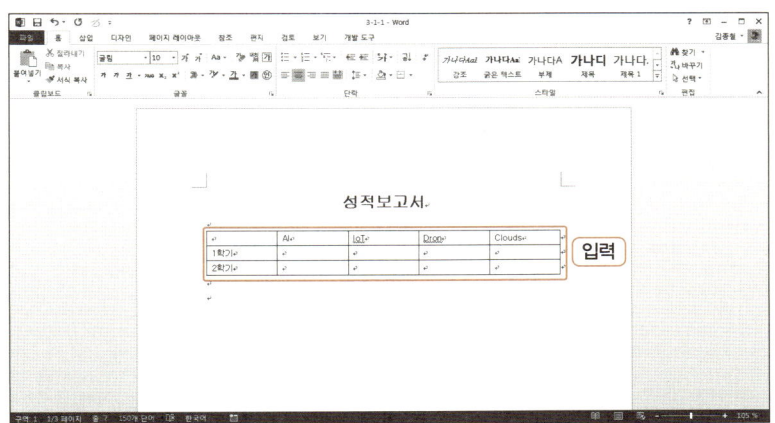

✦ **2페이지의 표를 텍스트로 변환하시오(탭을 구분기호로 할 것).**

❶ 2페이지의 표를 선택한 후 [표 도구]-[레이아웃] 탭-[데이터] 그룹-[텍스트로 변환] 명령 단추를 클릭합니다.

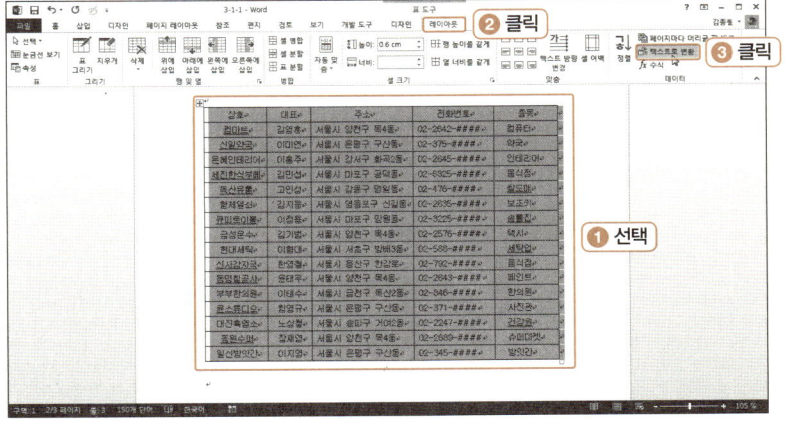

Chapter 01 표 만들기 | 101

❷ '탭'을 선택한 후 〈확인〉을 클릭합니다.

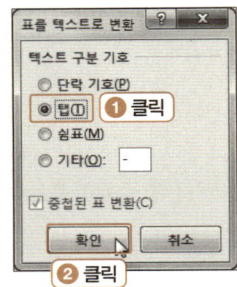

❸ 표의 내용이 텍스트로 변경됩니다.

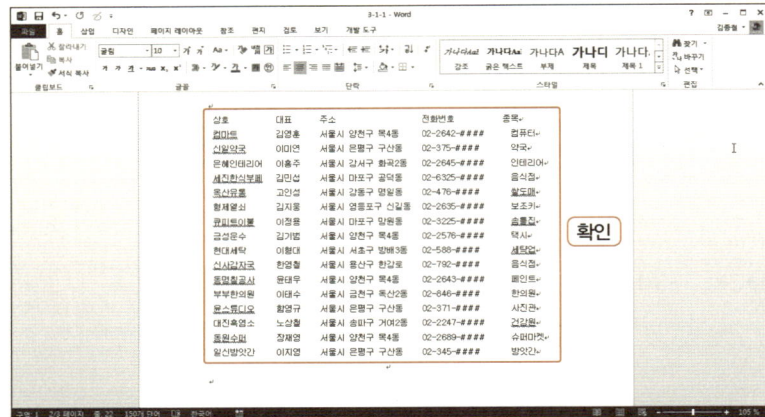

멘토의 한 수

텍스트를 표로 변환할 때는 텍스트를 선택한 후 [삽입] 탭-[표] 그룹-[표]-[텍스트를 표로 변환]을 클릭합니다.

Chapter 02 표 수정

2-1 표 서식 적용

워드에서는 문서에 삽입된 표는 보기 좋게 꾸미기 위해 자동으로 만들어진 스타일을 제공합니다. 또한 데이터들을 엑셀처럼 일정한 기준으로 정렬을 할 수가 있어 문서를 만들 때 유용하게 이용할 수 있습니다.

❖ 2페이지의 텍스트를 다음과 같이 표로 변환하시오.

열 개수	고정된 열 너비	텍스트 구분 기호	스타일	정렬
5	자동	탭	눈금 표 4 - 강조색 1	대표 오름차순

❶ 2페이지의 텍스트를 선택한 후 [삽입] 탭-[표] 그룹-[표] 명령 단추를 클릭한 후 '텍스트를 표로 변환'을 선택합니다.

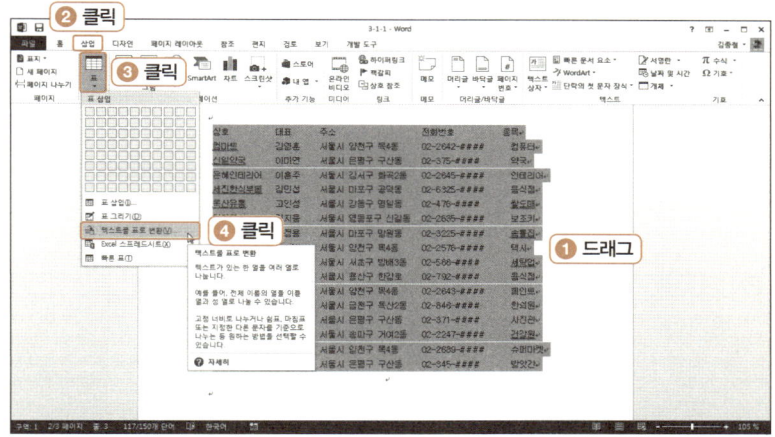

❷ '열 개수 : 5, 고정된 열 너비 : 자동, 텍스트 구분 기호 : 탭'을 설정한 후 〈확인〉을 클릭합니다.

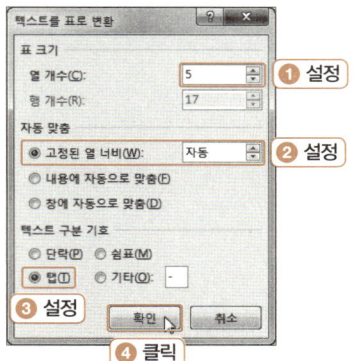

❸ 텍스트가 표로 변환됩니다.

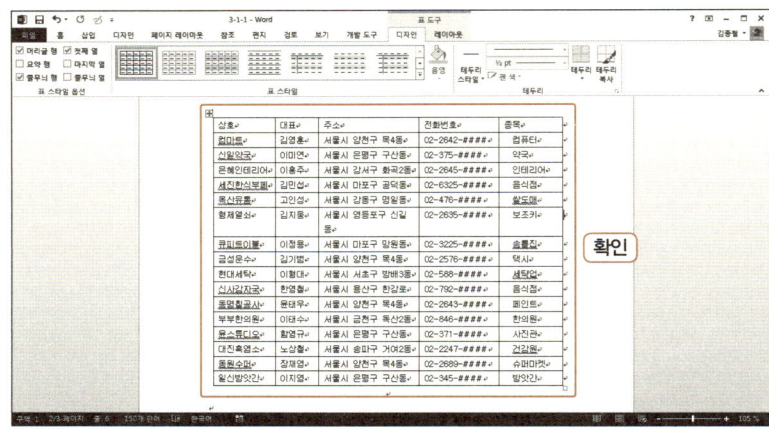

❹ [표 도구]-[디자인] 탭-[표 스타일] 그룹-[자세히]를 클릭합니다.

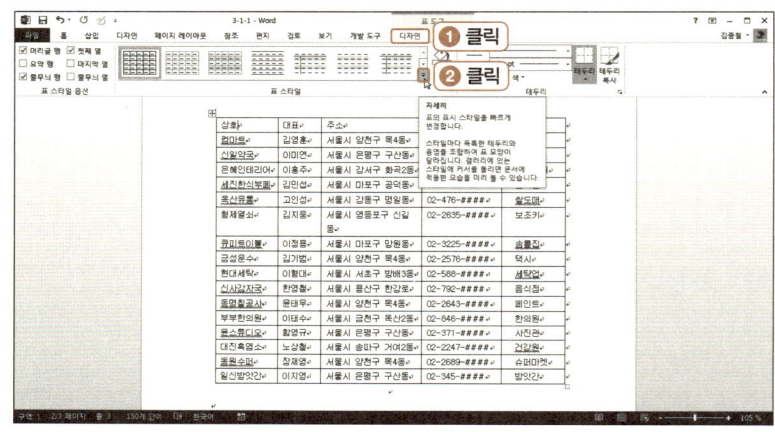

❺ '눈금 표 4 - 강조색 1'을 선택합니다.

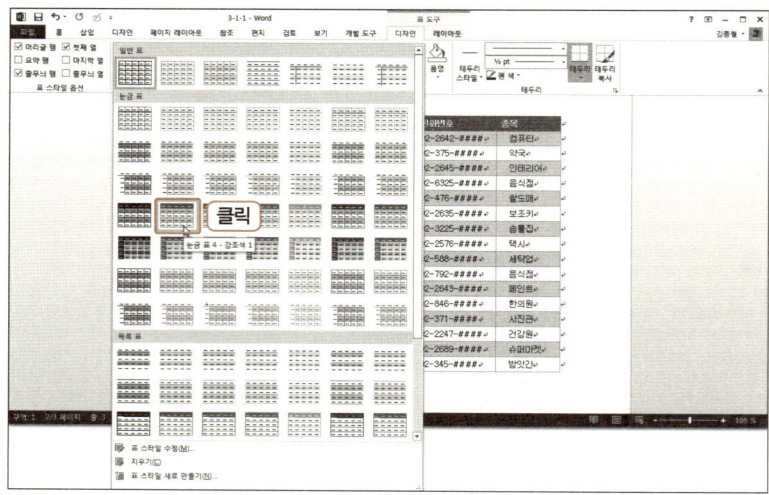

❻ 표 스타일이 변경됩니다.

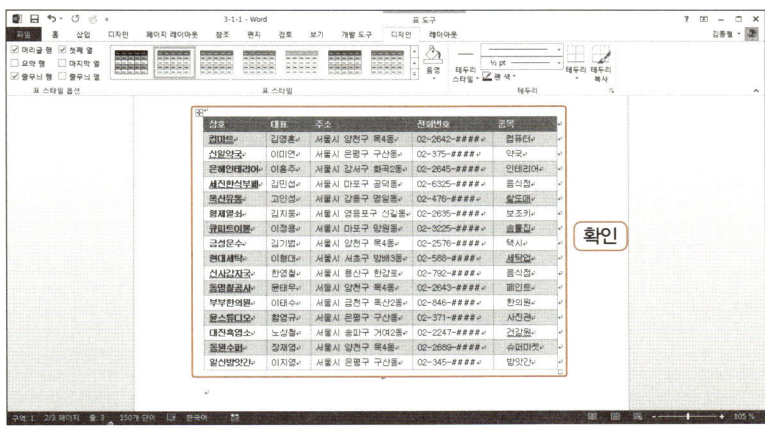

❼ 표로 커서를 이동한 후 [표 도구]-[레이아웃] 탭-[데이터] 그룹-[정렬] 명령 단추를 클릭합니다.

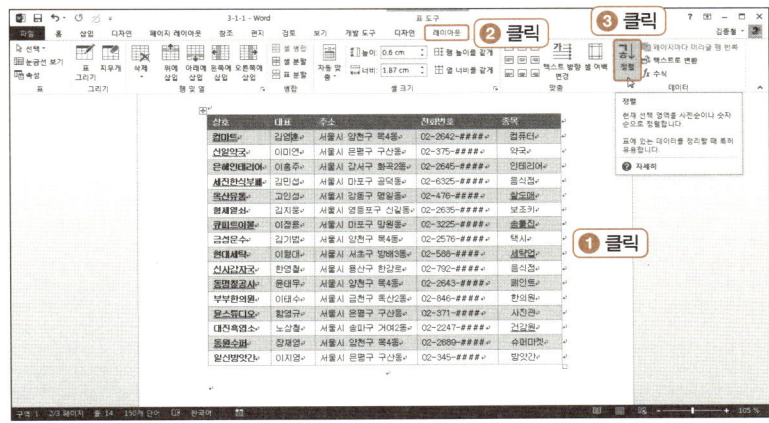

❽ '첫째 기준 : 대표, 오름차순'으로 설정한 후 〈확인〉을 클릭합니다.

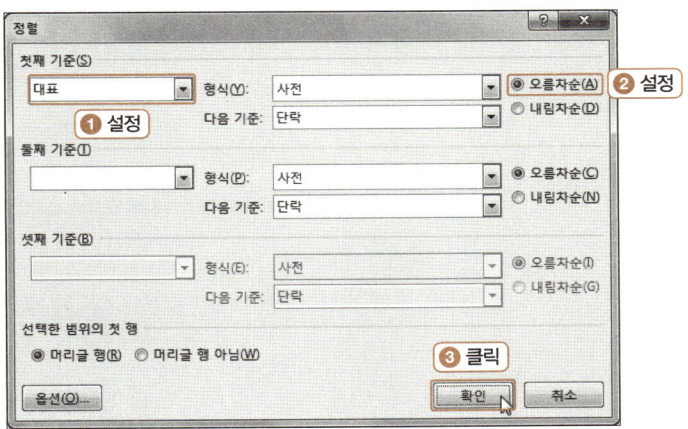

Chapter 02 표 수정 | 105

❾ 대표를 기준으로 오름차순으로 정렬됩니다.

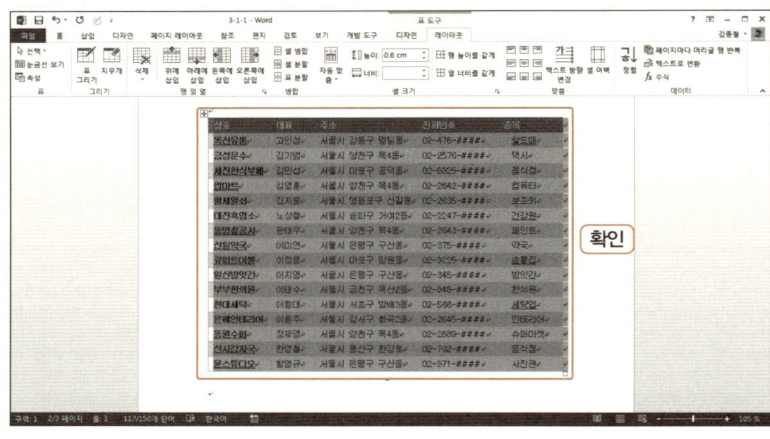

2-2 표 데이터 수정

표에 입력된 데이터는 다양한 방법으로 수정할 수가 있습니다. 엑셀처럼 간단한 수식도 삽입하여 계산이 가능한 표를 완성할 수 있습니다.

✤ **2~4행 6열에 수식을 이용하여 표를 완성하시오.**

❶ 2행 6열에 커서를 이동한 후 [표 도구]-[레이아웃] 탭-[데이터] 그룹-[수식] 명령 단추를 클릭합니다.

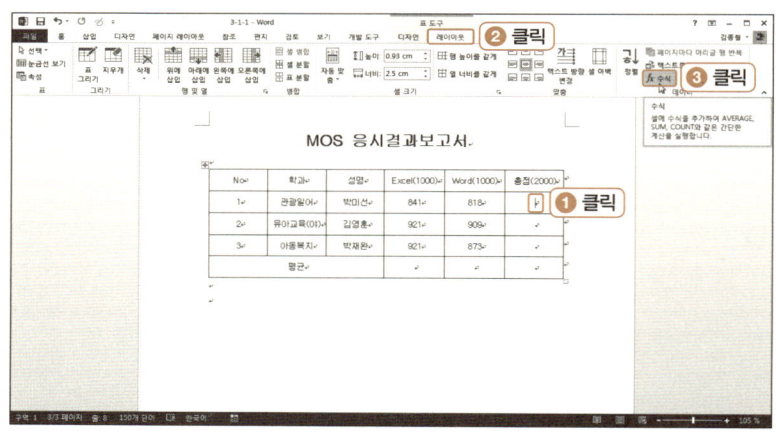

❷ '수식 : =SUM(LEFT)'를 확인한 후 〈확인〉을 클릭합니다.

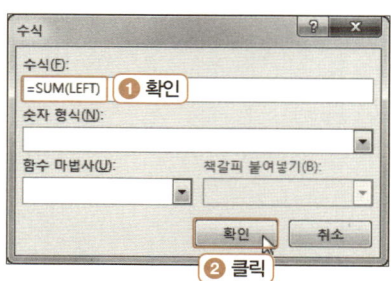

❸ 결과값이 나타납니다.

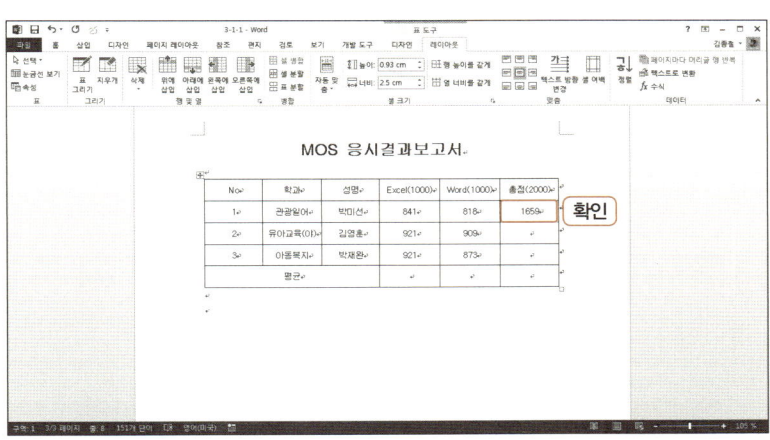

❹ 수식을 블록으로 지정합니다. 마우스 오른쪽 단추를 클릭한 후 '복사'를 선택합니다.

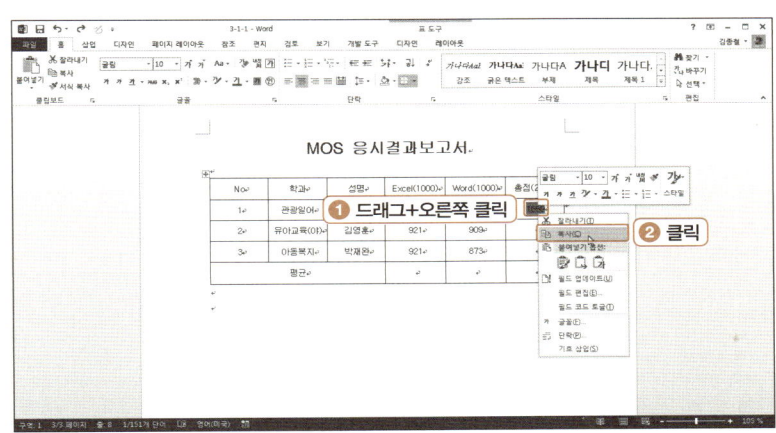

❺ 3행 6열에 커서를 이동한 후 [홈] 탭-[클립보드] 그룹-[붙여넣기] 명령 단추를 클릭합니다.

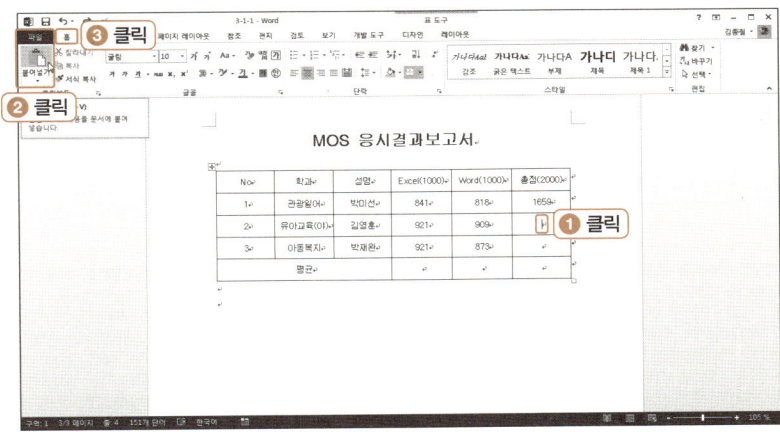

❻ 수식 위에서 마우스 오른쪽 단
추를 클릭한 후 '필드 업데이
트'를 선택합니다.

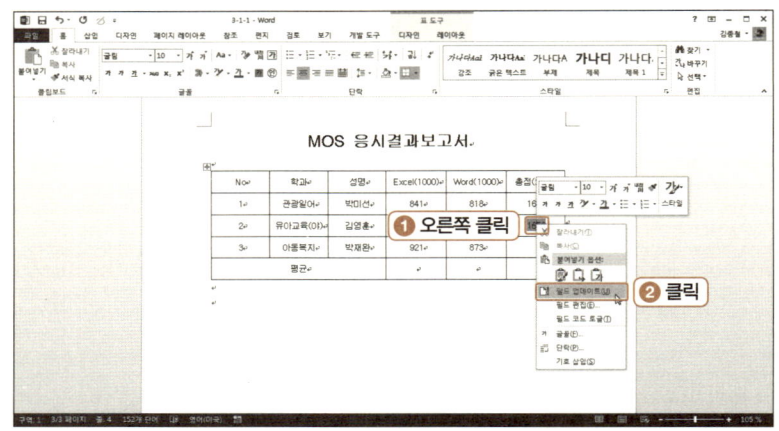

❼ 셀에 맞는 결과값이 나타납니
다. 동일한 방법으로 4행 6열
도 수식을 복사한 후 업데이트
합니다.

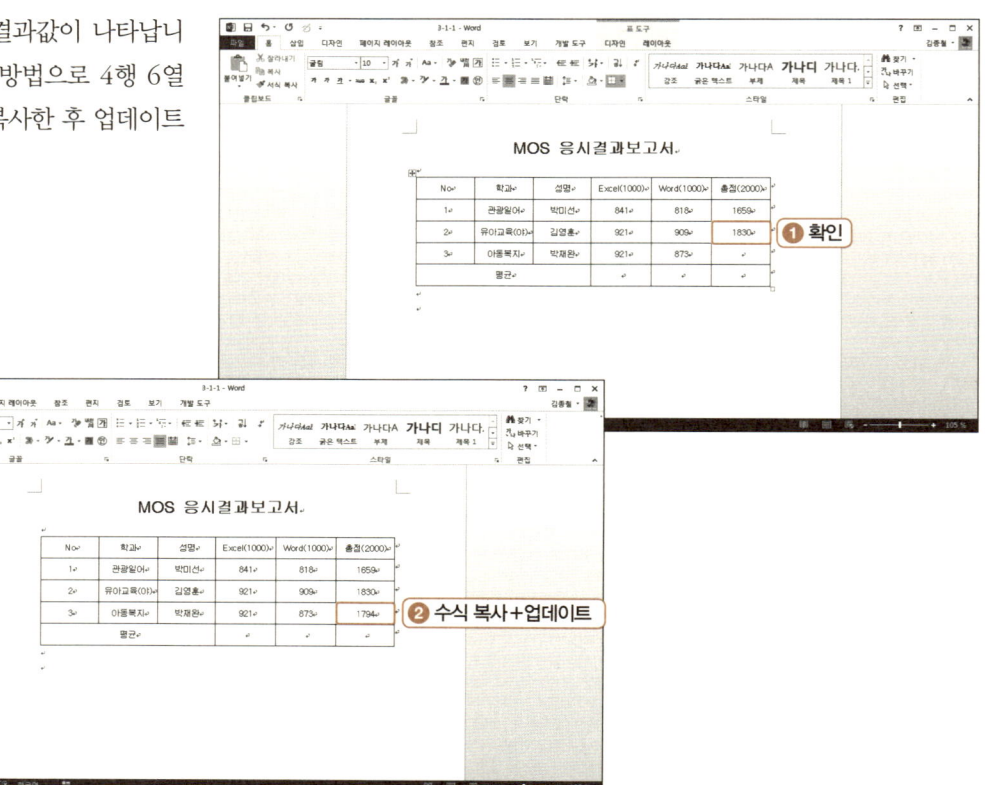

2-3 표 구조 수정

표에 데이터를 추가할 경우 행이나 열을 삽입할 수 있습니다. 반면 기존의 데이터가 있는 행이나 열을 삭제할 수도 있습니다. 또한 문서에 삽입한 표는 데이터에 따라 높이와 너비를 변경할 수 있습니다. 이렇게 표는 다양한 방법으로 편집이 가능하도록 도구를 제공하고 있습니다.

❖ 1페이지의 표에서 2열과 3열 사이에 새로운 열을 삽입한 후 'Big Data'를 입력하고 표의 행 높이를 '1 cm'로 설정하시오.

❶ 2열에 커서를 이동한 후 [표 도구]-[레이아웃] 탭-[행 및 열] 그룹에 있는 '오른쪽에 삽입' 명령 단추를 클릭합니다.

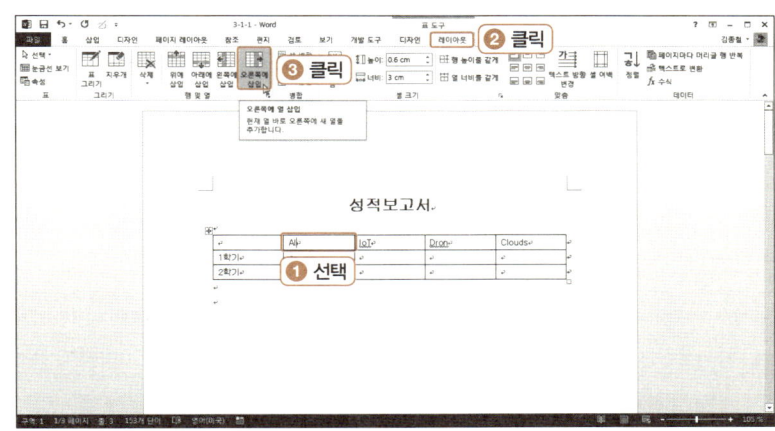

멘토의 한 수

3열에 커서를 이동한 후 [표 도구]-[레이아웃] 탭-[행 및 열] 그룹에 있는 '왼쪽에 삽입' 명령 단추를 클릭해도 됩니다.

❷ 새로운 열이 삽입되면 'Big Data'를 입력합니다.

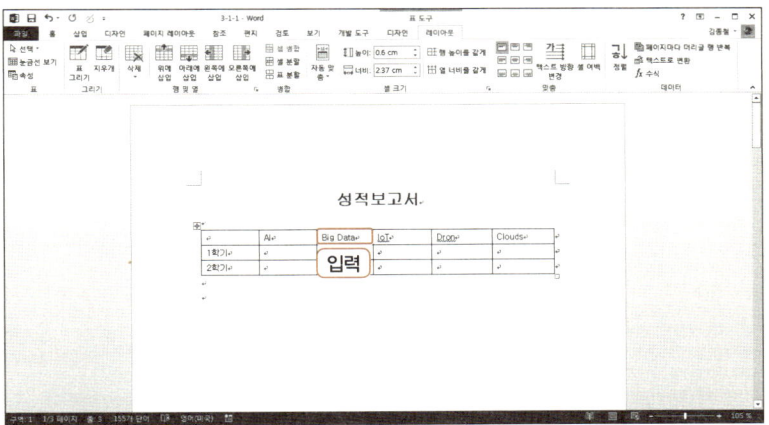

❸ 표를 선택한 후 [표 도구]-[레이아웃] 탭-[셀 크기] 그룹의 높이를 '높이 : 1 cm'로 설정합니다.

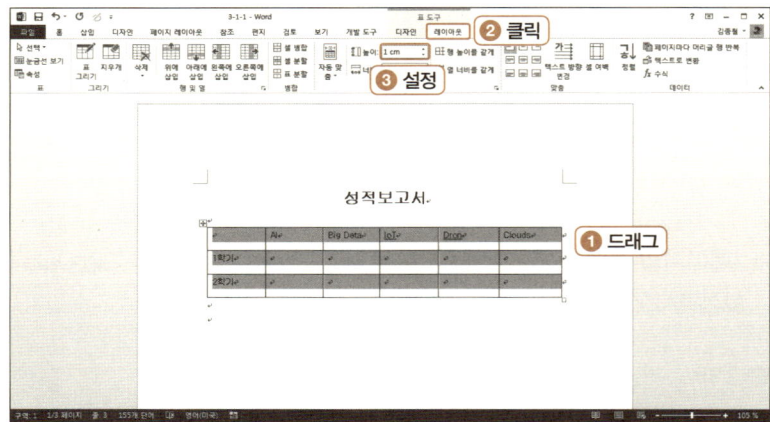

> **멘토의 한 수**
> 셀의 열 너비는 [표 도구]-[레이아웃] 탭-[셀 크기] 그룹에 있는 '너비'에서 설정합니다.

❖ 표에 다음과 같은 캡션을 설정하시오.

위치	캡션
선택한 항목 아래	성적표

❶ [표 도구]-[레이아웃] 탭-[표] 그룹-[선택] 명령 단추를 클릭합니다.

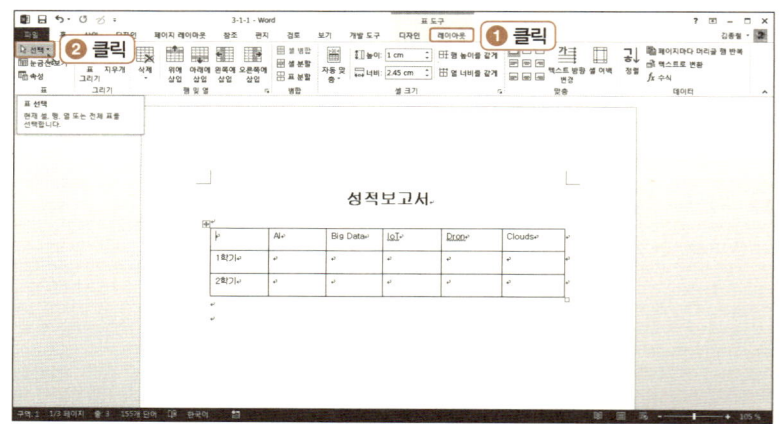

❷ '표 선택'을 클릭합니다.

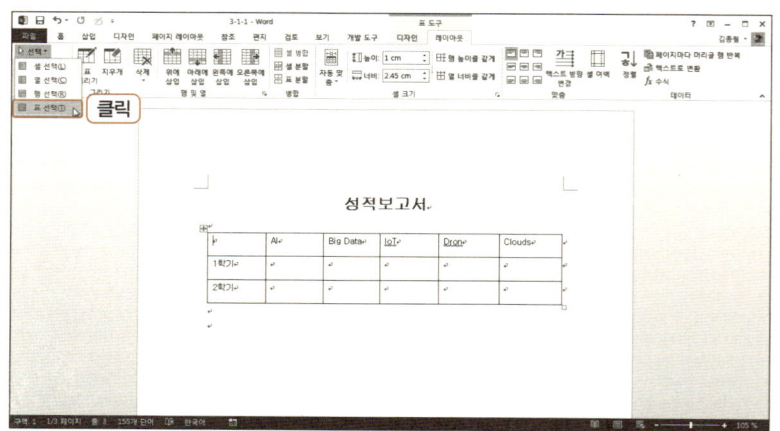

> **멘토의 한 수**
>
> 표의 왼쪽 상단에 있는 '표 선택' 도구를 클릭해도 됩니다.

❸ 마우스 오른쪽 단추를 클릭한 후 '캡션 삽입'을 선택합니다.

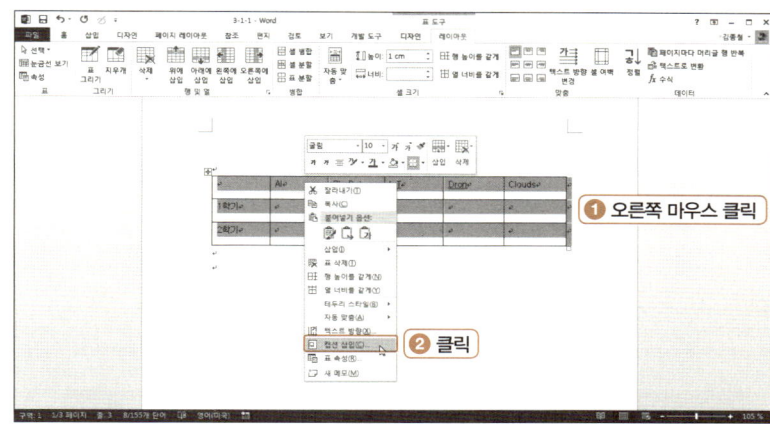

❹ '위치'의 목록 단추를 클릭한 후 '선택한 항목 아래'를 선택합니다.

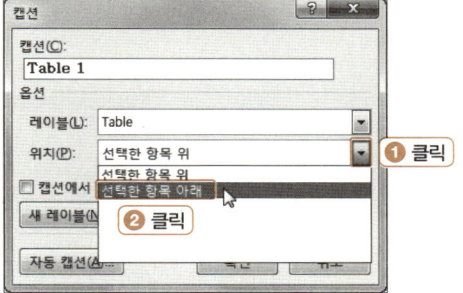

❺ 〈새 레이블〉을 클릭합니다.

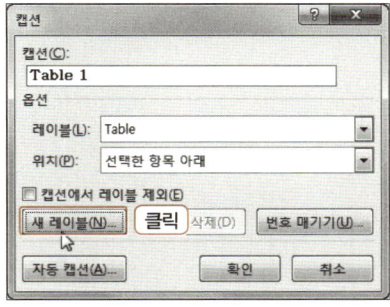

❻ '성적표'를 입력한 후 〈확인〉을 클릭합니다.

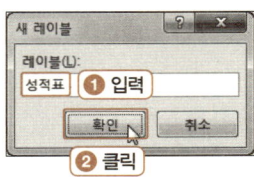

❼ 〈확인〉을 클릭합니다.

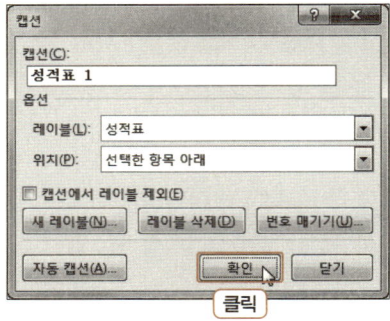

❽ 표에 캡션이 설정됩니다.

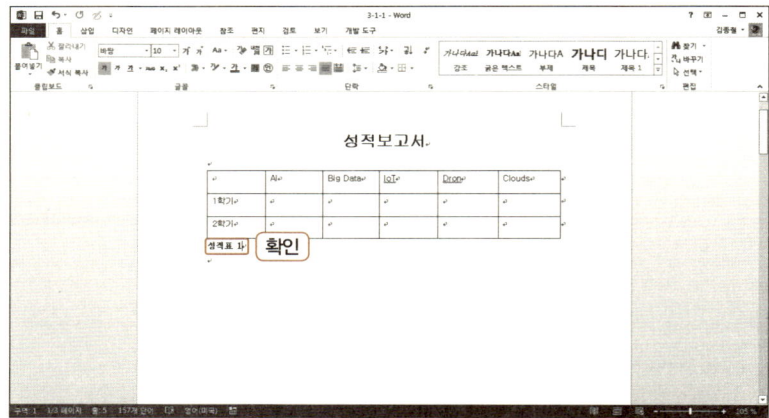

Chapter 03 목록 만들기 및 수정

● 예제 : C:₩MOS2013₩WordCore₩3-2-1.docx

3-1 글머리 기호 매기기

글머리 기호를 사용하면 텍스트와 텍스트 사이를 구분하면서 텍스트를 더욱 부각시킬 수 있습니다. 다양한 기호로 글머리를 지정할 수 있지만, 또한 그림을 이용해서 글머리를 지정하면 좀 더 시각적으로 효과를 줄 수 있습니다. 글머리 기호를 설정하면 내용을 입력한 후 Enter를 누르면 동일한 기호가 자동으로 삽입됩니다.

✤ 2페이지의 3~9줄까지의 내용에 'C:₩MOS2013₩WordCore₩ball.png' 파일을 글머리 기호로 설정한 후 '글머리 기호 위치 : 1 cm, 텍스트 들여쓰기 : 1.5 cm'로 설정하시오.

❶ 2페이지의 3~9줄을 선택한 후 [홈] 탭-[단락] 그룹-[글머리 기호]의 목록 단추를 클릭합니다.

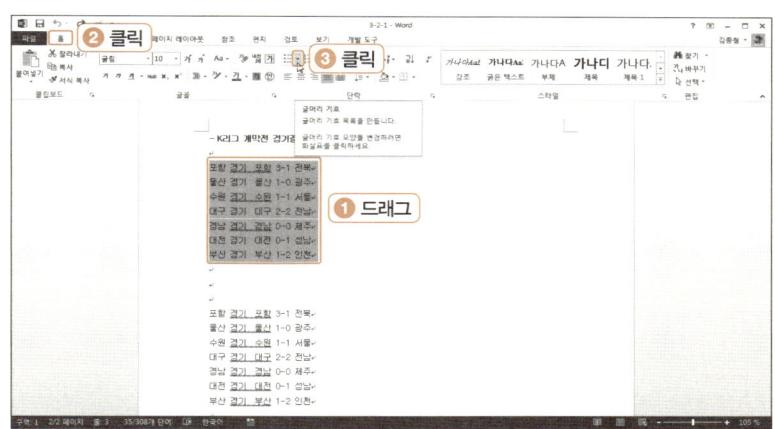

❷ '새 글머리 기호 정의'를 클릭합니다.

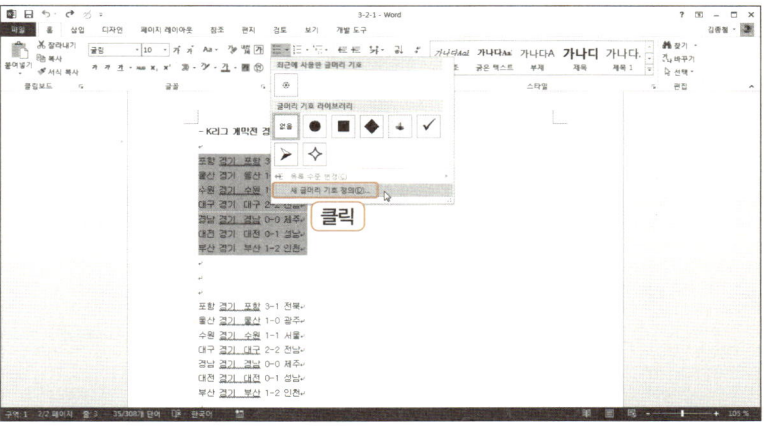

❸ 〈그림〉을 클릭합니다.

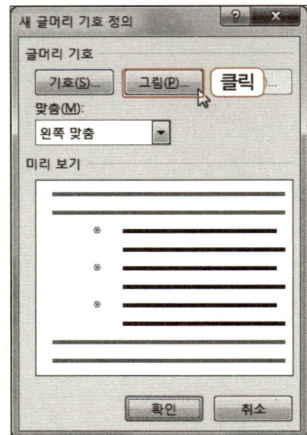

❹ '찾아보기'를 클릭합니다.

❺ 'C:₩MOS2013₩WordCore₩ball.png' 파일을 선택한 후 〈삽입〉을 클릭합니다.

❻ 〈확인〉을 클릭합니다.

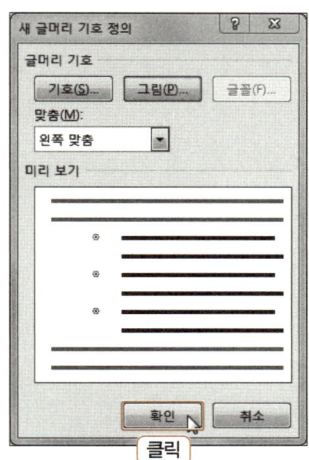

❼ 글머리 기호가 설정됩니다.

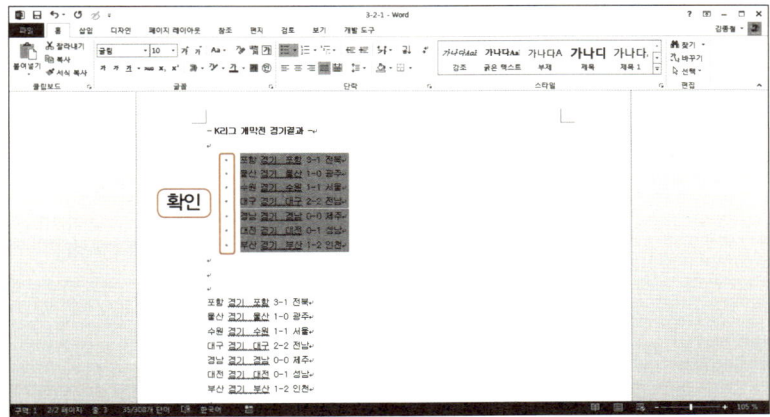

❽ 목록 위에서 마우스 오른쪽 단추를 클릭한 후 '목록 들여쓰기 조정'을 선택합니다.

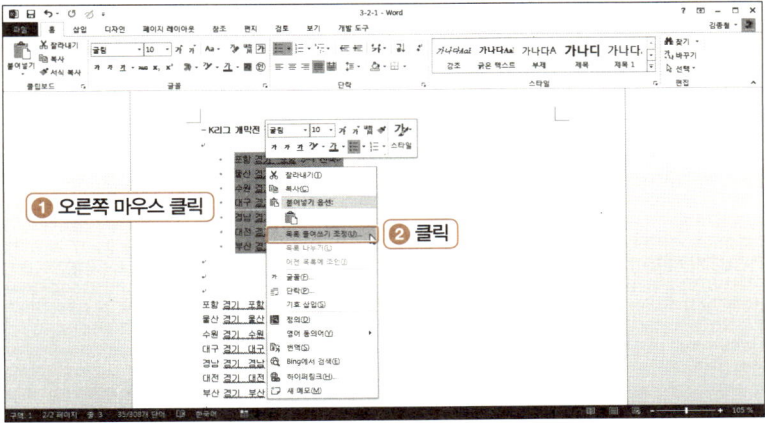

❾ '글머리 기호 위치 : 1 cm, 텍스트 들여쓰기 : 1.5 cm'로 설정한 후 〈확인〉을 클릭합니다.

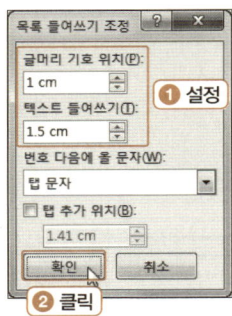

❿ 글머리 기호의 위치가 변경됩니다.

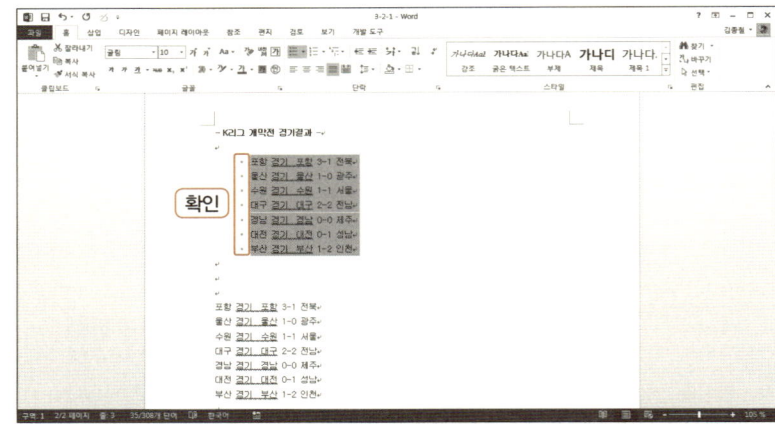

3-2 번호 매기기

자세히 기술된 서술 형식의 문서 내용을 한 눈에 쉽게 이해할 수 있도록 요약하고 함축적인 표현 방법으로 번호 매기기를 사용합니다. 단락에 대한 번호 매기기 서식은 그 형식 및 수준에 따라 다르게 설정할 수 있는데, 특히 문서의 내용이 연관된 주제에 소주제 및 세부 내용 등의 수준별로 내용이 구성되는 경우 다단계 번호 매기기가 효율적으로 활용될 수 있습니다.

✤ 2페이지의 13~19줄까지의 내용에 번호 매기기를 'Ⅰ, Ⅱ, Ⅲ, …'로 설정하시오.

❶ 2페이지의 13~19줄을 선택한 후 [홈] 탭-[단락] 그룹-[번호 매기기]의 목록 단추를 클릭합니다.

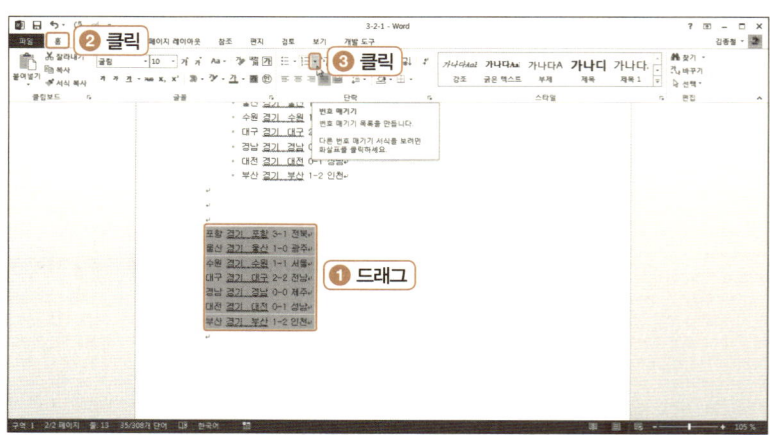

❷ '새 번호 서식 정의'를 클릭합니다.

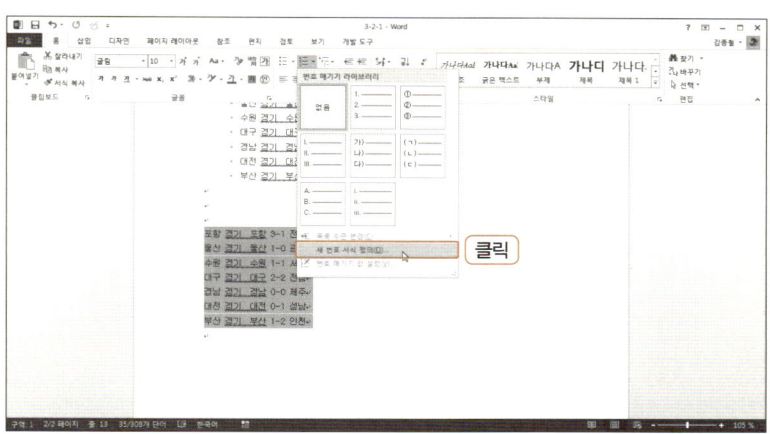

❸ '번호 스타일'의 목록 단추를 클릭한 후 'Ⅰ, Ⅱ, Ⅲ, …'을 선택합니다.

❹ 〈확인〉을 클릭합니다.

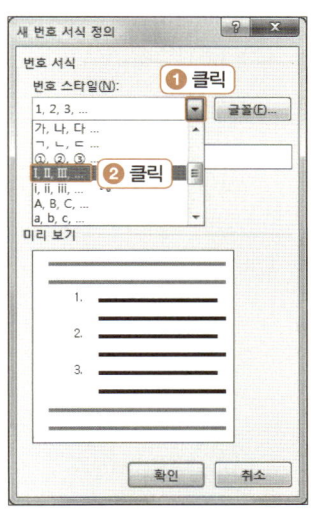
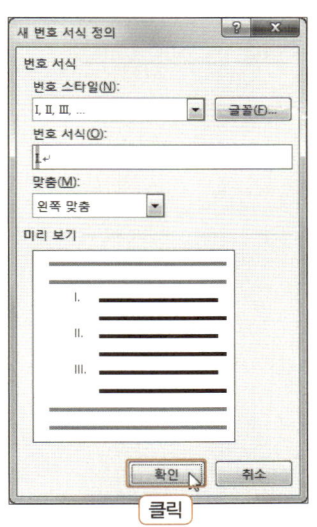

❺ 번호 매기기가 로마자로 변경됩니다.

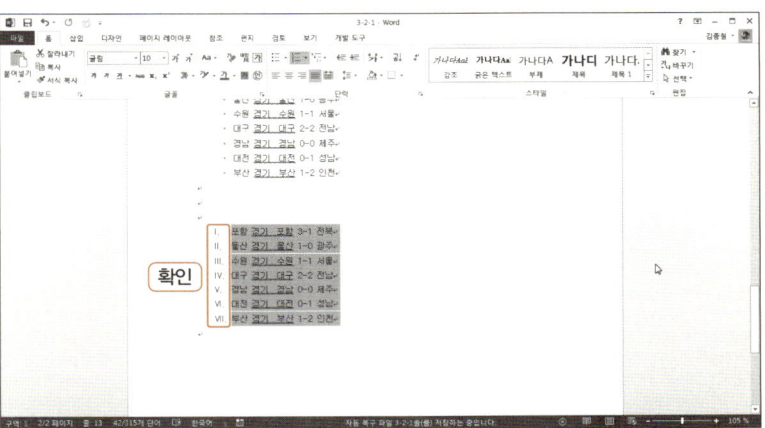

Chapter 03 목록 만들기 및 수정 | 117

MEMO

PART 4

참조 적용

> **학습목표**
>
> 미주, 각주 및 인용 만들기, 캡션 만들기 방법 등에 대해 알아봅니다.

Chapter 01. 미주, 각주 및 인용 만들기

Chapter 02. 캡션 만들기

Microsoft Office Specialist

Chapter 01 미주, 각주 및 인용 만들기

● 예제 : C:₩MOS2013₩WordCore₩4-1-1.docx

1-1 각주 및 미주 삽입

각주는 문서에 포함된 텍스트의 참조나 설명을 기술할 경우 사용하는 기능으로 일반적으로 해당 텍스트의 페이지 하단에 표시됩니다. 미주는 각주와 마찬가지로 문서에 포함된 텍스트의 참조나 설명을 기술할 경우 사용하며, 일반적으로 문서 마지막에 표시되는 차이점이 있습니다.

❖ 1페이지 제목에 있는 '한국관광공사'에 '각주 : 강원도 원주시 세계로'를, 미주에 '한국관광공사 : www.visitkorea.or.kr'을 삽입하시오.

❶ 1페이지 제목의 '한국관광공사'를 선택한 후 [참조] 탭-[각주] 그룹-[각주 삽입] 명령 단추를 클릭합니다.

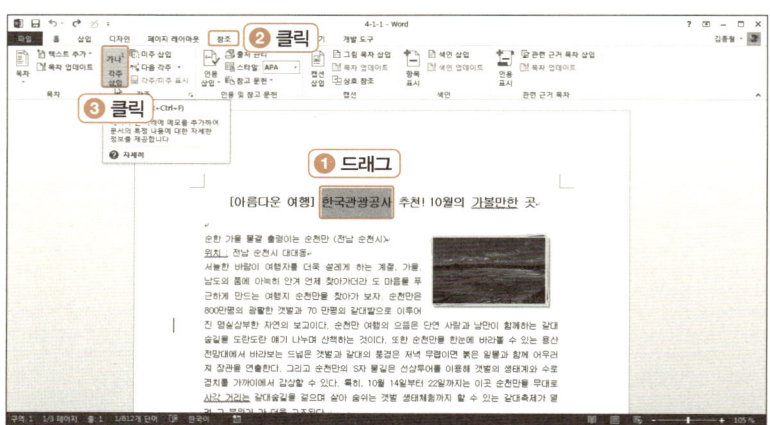

❷ '강원도 원주시 세계로'를 입력합니다.

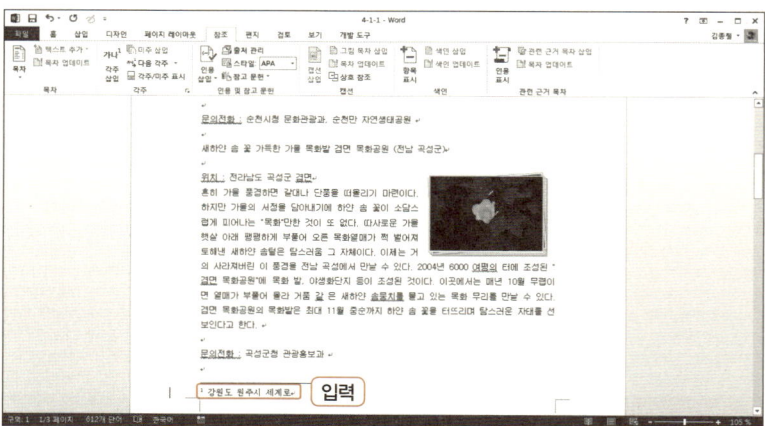

❸ 미주를 삽입하기 위해 [참조] 탭-[캡션] 그룹-[미주 삽입] 명령 단추를 클릭합니다.

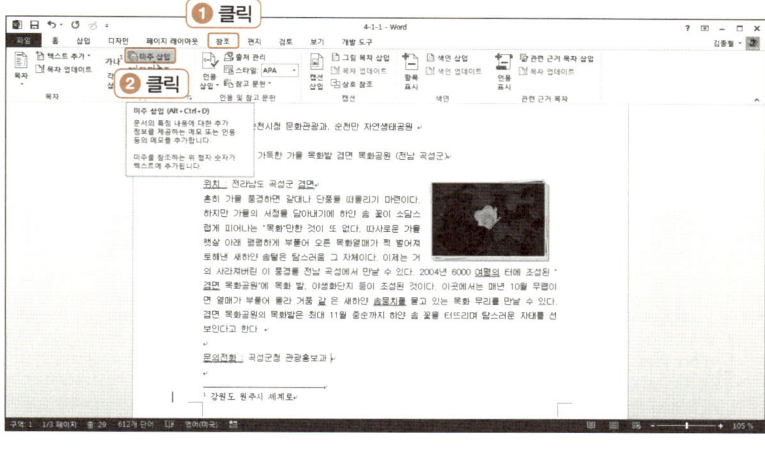

멘토의 한 수

각주에 커서가 있으면 미주를 삽입할 수 없기 때문에 문서의 빈 곳을 한 번 클릭한 후 미주를 삽입합니다

❹ '한국관광공사 : www.visitkorea.or.kr'을 입력합니다.

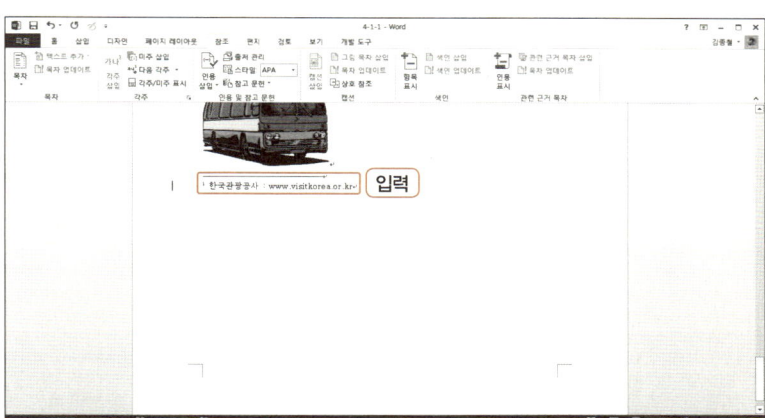

❖ 문서에 있는 각주를 미주로 교환하시오.

❶ [참조] 탭-[각주] 그룹-[자세히]를 클릭합니다.

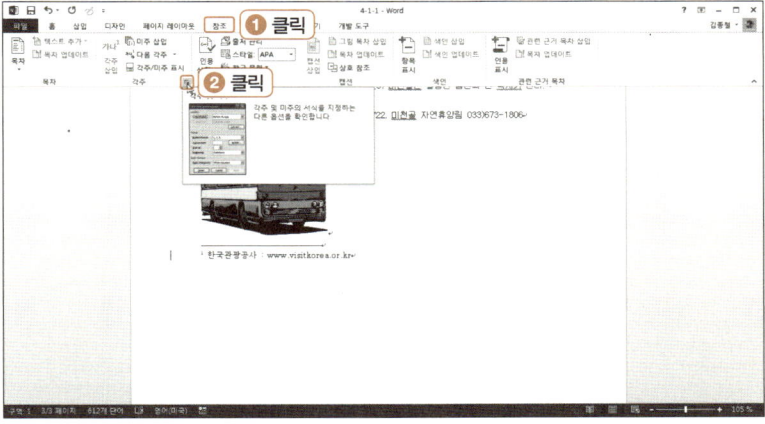

Chapter 01 미주, 각주 및 인용 만들기 | 121

❷ 〈변환〉을 클릭합니다.   ❸ '모든 각주를 미주로 변환'을 선택한 후 〈확인〉을 클릭합니다.   ❹ 〈닫기〉를 클릭합니다.

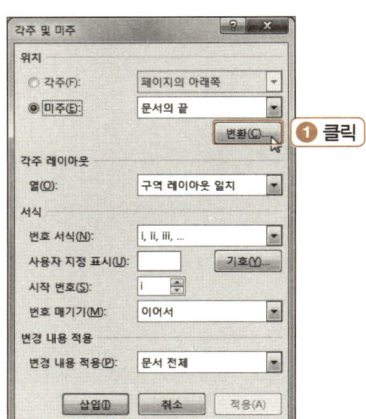
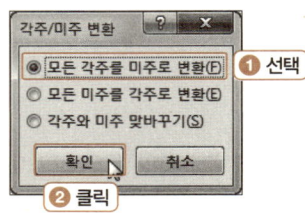
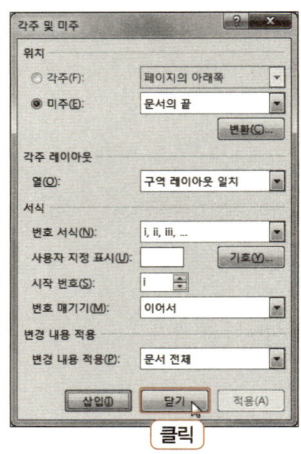

✣ 1페이지 29줄에 있는 관광홍보과에 다음과 같은 각주를 삽입하시오

내용	위치	번호 서식
061-000-0000	텍스트 아래	Ⅰ, Ⅱ, Ⅲ, …

❶ 1페이지 29줄에 있는 관광홍보과의 끝에 커서를 이동한 후 [참조] 탭-[각주] 그룹-[각주 및 미주 대화상자 표시]를 클릭합니다.

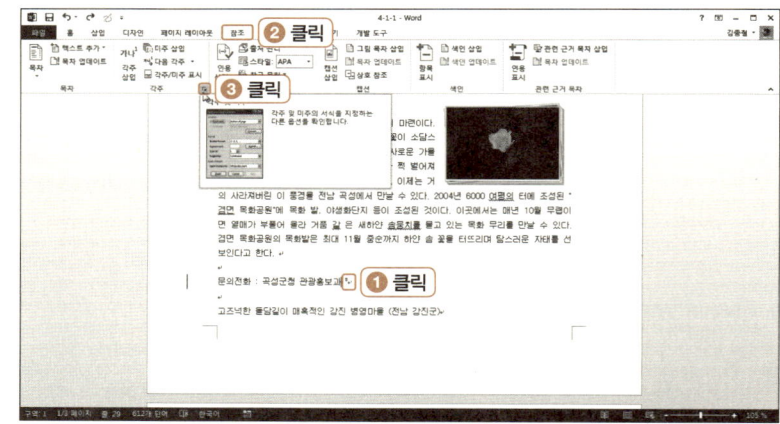

❷ '위치'에서 목록 단추를 클릭한 후 '텍스트 아래'를 선택합니다.

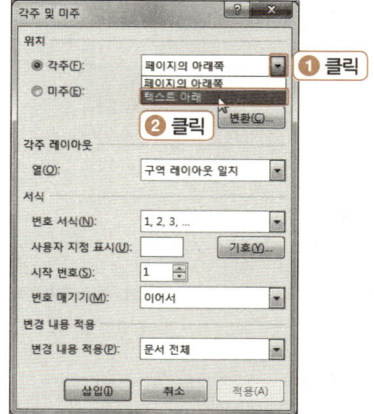

❸ '번호 서식'의 목록 단추를 클릭한 후 'Ⅰ, Ⅱ, Ⅲ, …'을 선택합니다.

❹ 〈삽입〉을 클릭합니다.

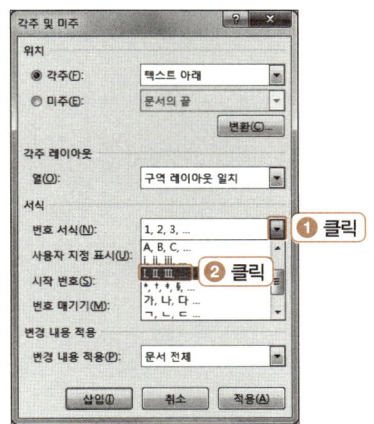
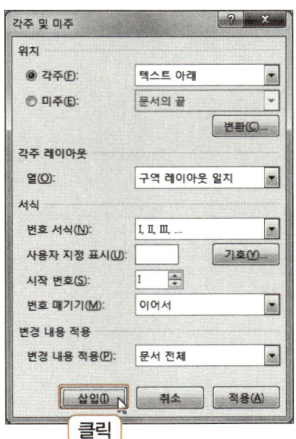

❺ 각주가 삽입되면 내용(061-000-0000)을 입력합니다.

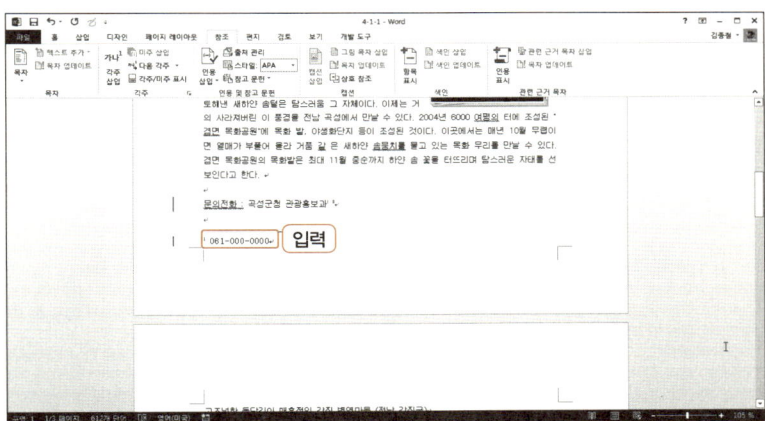

Chapter 02 캡션 만들기

2-1 캡션 삽입

캡션은 그림이나 표, 기타 개체 등에 추가하는 레이블로 개체의 위 또는 아래에 번호를 매겨 표시할 수 있습니다. 이처럼 삽입한 캡션 레이블은 추가, 삭제, 이동 시에도 손쉽게 업데이트가 가능합니다.

첫 번째 이미지에 다음과 같이 캡션을 삽입하시오.

캡션	레이블	번호 서식
순천만	그림	a, b, c, …

❶ 첫 번째 이미지를 선택한 후 [참조] 탭-[캡션] 그룹-[캡션 삽입] 명령 단추를 클릭합니다.

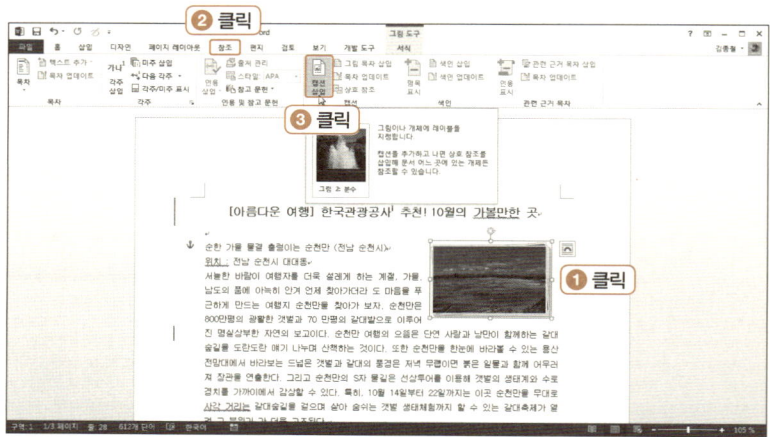

❷ 〈새 레이블〉을 클릭합니다.

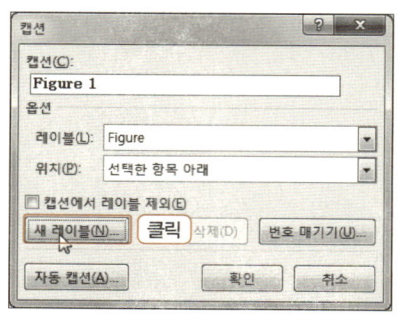

❸ '그림'을 입력한 후 〈확인〉을 클릭합니다.

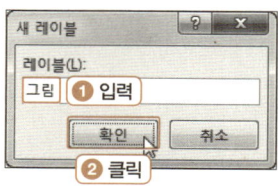

❹ 〈번호 매기기〉를 클릭합니다.   ❺ 서식의 목록 단추를 클릭한 후 'a, b, c, …'를 선택합니다.   ❻ 〈확인〉을 클릭합니다.

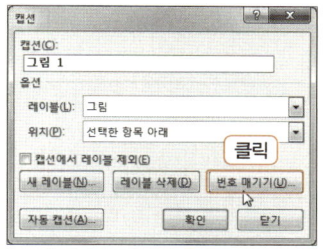 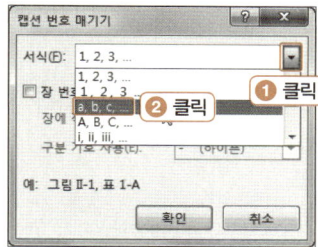 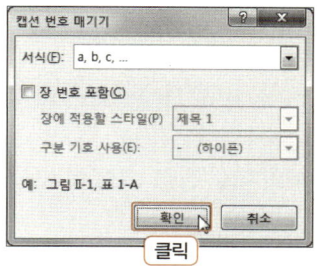

❼ 〈확인〉을 클릭합니다.

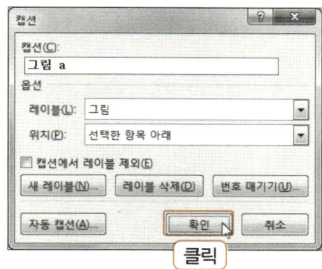

❽ 캡션에 '순천만'을 입력합니다.

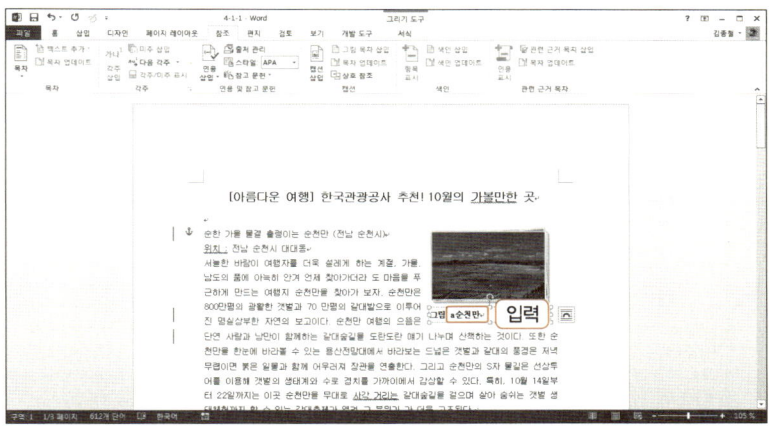

● 예제 : C:₩MOS2013₩WordCore₩4-2-1.docx

2-2 그림 목차 만들기

그림 스타일이 설정된 그림을 대상으로 목차를 만들 수가 있습니다. 목차를 통해 각 그림의 페이지를 표시하며, 페이지 추가 및 삭제를 통한 변경사항에 대해 업데이트가 가능합니다.

❖ 1페이지에 '정형' 그림 목차를 삽입하시오.

❶ [참조] 탭-[캡션] 그룹-[그림 목차 삽입] 명령 단추를 클릭합니다.

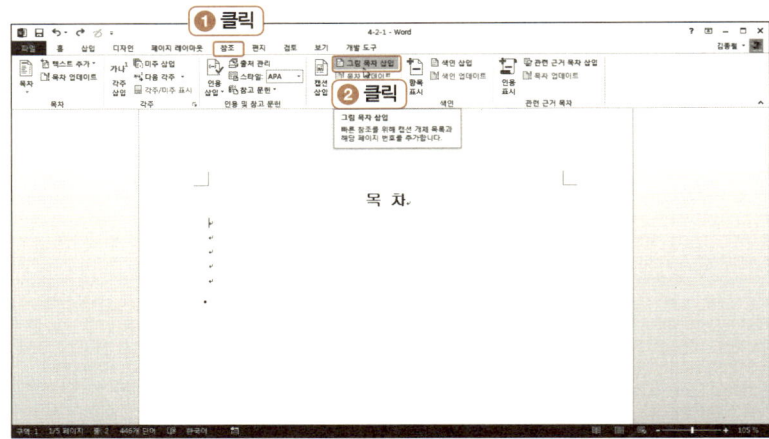

❷ 서식의 목록 단추를 클릭한 후 '정형'을 선택합니다.

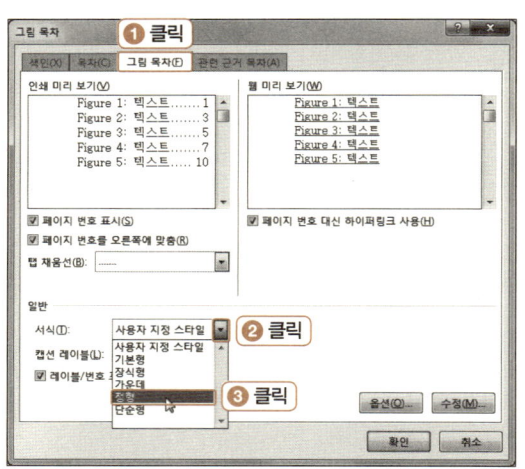

❸ 〈확인〉을 클릭합니다.

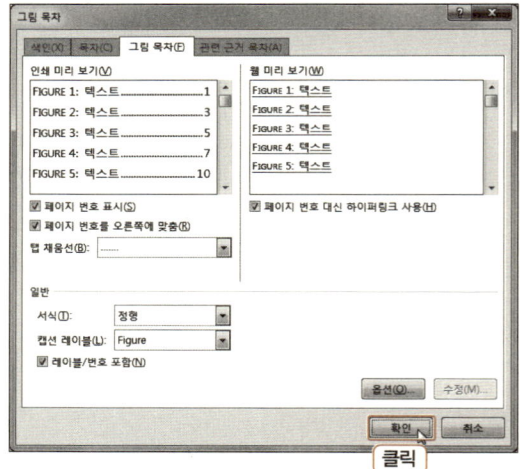

❹ 그림 목차가 삽입됩니다.

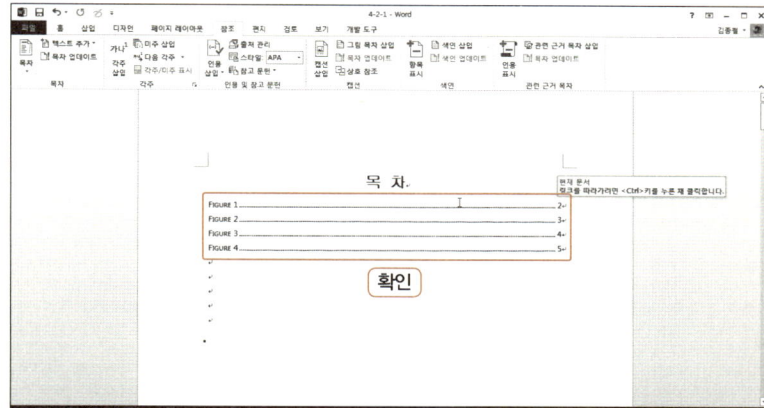

멘토의 한 수

Ctrl 을 누르면서 목차를 클릭하면 해당 항목으로 빠르게 이동할 수 있습니다.

멘토의 한 수

그림 목차는 목차와 마찬가지로 문서에 캡션이 설정된 그림 개체가 있는 경우 이를 목차 형식으로 생성할 수 있습니다. 또한, 일반 목차와 마찬가지로 변경사항에 대해 페이지 번호와 전체 목차에 대해 업데이트가 가능합니다.

MEMO

PART 5

개체 삽입 및 서식 적용

학습목표

문서 블록, 도형 또는 SmartArt, 이미지 삽입 및 서식 적용 방법 등에 대해 알아봅니다.

Chapter 01. 문서 블록 삽입 및 서식 적용

Chapter 02. 도형 또는 SmartArt 삽입 및 서식 적용

Chapter 03. 이미지 삽입 및 서식 적용

Chapter 01 문서 블록 삽입 및 서식 적용

● 예제 : C:₩MOS2013₩WordCore₩5-1-1.docx

1-1 구조적 문서 블록 삽입

문서 블록은 서식이 설정되어 있는 텍스트와 문서 요소를 말합니다. 이러한 요소에는 머리글, 바닥글, 워터마크, 페이지 번호, 참고 문헌, 텍스트 상자, 표지 등이 있습니다.

✚ 문서에 '패싯' 표지를 삽입하시오.

❶ [삽입] 탭-[페이지] 그룹-[표지] 명령 단추를 클릭합니다.

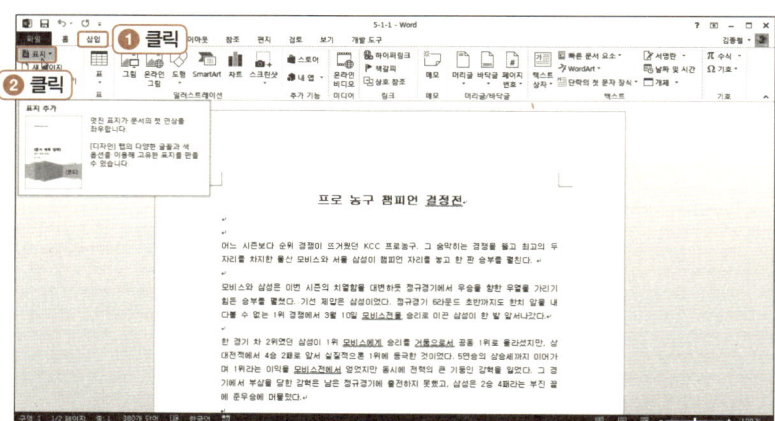

❷ '패싯' 표지를 선택합니다.

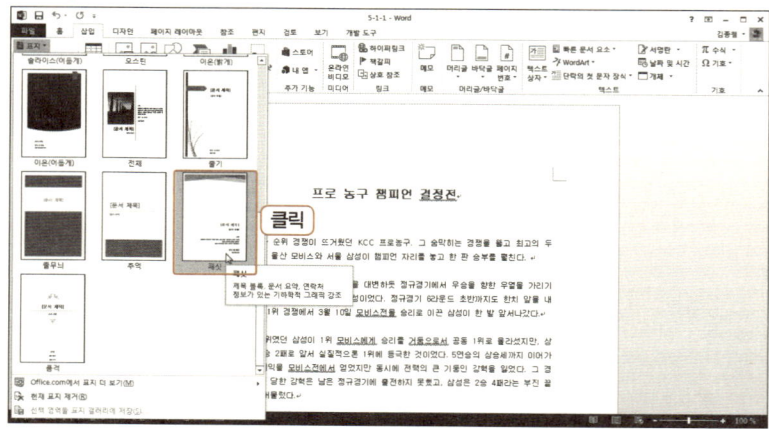

❸ '패싯' 표지가 만들어집니다.

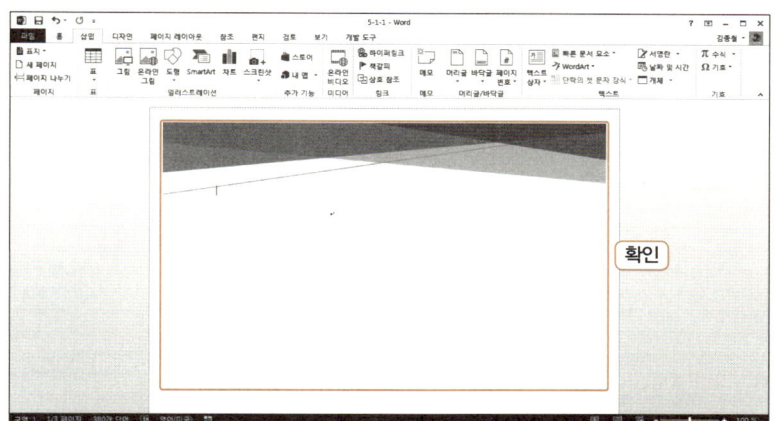

멘토의 한 수

삽입된 표지를 제거할 때는 [삽입] 탭-[페이지] 그룹-[표지] 명령 단추를 클릭한 후 '현재 표지 제거'를 선택합니다.

✤ 표지에 '텍스트 상자'를 삽입한 후 다음과 같이 설정하시오.

종류	내용	위치
간단한 인용	챔피언 결정전	가로 맞춤 : 왼쪽 맞춤, 기준 : 페이지, 세로 맞춤 : 가운데, 기준 : 페이지

❶ [삽입] 탭-[텍스트] 그룹-[텍스트 상자] 명령 단추를 클릭합니다.

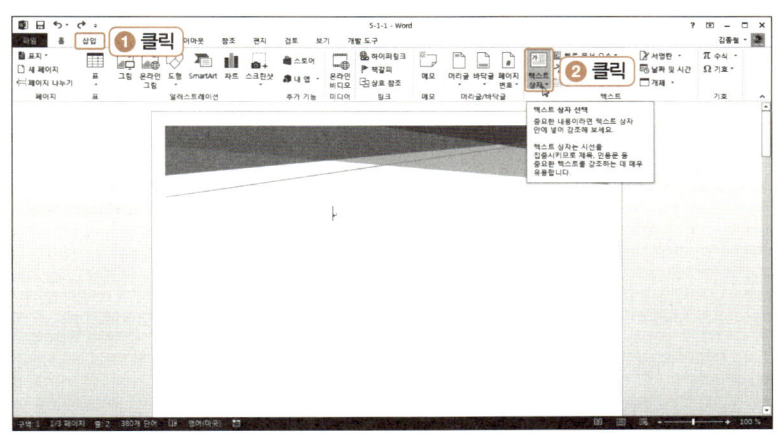

❷ '간단한 인용'을 선택합니다.

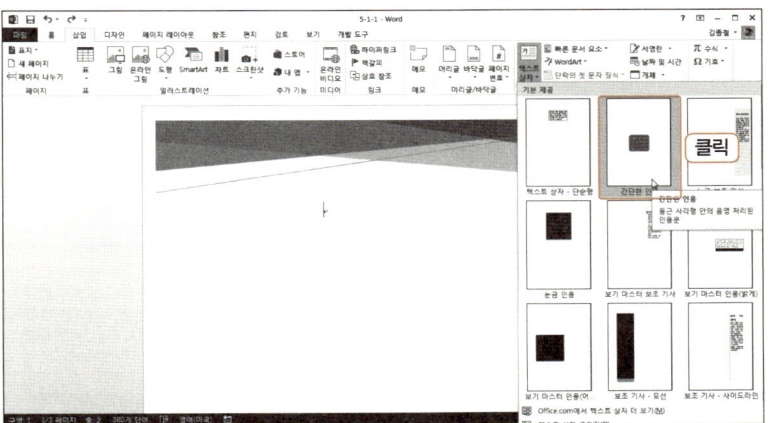

❸ '챔피언 결정전'을 입력합니다.

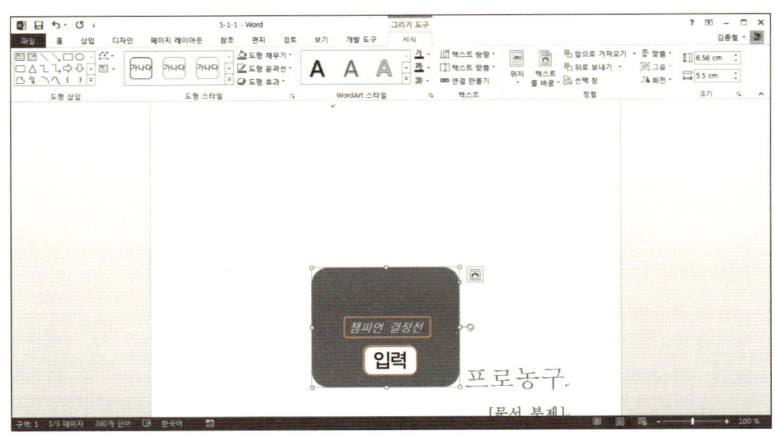

❹ 텍스트 상자 위에서 마우스 오른쪽 단추를 클릭한 후 '기타 레이아웃 옵션'을 선택합니다.

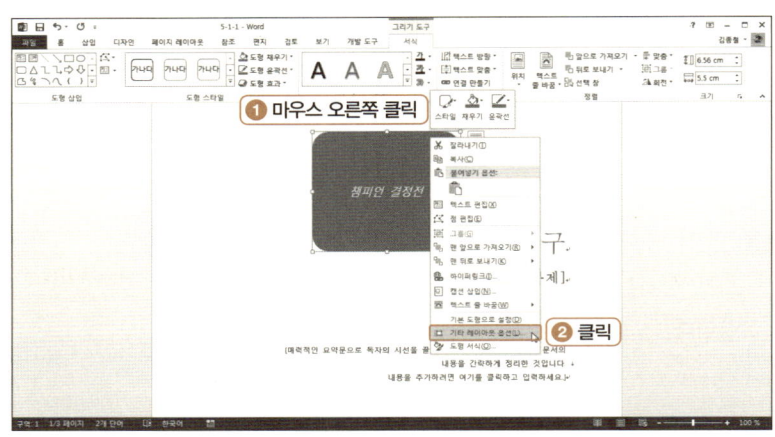

❺ '가로' 항목에서 '맞춤 : 왼쪽 맞춤, 기준 : 페이지'를, '세로' 항목에서 '맞춤 : 가운데, 기준 : 페이지'를 선택한 후 〈확인〉을 클릭합니다.

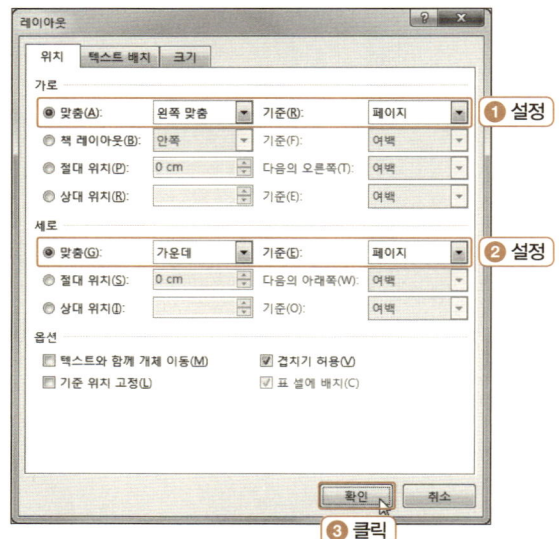

❻ 텍스트 상자의 위치가 변경됩니다.

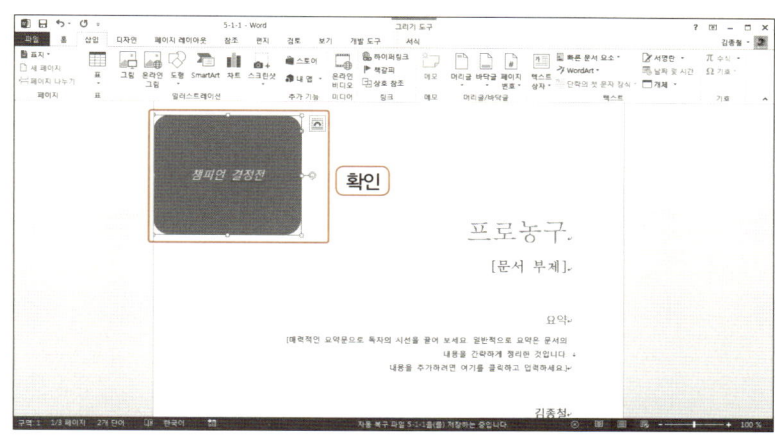

1-2 문서 블록 관리

문서 블록 구성 도우미는 기본 서식 파일 및 서식 파일에 포함되어 있는 문서 블록을 편리하게 사용할 수 있는 방법입니다.

✤ **문서의 마지막에 '달력 3'의 문서 블록을 삽입하시오.**

❶ 문서의 마지막에 커서를 이동한 후 [삽입] 탭-[텍스트] 그룹-[빠른 문서 요소] 명령 단추를 클릭합니다.

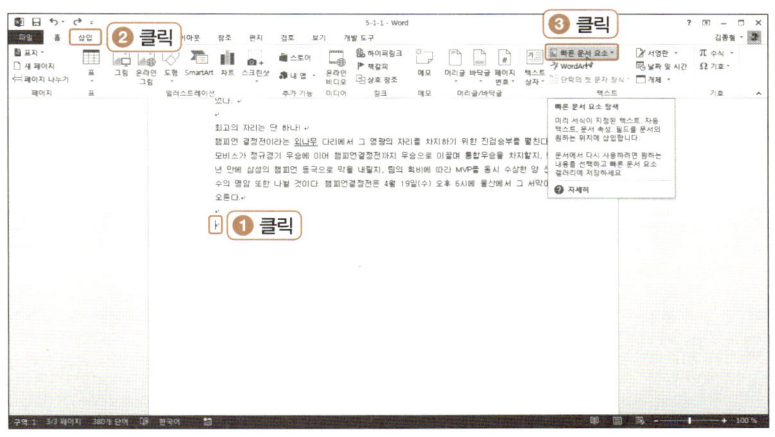

Chapter 01 문서 블록 삽입 및 서식 적용 | 133

❷ '문서 블록 구성 도우미'를 선택합니다.

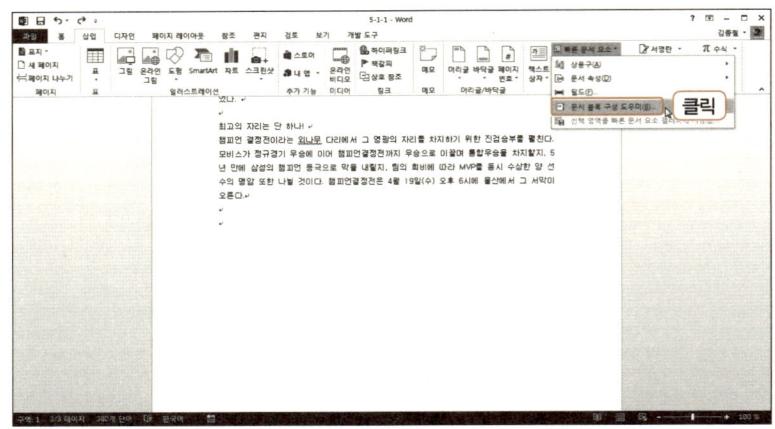

❸ '달력 3'을 선택한 후 〈삽입〉을 클릭합니다.

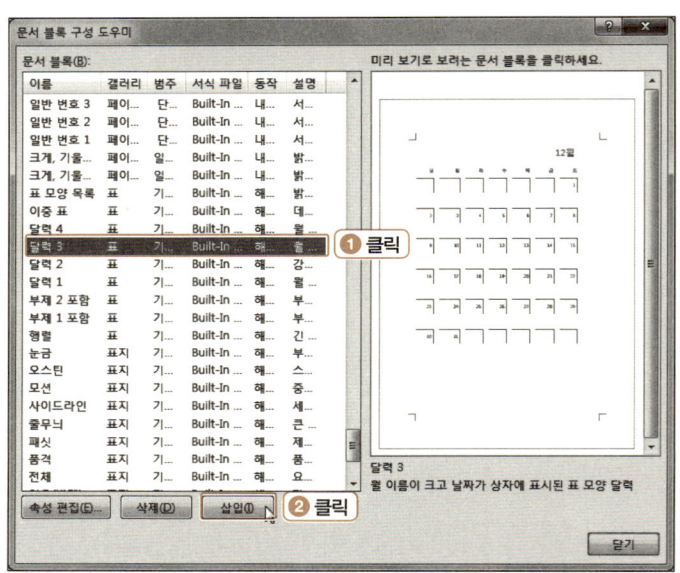

❹ 달력이 삽입됩니다.

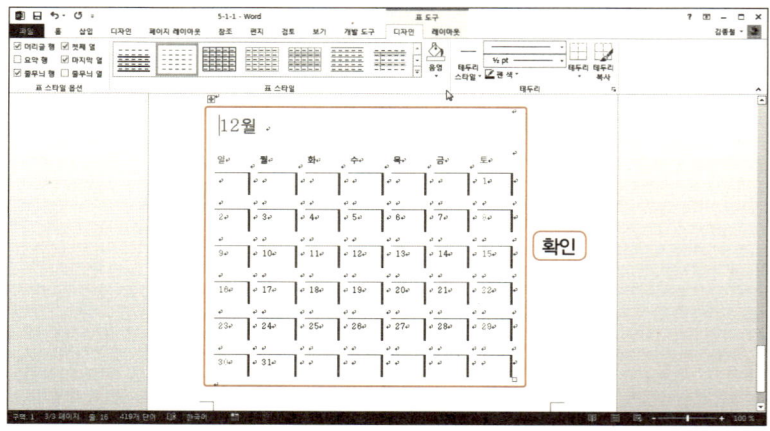

Chapter 02 도형 또는 SmartArt 삽입 및 서식 적용

2-1 도형 그리기와 수정

워드에서도 다른 오피스 프로그램과 마찬가지로 다양한 도형을 삽입할 수 있습니다. 또한 삽입된 도형은 사용자가 원하는 대로 색상과 스타일을 지정할 수 있습니다. 텍스트만 있는 문서보다는 적절한 도형이 삽입되면 보다 멋지게 문서를 만들 수 있을 것입니다.

✤ 표지 상단에 '물결' 도형을 삽입한 후 'KBL'을 입력하시오(도형 효과는 '근접 반사, 터치'로 설정할 것).

❶ [삽입] 탭-[일러스트레이션] 그룹-[도형] 명령 단추를 클릭합니다.

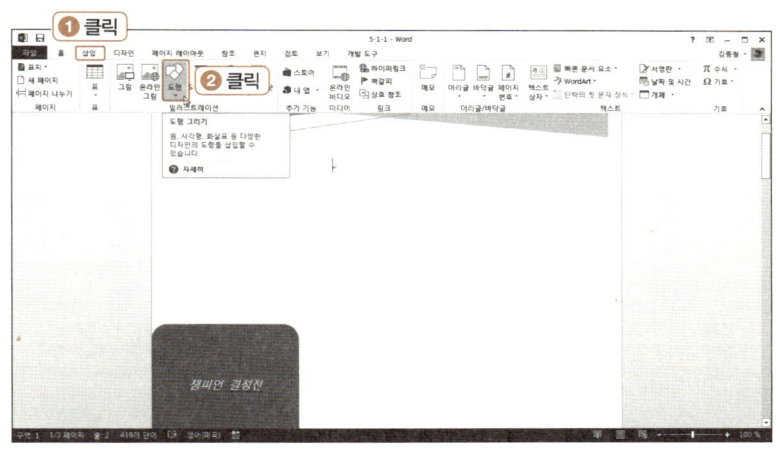

멘토의 한 수

Shift를 누르면서 도형을 드래그하면 가로와 세로 크기가 동일한 도형을 삽입할 수 있으며, Ctrl을 누르면서 그리면 드래그의 시작점이 도형의 중심점이 됩니다. 즉, 도형이 안쪽에서 바깥쪽 방향으로 그려집니다.

❷ '물결'을 선택합니다.

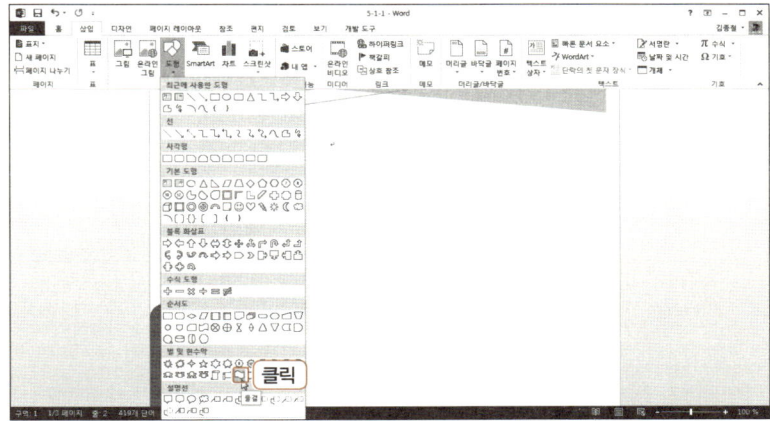

멘토의 한 수

Shift를 누르면서 수평선을 그리면 일직선으로 삽입할 수 있습니다.

❸ 다음과 같이 그립니다.

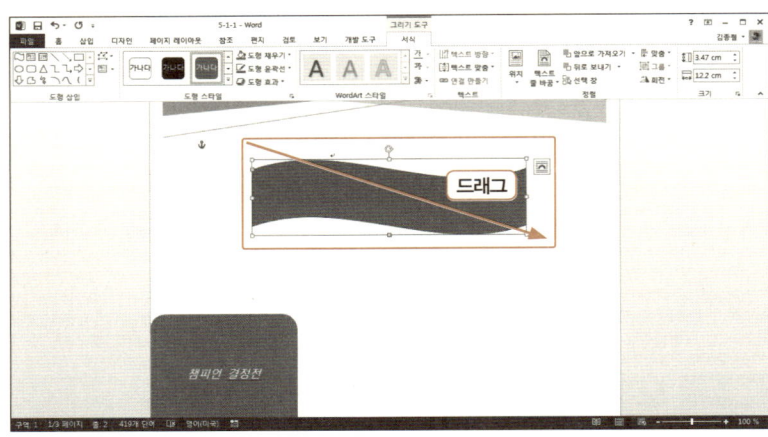

멘토의 한 수

Shift + Ctrl 을 누르면서 드래그하면 가로와 세로가 동일한 크기의 도형을 안쪽에서부터 바깥쪽 방향으로 그릴 수 있습니다.

❹ 'KBL'을 입력합니다.

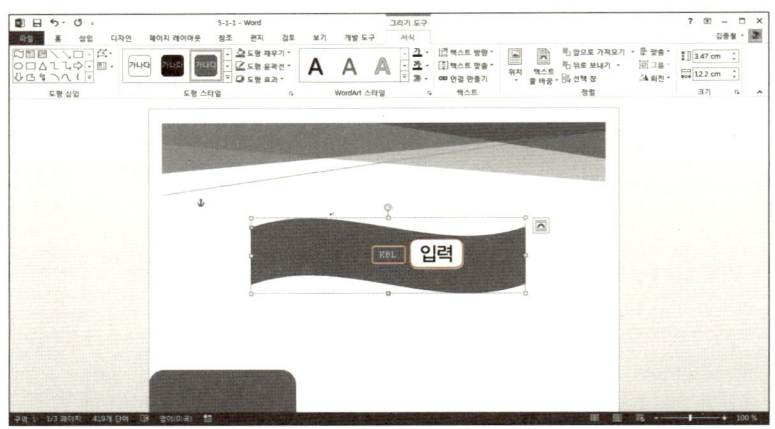

❺ [그리기 도구]-[서식] 탭-[도형 스타일] 그룹-[도형 효과]-[반사]를 클릭한 후 '근접 반사, 터치'를 선택합니다.

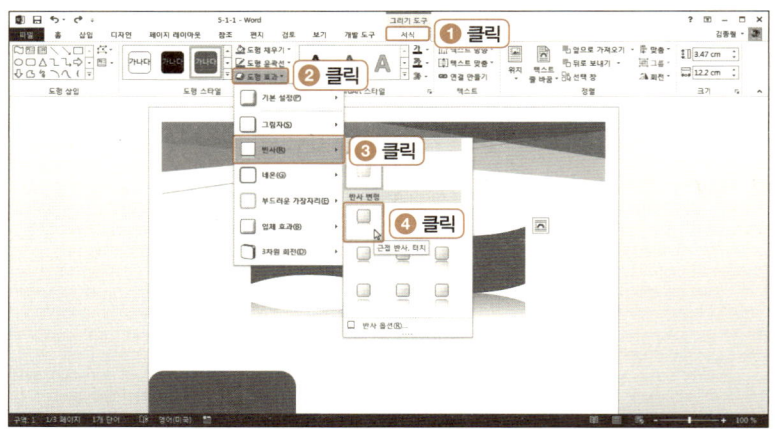

❻ 도형 효과가 설정됩니다.

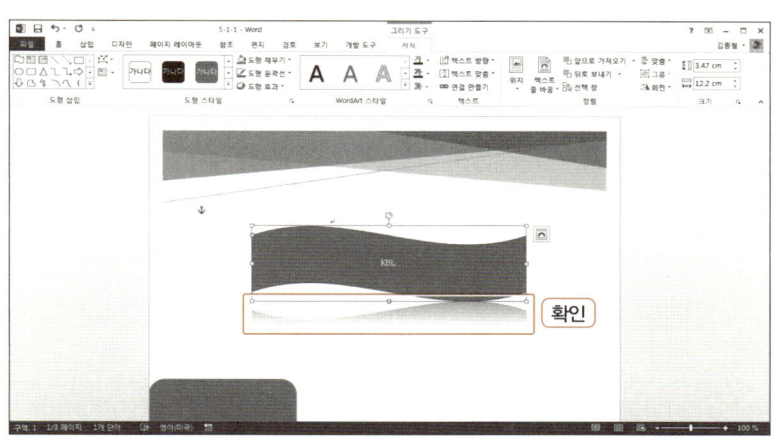

2-2 도형 옵션 조정

문서에 삽입된 도형은 다양한 방법으로 수정할 수 있습니다. 채우기, 윤곽선, 그림자, 반사, 네온, 3차원 회전 등 작성하려는 문서의 성격에 맞게 변경할 수 있습니다.

도형을 다음과 같이 설정하시오.

크기	위치
높이 : 절대 3.5cm 너비 : 절대 12cm	가로 절대 위치 : 4.5cm, 다음의 오른쪽 : 페이지 세로 절대 위치 : 5cm, 다음의 아래쪽 : 페이지

❶ 도형을 선택한 후 [그리기 도구]-[서식] 탭-[크기] 그룹에 있는 '크기' 자세히 단추를 클릭합니다.

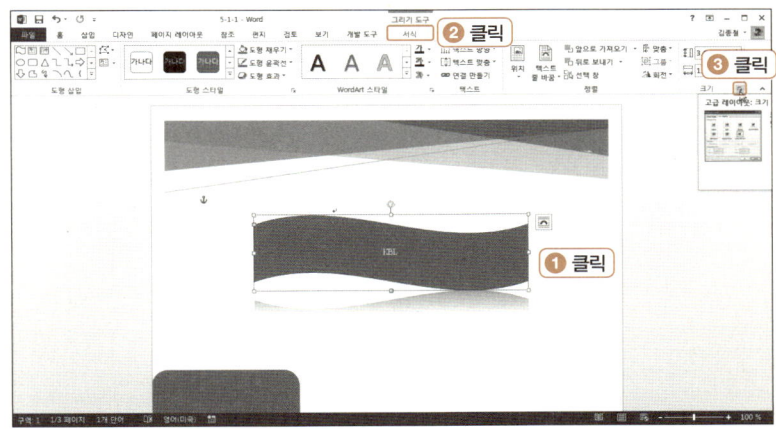

❷ [크기] 탭에서 '높이 : 절대 3.5cm, 너비 : 절대 12cm'로 설정합니다.

❸ [위치] 탭에서 '가로 절대 위치 : 4.5cm, 다음의 오른쪽 : 페이지, 세로 절대 위치 : 5cm, 다음의 아래쪽 : 페이지'로 설정한 후 〈확인〉을 클릭합니다.

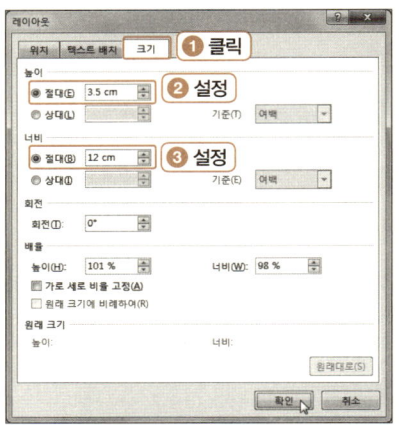

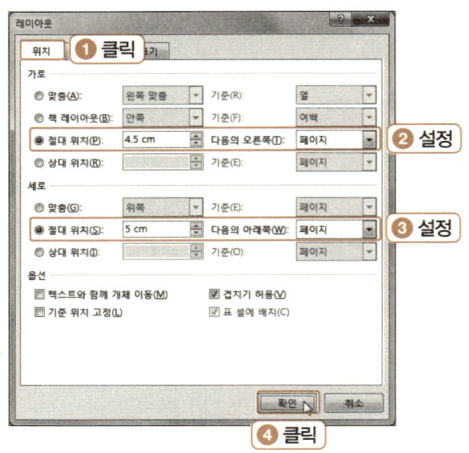

2-3 SmartArt 그래픽 삽입과 수정

스마트아트(SmartArt)란 조직도와 다이어그램을 업그레이드 한 기능으로 간단한 작업만으로도 전문가가 작성한 것과 같은 일러스트레이션 효과를 연출할 수 있습니다. 또한 다양한 효과와 레이아웃으로 구성된 그래픽을 만들 수 있는 기능입니다.

✤ 문서의 마지막에 '연속 블록 프로세스형' SmartArt를 삽입한 후 첫 번째 수준의 도형을 하나 삭제하시오.

❶ 문서의 마지막에 커서를 이동한 후 [삽입] 탭-[일러스트레이션] 그룹-[SmartArt] 명령 단추를 클릭합니다.

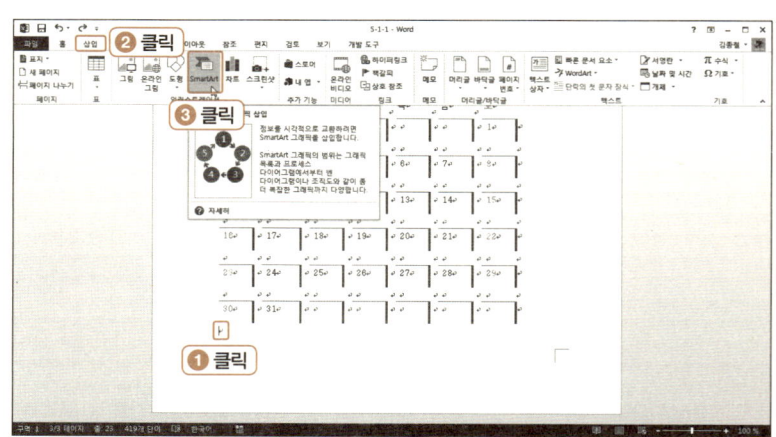

❷ '기본 블록 목록형'을 선택한 후 〈확인〉을 클릭합니다.

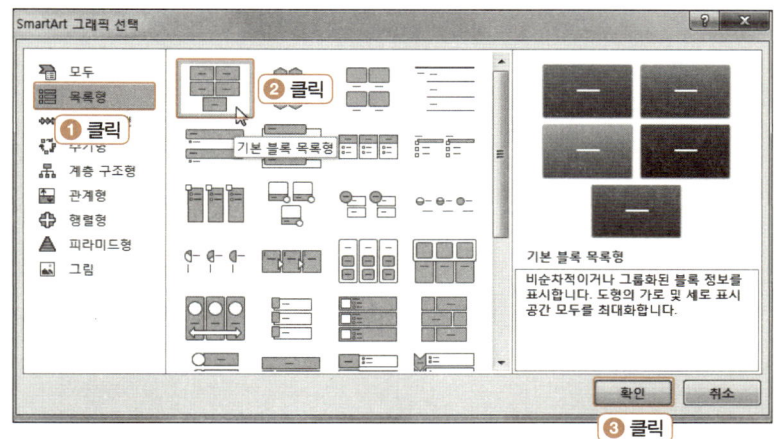

❸ 첫 번째 수준의 도형을 선택한 후 Delete를 누릅니다.

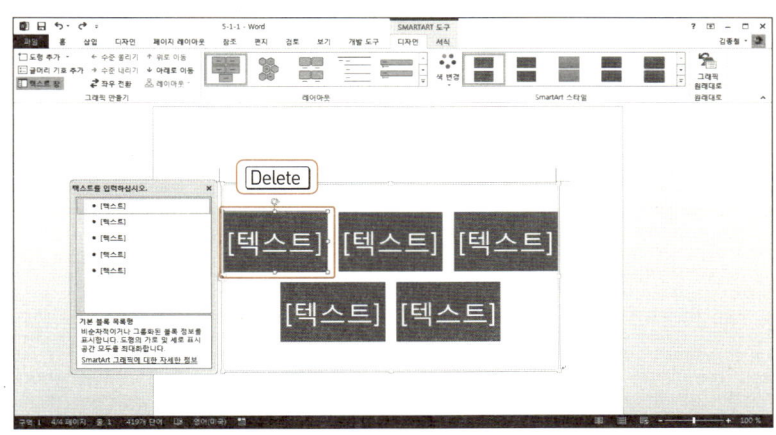

❹ 텍스트를 입력합니다.

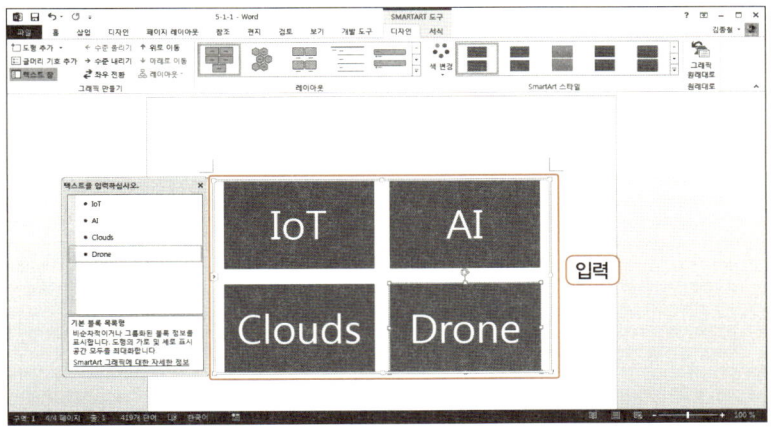

❖ SmartArt의 크기를 '높이 : 10cm, 너비 : 15.5cm'로 변경한 후 캡션(ICT)을 설정하시오.

❶ SmartArt를 선택한 후 [SMART ART 도구]-[서식] 탭-[크기] 명령 단추를 클릭합니다.

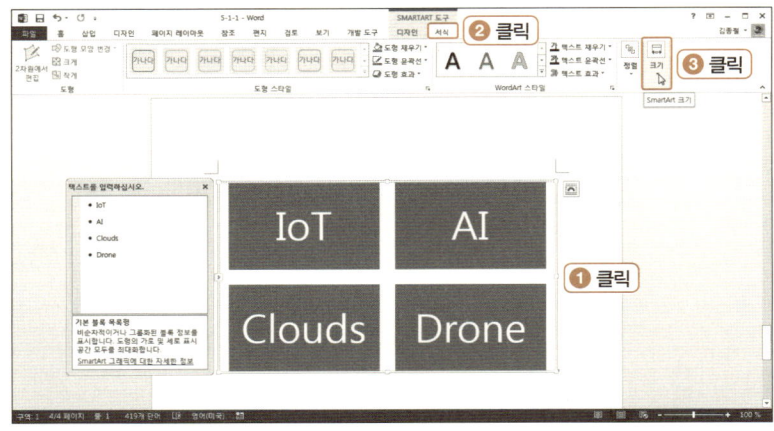

❷ '높이 : 10cm, 너비 : 15.5cm'를 설정합니다.

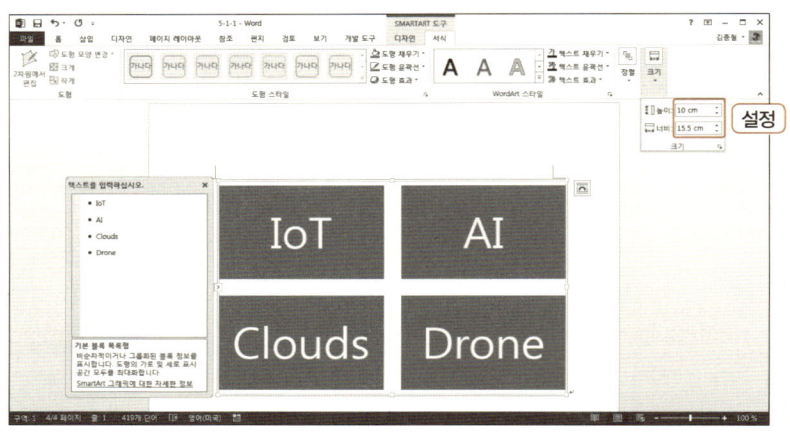

❸ SmartArt 위에서 마우스 오른쪽 단추를 클릭한 후 '캡션 삽입'을 선택합니다.

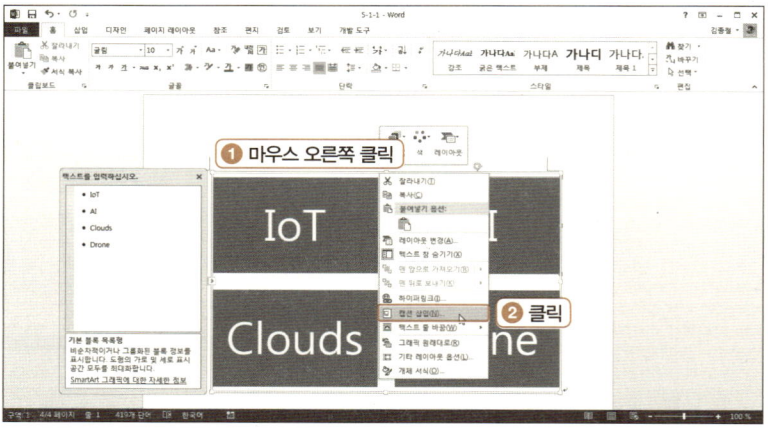

❹ '캡션' 항목에 'ICT'를 입력한 후 〈확인〉을 입력합니다.

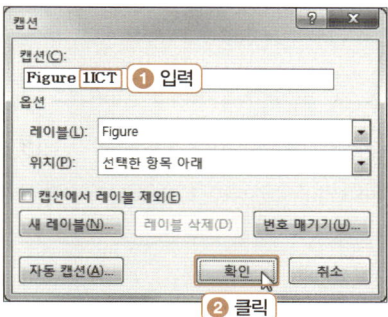

❺ '캡션'이 삽입됩니다.

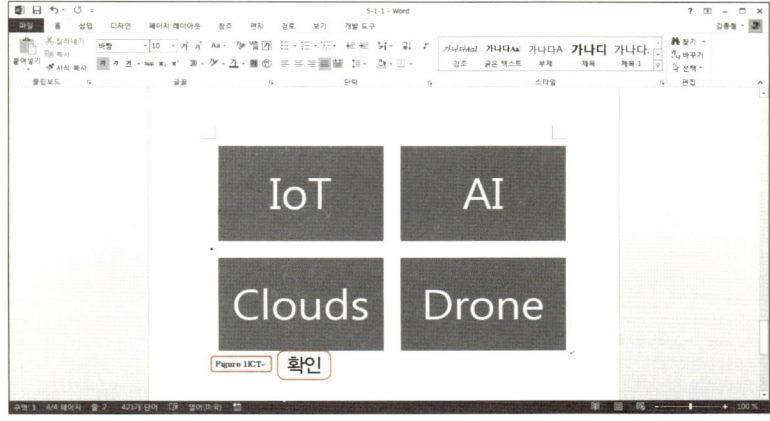

Chapter 03 이미지 삽입 및 서식 적용

3-1 이미지 삽입

인터넷에서 다운로드 한 그림 파일이나 직접 카메라로 촬영한 사진 등은 문서에 삽입할 수 있습니다. 삽입한 그림은 문서와 분리되어 독립적으로 움직이는 개체이기 때문에 크기나 위치를 원하는 대로 조절할 수 있습니다.

✤ 2페이지 7줄에 'C:\MOS2013\WordCore\모비스.gif' 그림을 삽입한 후 다음과 같이 설정하시오.

텍스트 배치	위치
투과하여	가로 맞춤 : 가운데 맞춤, 기준 : 열 세로 맞춤 : 위쪽, 기준 : 페이지

❶ 2페이지 7줄에 커서를 클릭한 후 [삽입] 탭-[일러스트레이션] 그룹-[그림] 명령 단추를 클릭합니다.

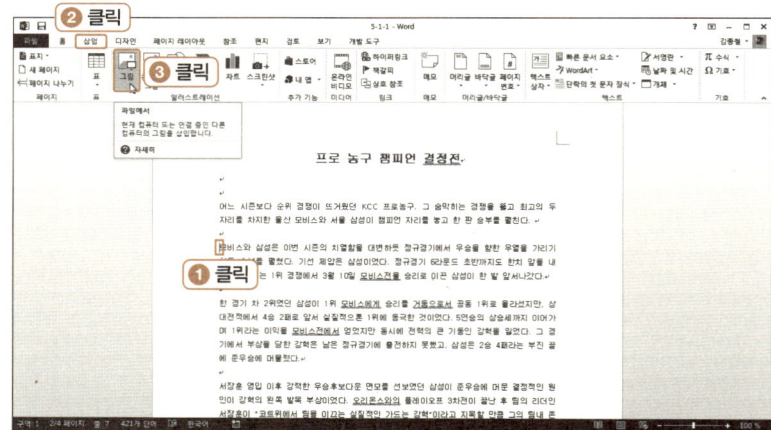

❷ 'C:₩MOS2013₩WordCore₩ 모비스.gif' 그림을 선택한 후 〈삽입〉을 클릭합니다.

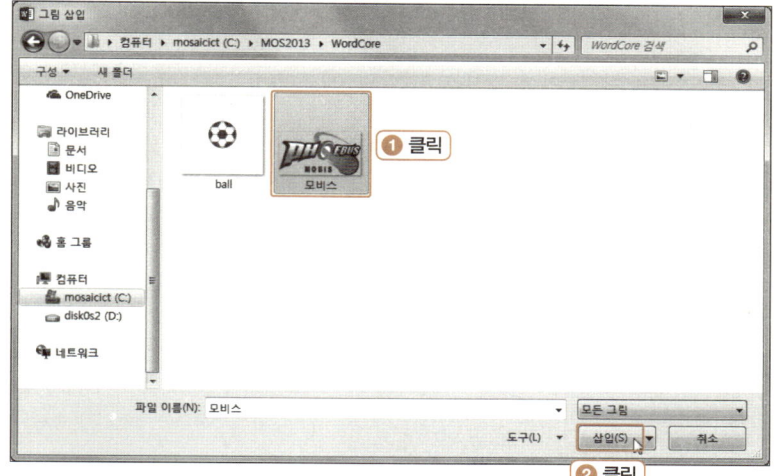

❸ [그림 도구]-[서식] 탭-[정렬] 그룹-[위치] 명령 단추를 클릭합니다.

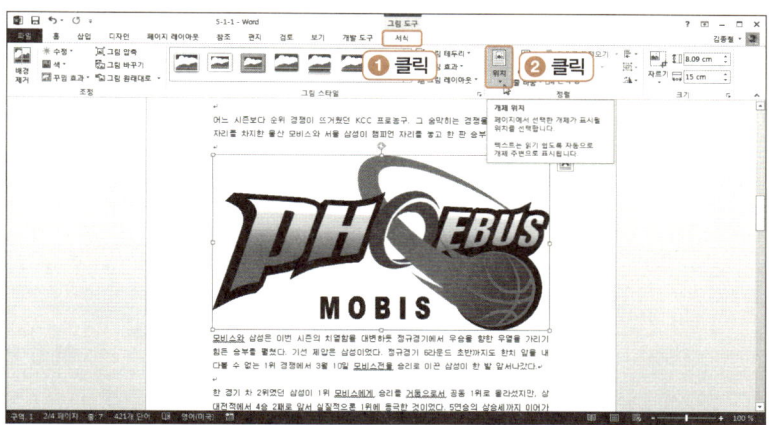

❹ '기타 레이아웃 옵션'을 선택합니다.

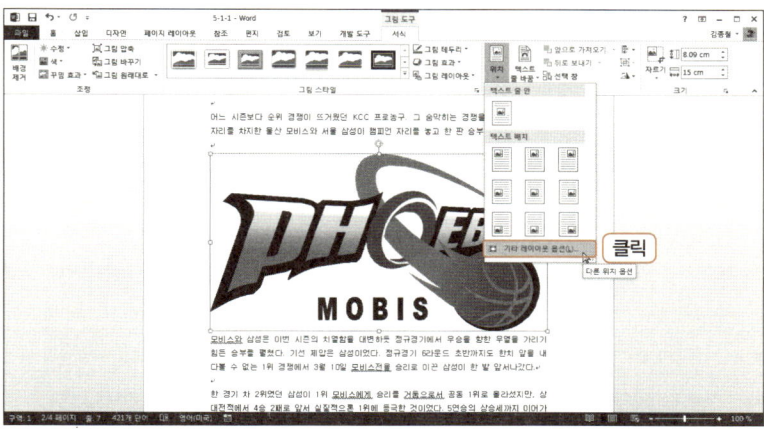

❺ [텍스트 배치] 탭에서 '투과하여'를 선택합니다.

❻ [위치] 탭에서 '가로 맞춤 : 가운데 맞춤, 기준 : 열, 세로 맞춤 : 위쪽, 기준 : 페이지'로 설정한 후 〈확인〉을 클릭합니다.

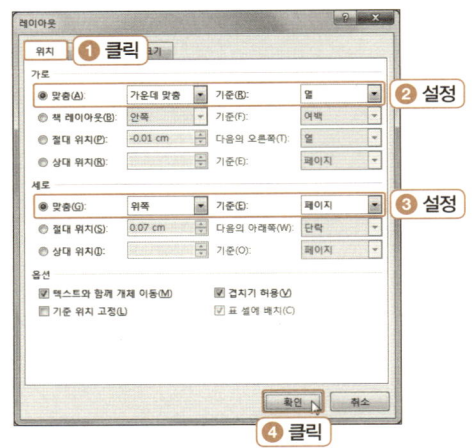

❼ 텍스트가 배치됩니다.

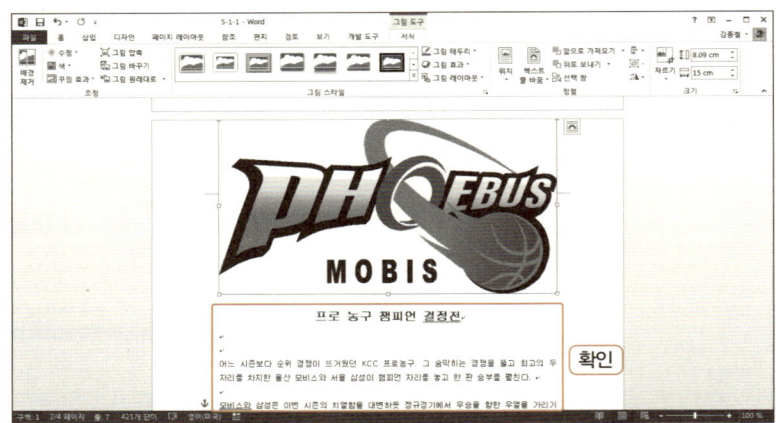

3-2 이미지에 서식 적용

문서에 있는 그림은 스타일, 효과를 주어 다양하게 꾸밀 수가 있습니다. 여러 말보다 하나의 그림이 내용을 효과적으로 전달할 수 있기 때문에 중요하게 다루고 있습니다. 또한 배경에 맞는 색상을 보정하는 도구도 제공되고 있습니다.

✤ 그림의 테두리를 '색 : 주황, 그림자 : 오프셋 위쪽'으로 설정하시오.

❶ 그림을 선택한 후 [그림 도구]-[서식] 탭-[그림 스타일] 그룹-[그림 테두리] 명령 단추를 클릭한 후 '주황'을 선택합니다.

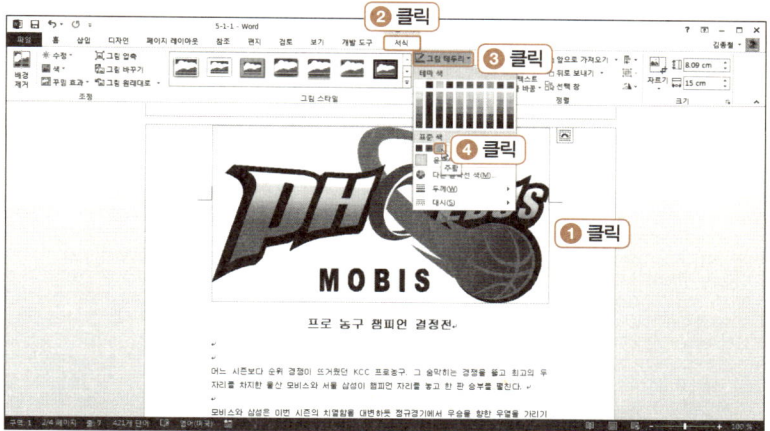

❷ [그림 도구]-[서식] 탭-[그림 스타일] 그룹-[그림 효과] 명령 단추를 클릭한 후 '그림자'-'오프셋 위쪽'을 선택합니다.

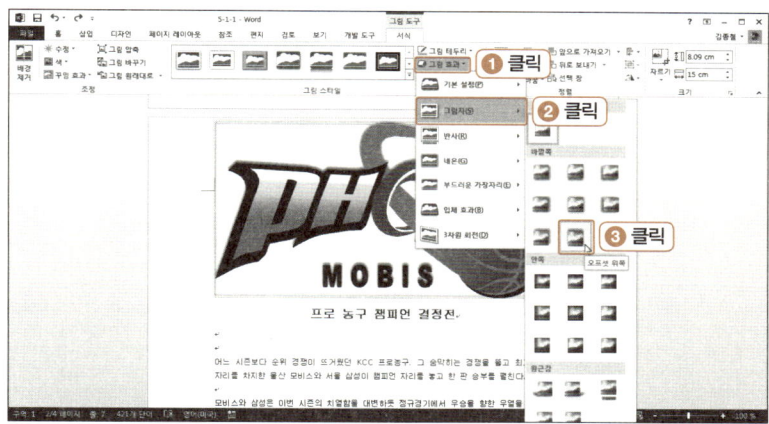

MEMO

PART 6

기출유형 모의고사

학습목표

1~5 파트에서 익힌 기능을 바탕으로 최신 출제유형과 같은 문제를 풀어봄으로써 최종적으로 실력을 점검합니다.

기출유형 모의고사 01회

기출유형 모의고사 02회

기출유형 모의고사 03회

기출유형 모의고사 04회

01회 기출유형 모의고사

○ 예제 : test1.docx   ○ 결과 : test1(완성).docx

1. 문서의 여백을 좌우 모두 '3.3cm'로 설정하시오.

❶ [페이지 레이아웃] 탭-[페이지 설정] 그룹-'자세히'를 클릭합니다.

❷ '왼쪽 : 3.3cm, 오른쪽 : 3.3cm'로 설정한 후 〈확인〉을 클릭합니다.

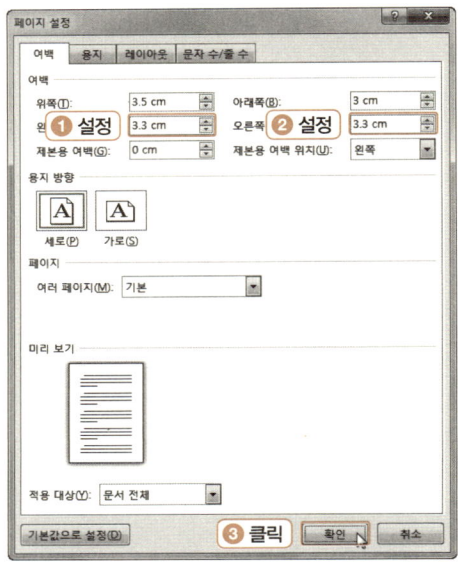

2. 다음과 같이 새로운 셀 스타일을 등록하시오(1페이지 1줄에 적용할 것).

스타일 이름	글꼴 스타일
mosaicict	기울임꼴

❶ 1페이지 1줄에 커서를 놓은 후 [홈] 탭-[스타일] 그룹-'자세히'를 클릭합니다.

❷ '스타일 만들기'를 클릭합니다.

❸ '스타일 이름'에 'mosaicict'를 입력한 후 〈수정〉을 클릭합니다.

❹ 〈서식〉을 클릭한 후 '글꼴'을 선택합니다.

❺ [글꼴] 탭에서 '글꼴 스타일 : 기울임꼴'을 선택한 후 〈확인〉을 클릭합니다.

❻ 〈확인〉을 클릭합니다.

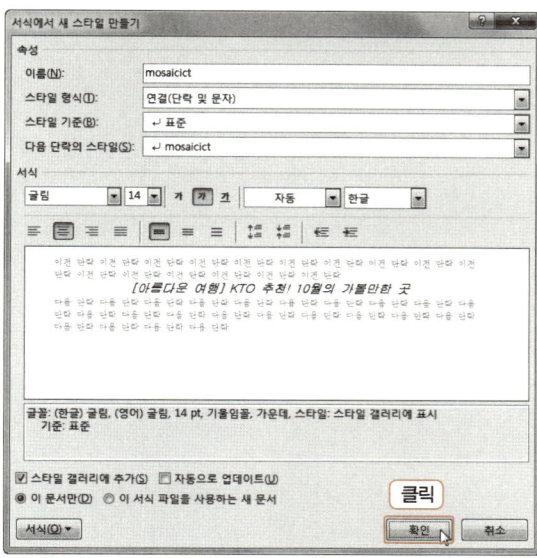

3. 'mosaicict' 스타일의 서식을 '단락 뒤 간격 5 pt'로 수정하시오.

❶ [홈] 탭-[스타일] 그룹에 있는 'mosaicict' 스타일 위에서 마우스 오른쪽 단추를 클릭한 후 '수정'을 선택합니다.

❷ 〈서식〉을 클릭한 후 '단락'을 선택합니다.

❸ '간격'에서 '단락 뒤 : 5 pt'로 설정한 후 〈확인〉을 클릭합니다.

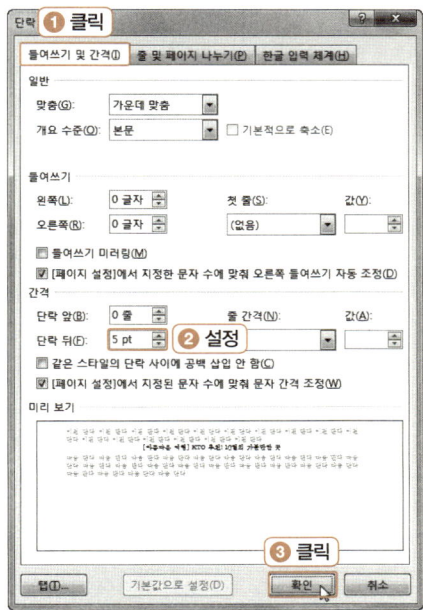

❹ 〈확인〉을 클릭합니다.

4. 1페이지 18줄부터 새로운 페이지에서 시작하도록 나누시오.

❶ 1페이지 18줄의 맨 앞에 커서를 이동한 후 [삽입] 탭-[페이지] 그룹-[페이지 나누기] 명령 단추를 클릭합니다.

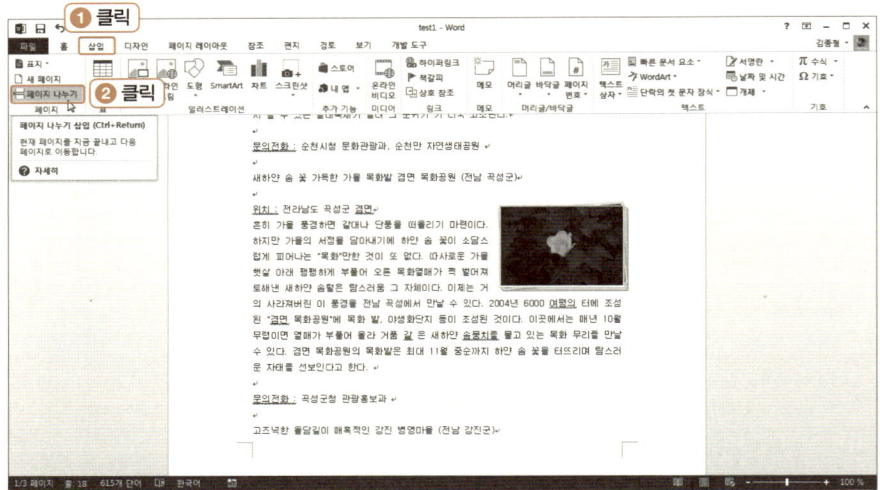

❷ 새로운 페이지부터 시작됩니다.

5. '2페이지' 1줄에 있는 '목화공원'에 책갈피(목화공원)를 삽입하시오.

❶ '2페이지' 1줄에 있는 '목화공원'을 선택한 후 [삽입] 탭-[링크] 그룹-[책갈피] 명령 단추를 클릭합니다.

❷ '책갈피 이름 : 목화공원'을 입력한 후 〈추가〉를 클릭합니다.

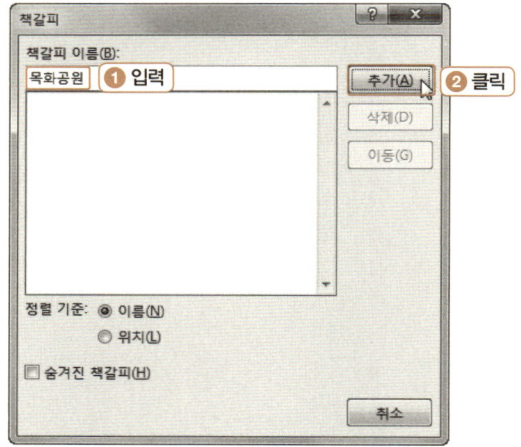

6. 4페이지 1줄에 있는 'KTO'를 클릭하면 'www.visitkorea.or.kr'로 이동되도록 하이퍼링크를 삽입하시오.

❶ 4페이지 1줄에 있는 'KTO'를 선택한 후 [삽입] 탭-[링크] 그룹-[하이퍼링크] 명령 단추를 클릭합니다.

❷ '연결 대상 : 기존 파일/ 웹 페이지'를 선택하고 '주소 : www.visitkorea.or.kr'을 입력한 후 〈확인〉을 클릭합니다.

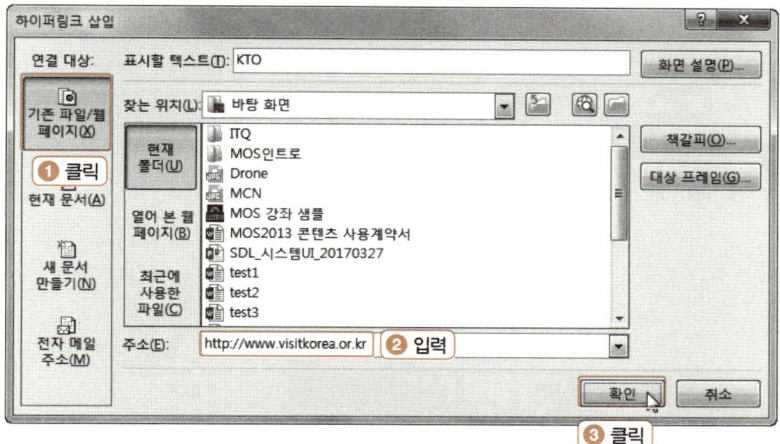

❸ 하이퍼링크가 설정됩니다.

7. 1페이지 제목에 있는 'KTO'에 각주 '한국관광공사'를 삽입하시오.

❶ 1페이지 제목의 'KTO'를 선택한 후 [참조] 탭-[각주] 그룹-[각주 삽입] 명령 단추를 클릭합니다.

❷ '한국관광공사'를 입력합니다.

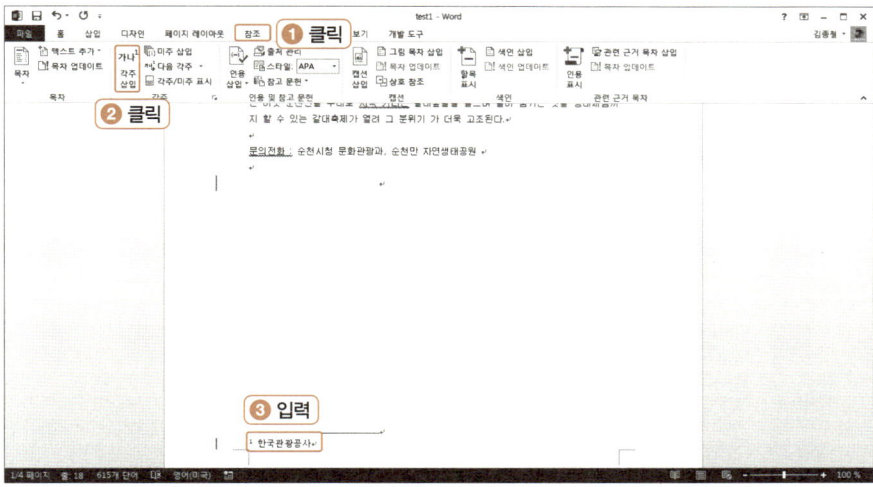

8. 문서의 마지막에 'C:\MOS2013\WordCore\모자이크.docx' 파일을 삽입하시오.

❶ 문서의 마지막에 커서를 이동한 후 [삽입] 탭-[텍스트] 그룹-[개체]의 목록 단추를 클릭하고 '파일의 텍스트'를 선택합니다.

❷ 'C:\MOS2013\WordCore\모자이크.docx' 파일을 선택한 후 〈삽입〉을 클릭합니다.

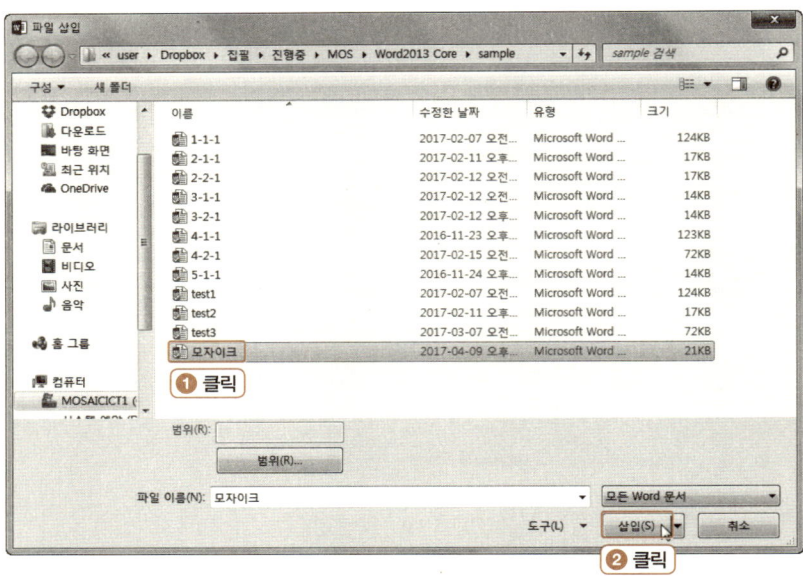

9. 문서의 마지막에 '그림 계단 모양' SmartArt를 삽입한 후 도형을 하나 삭제하시오.

❶ 문서의 마지막에 커서를 이동한 후 [삽입] 탭-[일러스트레이션] 그룹-[SmartArt] 명령 단추를 클릭합니다.

❷ '그림 계단 모양'을 선택한 후 〈확인〉을 클릭합니다.

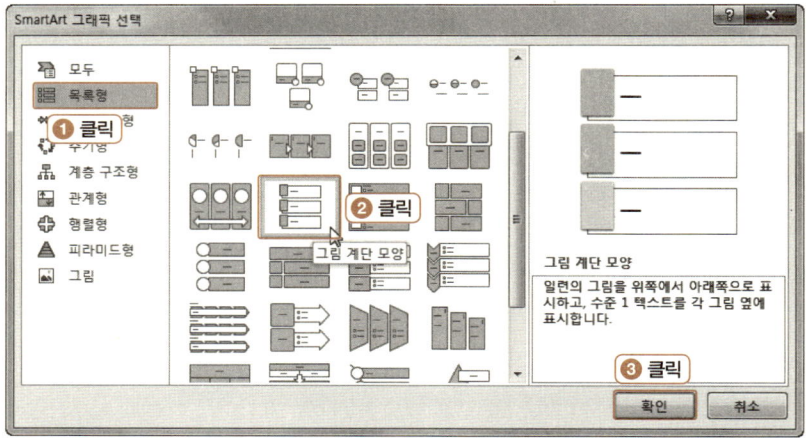

❸ 도형을 선택한 후 Delete 를 누릅니다.

10. SmartArt의 크기를 '높이 : 9cm, 너비 : 13cm'로 변경하시오.

❶ SmartArt를 선택한 후 [SMARTART 도구]-[서식] 탭-[크기] 명령 단추를 클릭합니다.

❷ '높이 : 9cm, 너비 : 13cm'를 설정합니다.

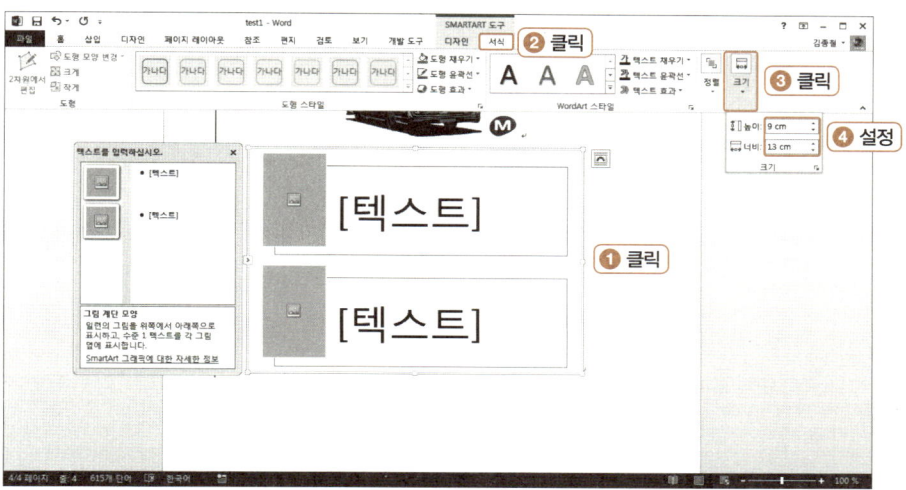

11. SmartArt 아래에 캡션을 'ICT'로 설정하시오.

❶ SmartArt 위에서 마우스 오른쪽 단추를 클릭한 후 '캡션 삽입'을 선택합니다.

❷ '위치'에서 '선택한 항목 아래'로 설정되어 있는지 확인합니다.

❸ '캡션' 항목에 'ICT'를 입력한 후 〈확인〉을 클릭합니다.

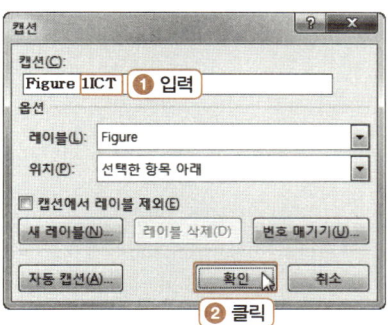

12. 파일의 자동 복구 저장 간격을 '7'분으로 설정하시오.

❶ [파일] 탭-[옵션]을 클릭합니다.
❷ '저장'에서 '자동 복구 정보 저장 간격'을 '7분'으로 설정한 후 〈확인〉을 클릭합니다.

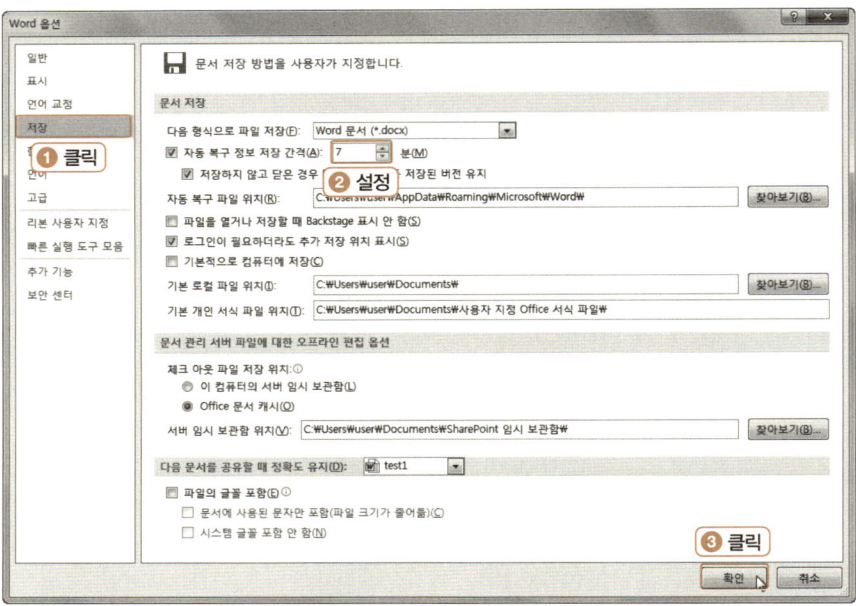

13. 문서 속성(주제)에 '모자이크'를 추가하시오.

❶ [파일] 탭-[정보]-[모든 속성 표시]를 클릭합니다.
❷ '주제' 항목에서 '주제 지정'을 클릭합니다.
❸ '주제' 항목에 '모자이크'를 입력합니다.

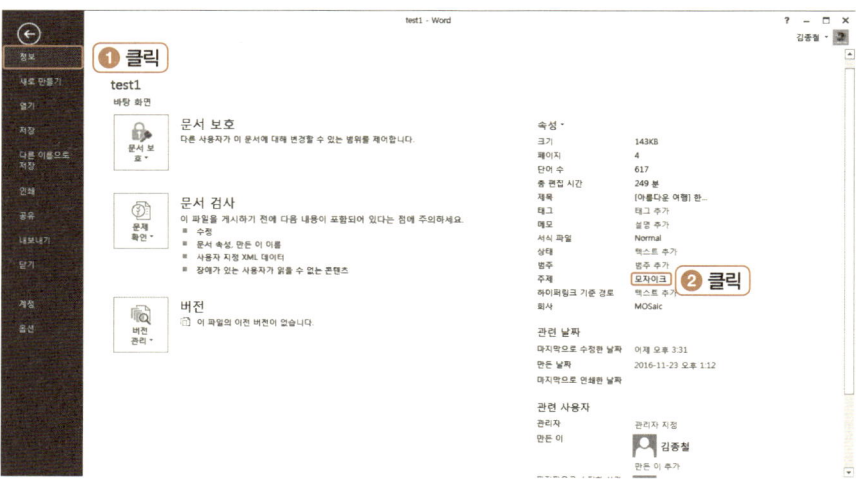

14. 1페이지에 있는 그림의 텍스트 배치를 '빽빽하게'로 설정하시오.

❶ 그림을 선택한 후 [그림 도구]-[서식] 탭-[정렬] 그룹-[텍스트 줄 바꿈] 명령 단추를 클릭합니다.

❷ '빽빽하게'를 선택합니다.

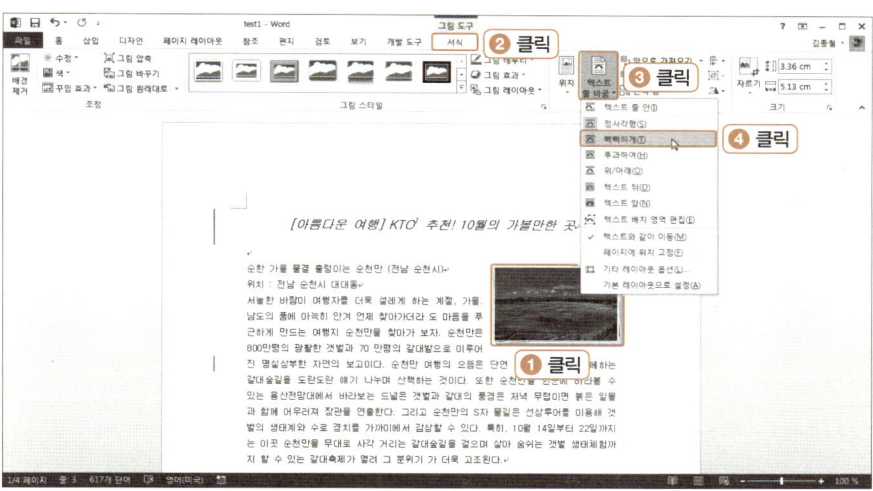

15. 그림의 위치를 '가로 맞춤 : 오른쪽 맞춤, 기준 : 여백 / 세로 맞춤 : 위쪽, 기준 : 여백'으로 설정하시오.

❶ 그림 위에서 마우스 오른쪽 단추를 클릭한 후 '크기 및 위치'를 선택합니다.

❷ [위치] 탭에서 '가로 맞춤 : 오른쪽 맞춤, 기준 : 여백, 세로 맞춤 : 위쪽, 기준 : 여백'으로 설정한 후 〈확인〉을 클릭합니다.

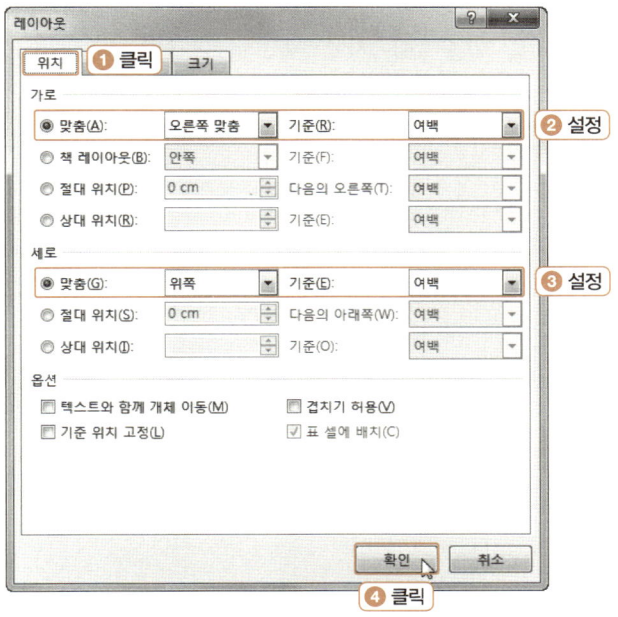

16. 문서의 마지막 페이지에 '텍스트 상자'를 다음과 같이 삽입하시오.

종류	내용
보기 마스터 보조 기사	추천 여행지

❶ 마지막 페이지에서 [삽입] 탭-[텍스트] 그룹-[텍스트 상자] 명령 단추를 클릭합니다.

❷ '보기 마스터 보조 기사'를 선택합니다.

❸ '추천 여행지'를 입력합니다.

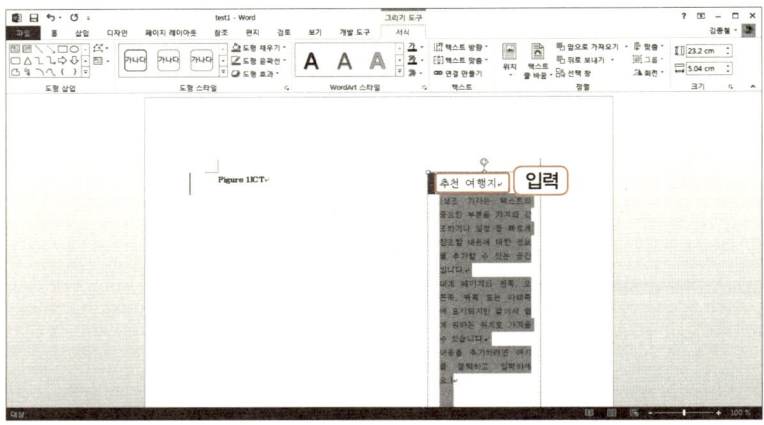

17. '텍스트 상자'의 위치를 '가로 맞춤 : 오른쪽 맞춤, 기준 : 페이지 / 세로 맞춤 : 위쪽, 기준 : 페이지'로 설정하시오.

❶ 텍스트 상자 위에서 마우스 오른쪽 단추를 클릭한 후 '기타 레이아웃 옵션'을 선택합니다.

❷ [위치] 탭에서 '가로' 항목에서 '맞춤 : 오른쪽 맞춤, 기준 : 페이지'를 '세로' 항목에서 '맞춤 : 위쪽, 기준 : 페이지'를 선택한 후 〈확인〉을 클릭합니다.

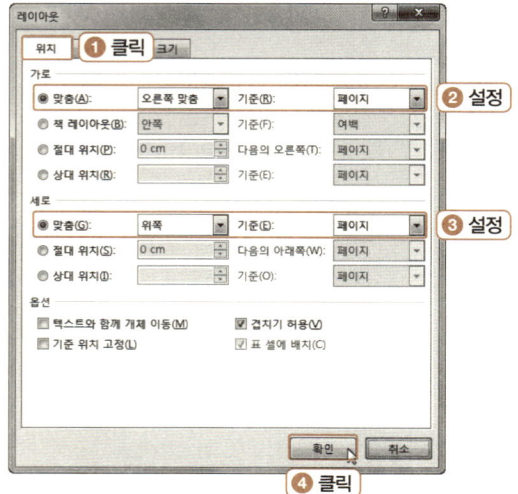

18. 문서를 110%로 보시오.

❶ [보기] 탭–[확대/축소] 그룹 –[확대/축소] 명령 단추를 클릭합니다.

❷ '백분율 : 110%'로 설정한 후 〈확인〉을 클릭합니다.

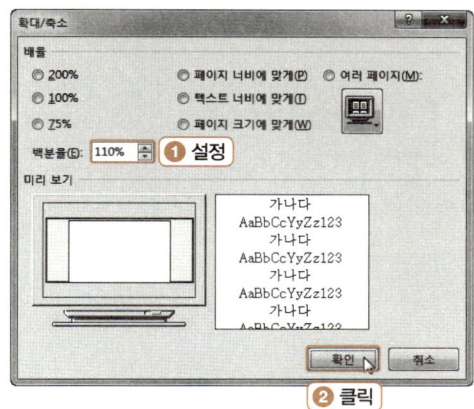

02회 기출유형 모의고사

○ 예제 : test2.docx   ○ 결과 : test2(완성).docx

1. 문서 전체에 페이지 테두리를 다음과 같이 설정하시오.

종류	색	두께
상자	파랑, 강조 1, 60% 더 밝게	1 pt

❶ [디자인] 탭-[페이지 배경] 그룹-[페이지 테두리] 명령 단추를 클릭합니다.

❷ '설정 : 상자, 색 : 파랑, 강조 1, 60% 더 밝게, 두께 : 1 pt'로 설정한 후 〈확인〉을 클릭합니다(적용 대상이 '문서 전체'로 되어 있는지 확인).

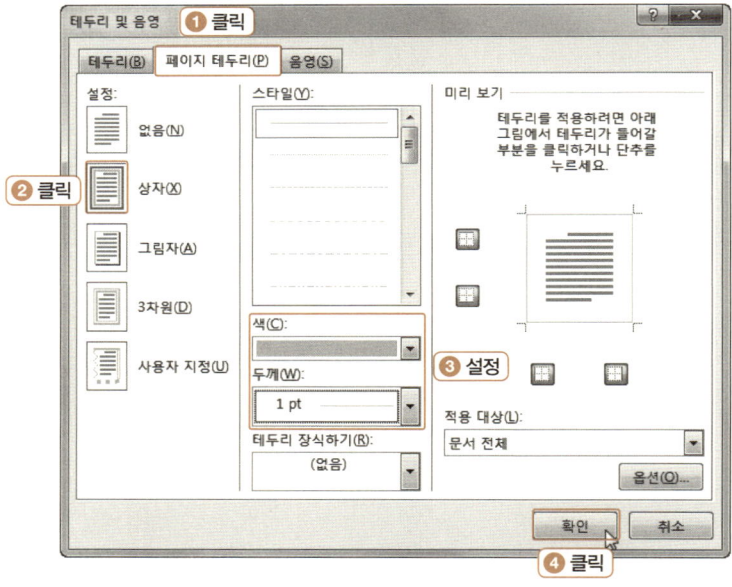

2. 2페이지 15줄(◇ 사랑의 연못 궁남지)부터 새로운 구역이 되도록 설정하시오.

❶ 2페이지의 15줄의 맨 앞에 커서를 위치시킨 후 [페이지 레이아웃] 탭-[페이지 설정] 그룹-[나누기] 명령 단추를 클릭합니다.

❷ '구역 나누기' 항목에서 '다음 페이지부터'를 선택합니다.

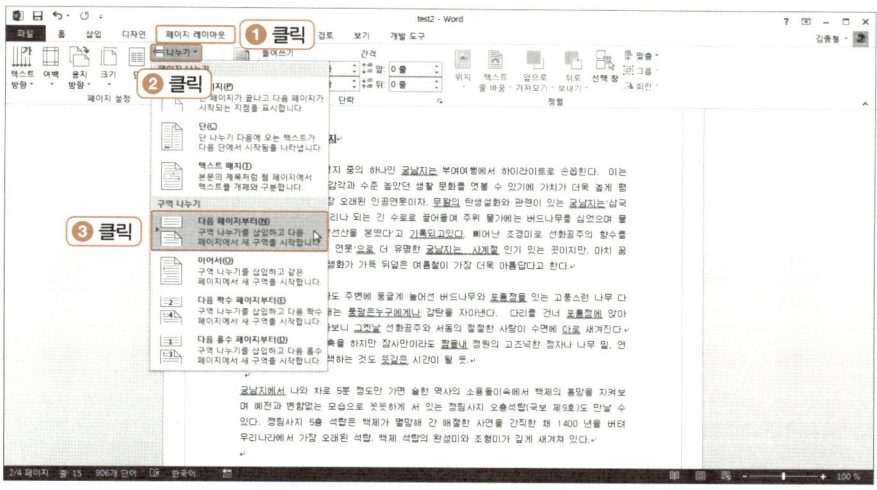

❸ 구역 나누기가 설정됩니다.

3. 1페이지 3~24줄을 2개의 단으로 설정하시오.

❶ 1페이지 3~24줄을 선택한 후 [페이지 레이아웃] 탭-[페이지 설정] 그룹-[단] 명령 단추를 클릭합니다. 그런 다음 '둘'을 선택합니다.

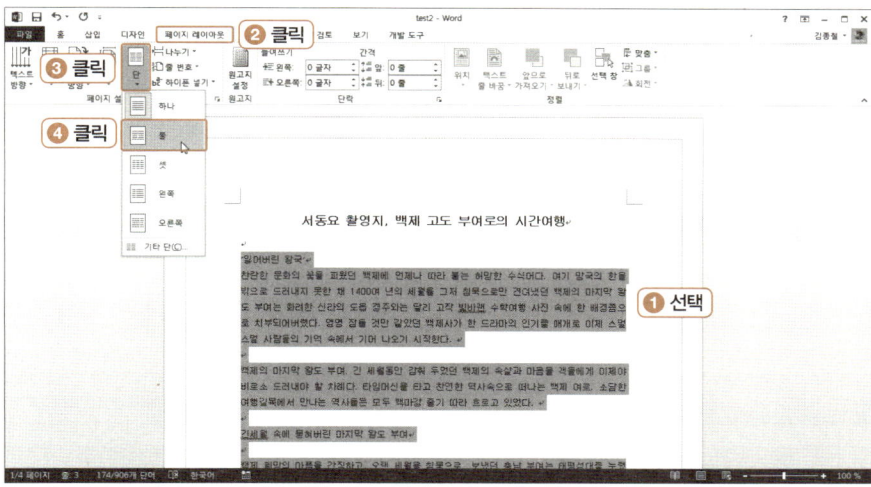

❷ 두 개의 단으로 변경됩니다.

4. 1페이지 42줄의 '서동요 촬영 세트장'에 '강한 인용' 스타일을 적용하시오.

❶ 1페이지 42줄의 '서동요 촬영 세트장'을 선택한 후 [홈] 탭-[스타일] 그룹-[자세히]를 클릭합니다.

❷ '강한 인용'을 선택합니다.

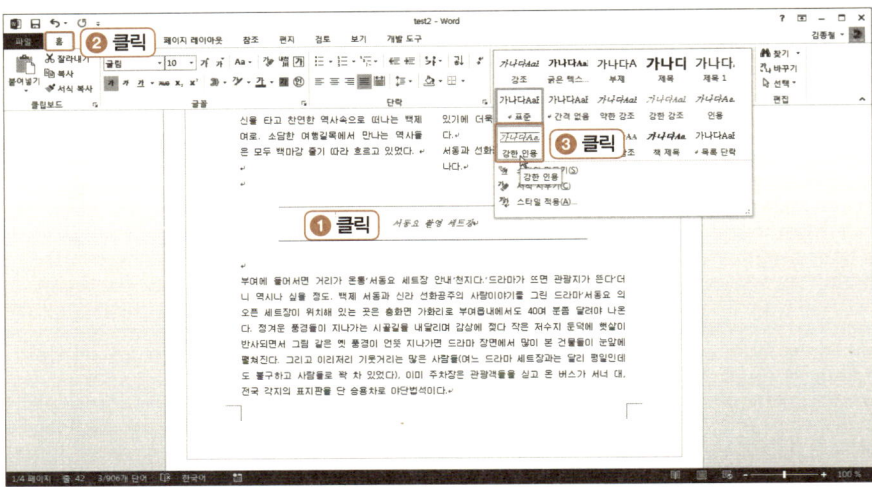

5. 1페이지만 용지 방향을 가로로 변경하시오.

❶ 1페이지에 커서를 위치시킨 후 [페이지 레이아웃] 탭-[페이지 설정] 그룹-[용지 방향] 명령 단추를 클릭합니다.

❷ '가로'를 선택합니다.

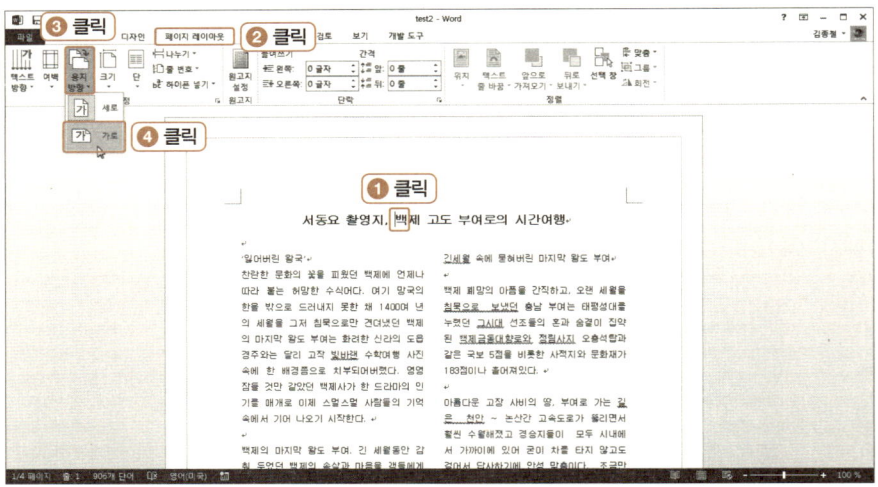

❸ 첫 페이지는 가로, 두 번째 페이지부터는 세로 문서가 설정됩니다.

6. 1페이지 제목에 있는 '서동요'에 미주 '백제 민요'를 삽입하시오.

❶ 1페이지 제목의 '서동요'를 선택한 후 [참조] 탭-[각주] 그룹-[미주 삽입] 명령 단추를 클릭합니다.

❷ '백제 민요'를 입력합니다.

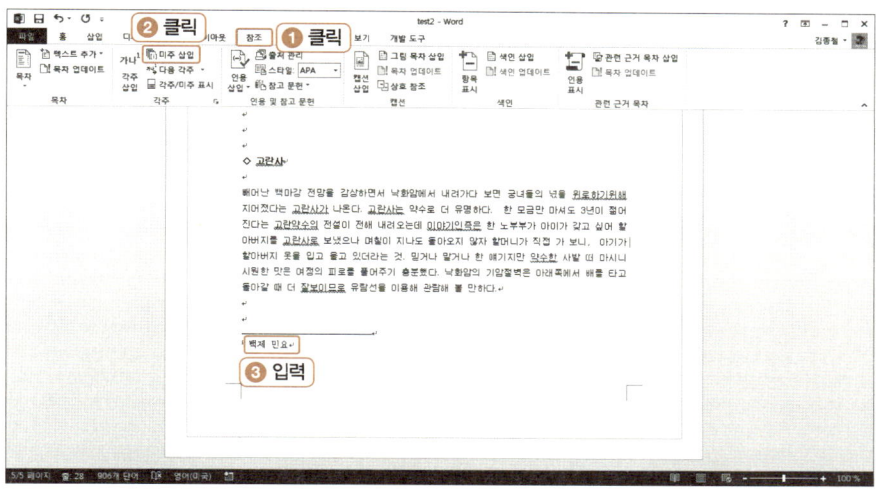

7. 4페이지 23줄에 있는 텍스트(백제의 역사가 알알이 박혀있는 '부소산')를 WordArt '채우기 - 파랑, 강조 1, 그림자'로 변경하시오.

❶ 4페이지 23줄에 있는 텍스트(백제의 역사가 알알이 박혀있는 '부소산')를 선택한 후 [삽입] 탭-[텍스트] 그룹-[WordArt] 명령 단추를 클릭합니다.

❷ '채우기 - 파랑, 강조 1, 그림자'를 선택합니다.

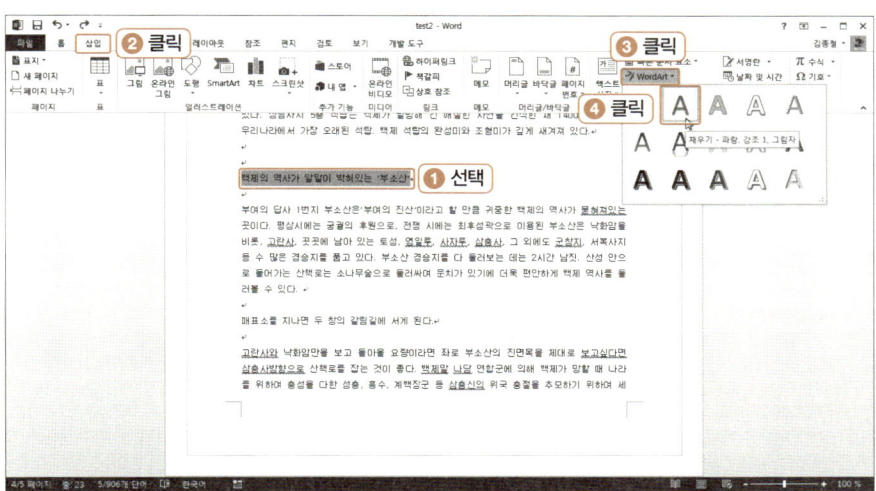

8. WordArt의 텍스트 배치를 '위/아래'로 설정하시오.

❶ WordArt를 선택한 후 '레이아웃 옵션'을 클릭합니다.
❷ '위/아래'를 클릭합니다.

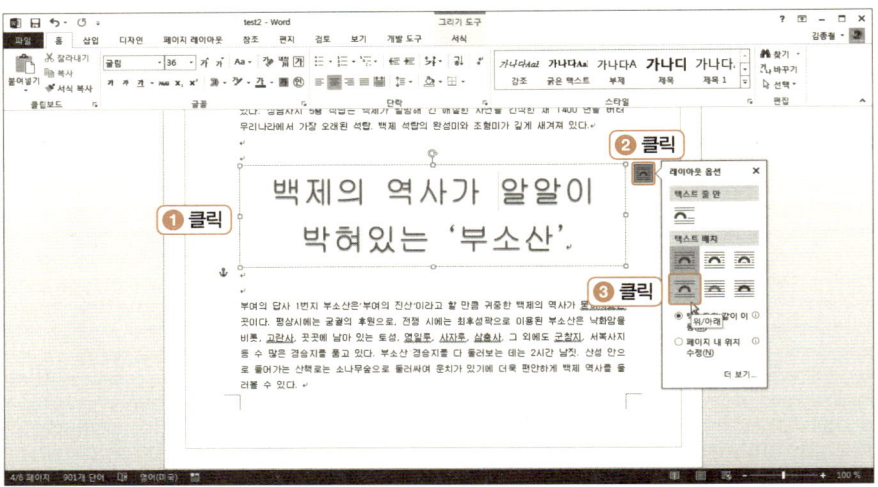

9. 파일에 글꼴이 포함되도록 설정하시오.

❶ [파일] 탭-[옵션]을 클릭합니다.
❷ '저장'에서 '파일의 글꼴 포함'을 체크 표시한 후 〈확인〉을 클릭합니다.

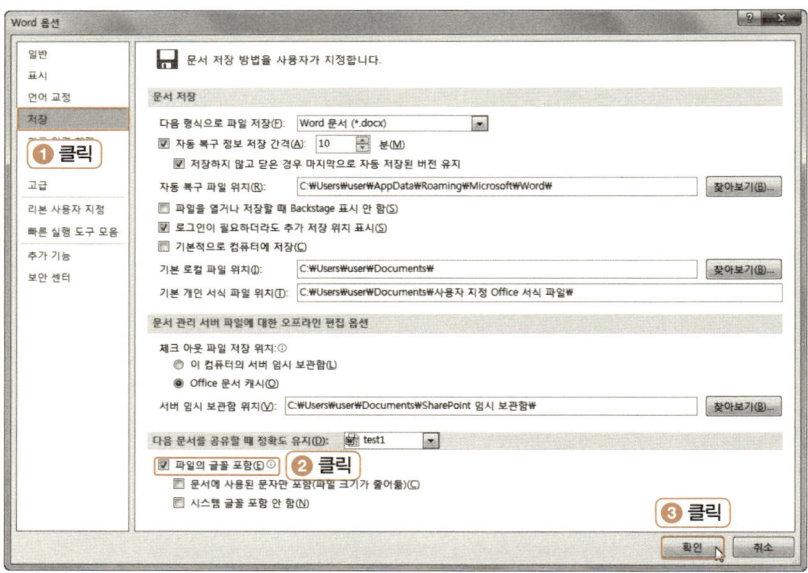

10. 파일의 자동 복구 저장 간격을 '15'분으로 설정하시오.

❶ [파일] 탭-[옵션]을 클릭합니다.

❷ '저장'에서 '자동 복구 정보 저장 간격'을 '15분'으로 설정한 후 〈확인〉을 클릭합니다.

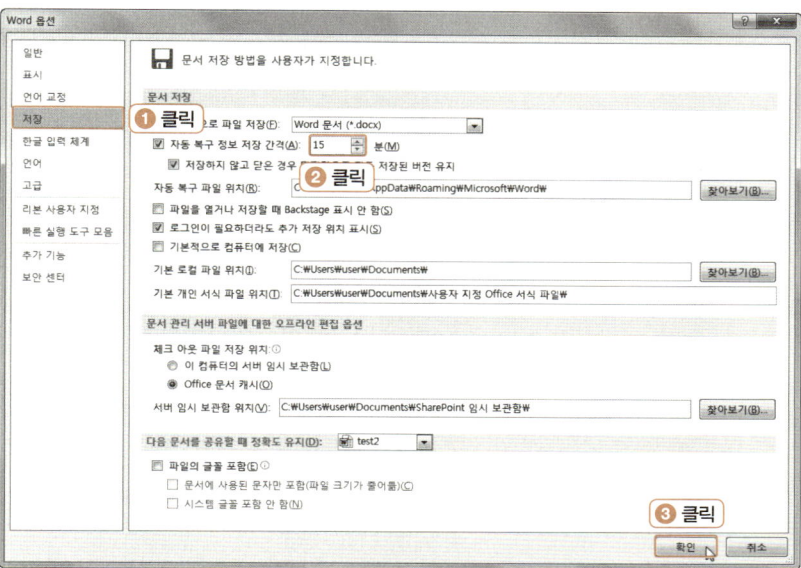

11. 사용자 지정 하이픈이 항상 표시되도록 설정하시오.

❶ [파일] 탭-[옵션]을 클릭합니다.

❷ '표시'에서 '사용자 지정 하이픈'을 체크 표시한 후 〈확인〉을 클릭합니다.

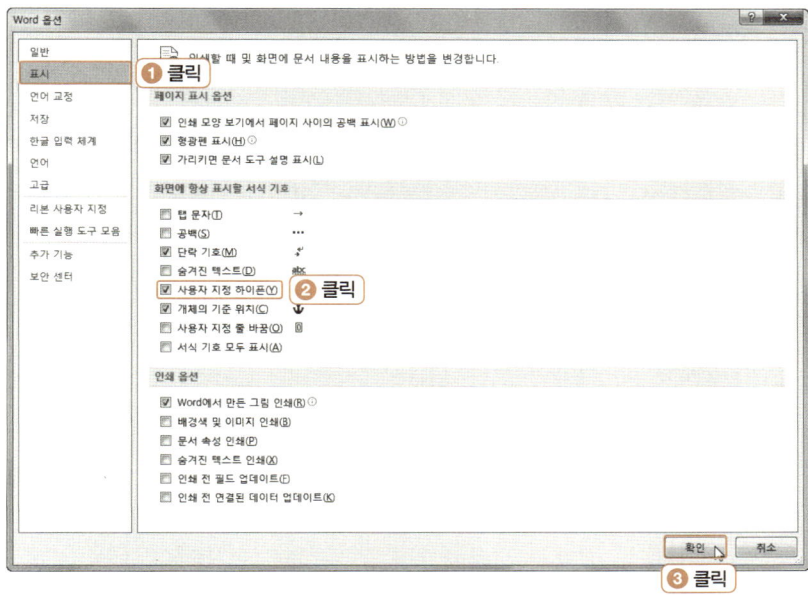

12. 눈금자가 표시되도록 설정하시오.

❶ [보기] 탭-[표시] 그룹-[눈금자]를 체크 표시합니다.

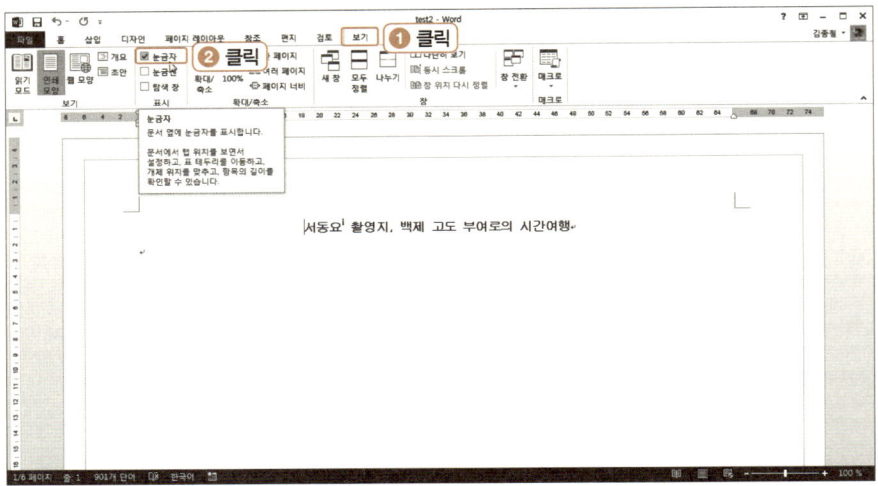

13. 문서 속성(키워드)에 '모자이크'를 추가하시오.

❶ [파일] 탭-[정보]-[속성]-[고급 속성]을 클릭합니다.
❷ [요약] 탭에서 '키워드 : 모자이크'를 입력합니다.
❸ 〈확인〉을 클릭합니다.

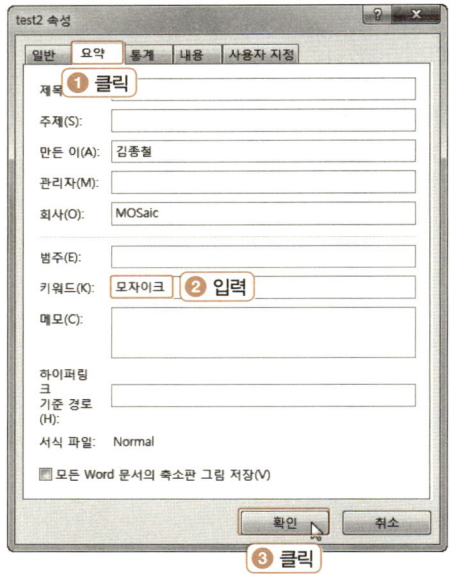

14. 1페이지에 '텍스트 상자'를 다음과 같이 삽입하시오.

종류	내용
눈금 인용	부여로의 여행

❶ 1페이지에서 [삽입] 탭-[텍스트] 그룹-[텍스트 상자] 명령 단추를 클릭합니다.
❷ '눈금 인용'을 선택합니다.
❸ '부여로의 여행'을 입력합니다.

15. '텍스트 상자'의 위치를 '가로 맞춤 : 오른쪽 맞춤, 기준 : 여백 / 세로 맞춤 : 위쪽, 기준 : 여백'으로 설정하시오.

❶ 텍스트 상자 위에서 마우스 오른쪽 단추를 클릭한 후 '기타 레이아웃 옵션'을 선택합니다.
❷ [위치] 탭 '가로' 항목에서 '맞춤 : 오른쪽 맞춤, 기준 : 여백'을 '세로' 항목에서 '맞춤 : 위쪽, 기준 : 여백'을 선택한 후 〈확인〉을 클릭합니다.

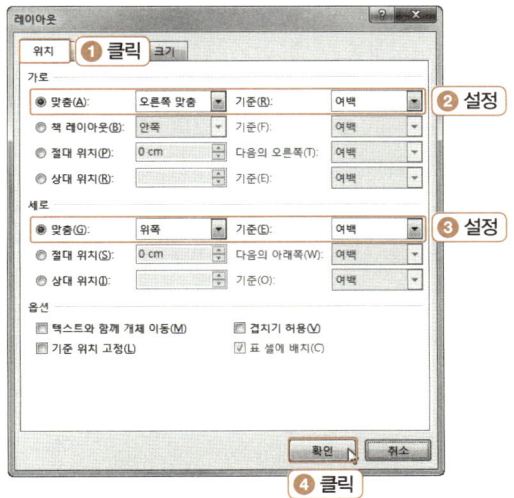

16. 문서의 마지막에 'C:\MOS2013\WordCore\주소록.docx' 파일을 삽입한 후 텍스트를 표로 변환하시오.

❶ 문서의 마지막에 커서를 이동한 후 [삽입] 탭-[텍스트] 그룹-[개체]의 목록 단추를 클릭하고 '파일의 텍스트'를 선택합니다.

❷ 'C:\MOS2013\WordCore\주소록.docx' 파일을 선택한 후 〈삽입〉을 클릭합니다.

❸ 텍스트를 선택한 후 [삽입] 탭-[표] 그룹-[표] 명령 단추를 클릭한 후 '텍스트를 표로 변환'을 선택합니다.

❹ 〈확인〉을 클릭합니다.

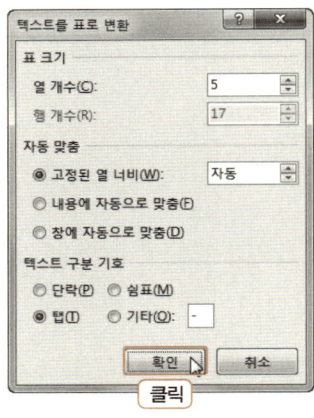

17. 표 스타일을 '눈금 표 4 - 강조색 2'로 설정하시오.

❶ 표를 선택한 후 [표 도구]-[디자인] 탭-[표 스타일] 그룹-[자세히]를 클릭합니다.

❷ '눈금 표 4 - 강조색 2'를 선택합니다.

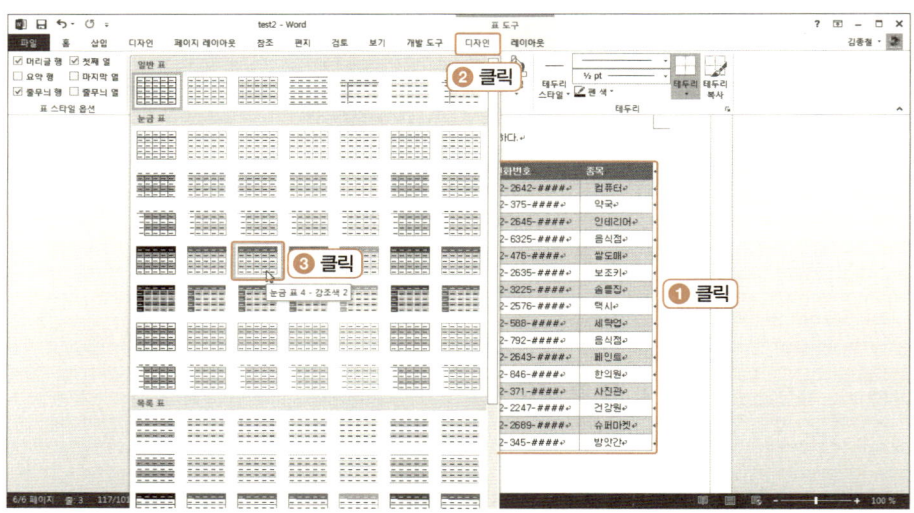

18. 표를 '상호순'으로 내림차순 정렬하시오.

❶ 표로 커서를 이동한 후 [표 도구]–[레이아웃] 탭–[데이터] 그룹–[정렬] 명령 단추를 클릭합니다.

❷ '첫째 기준 : 상호, 내림차순'으로 설정한 후 〈확인〉을 클릭합니다.

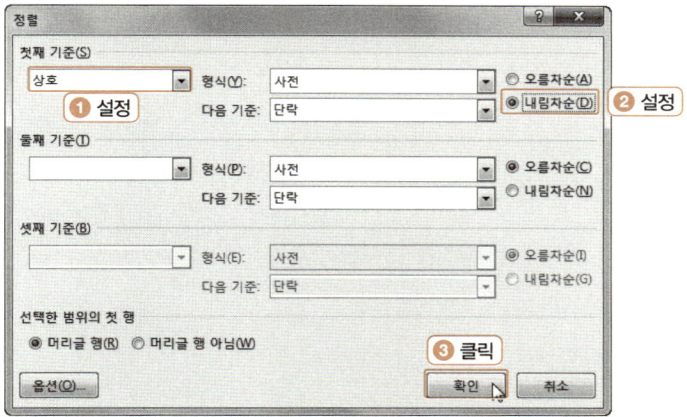

19. 표에 다음과 같은 캡션을 설정하시오.

위치	캡션
선택한 항목 아래	주소록

❶ [표 도구]–[레이아웃] 탭–[표] 그룹–[선택] 명령 단추를 클릭합니다.

❷ '표 선택'을 클릭합니다.

❸ 마우스 오른쪽 단추를 클릭한 후 '캡션 삽입'을 선택합니다.

❹ '위치'의 목록 단추를 클릭한 후 '선택한 항목 아래'를 선택합니다.

❺ 〈새 레이블〉을 클릭합니다.

❻ '주소록'을 입력한 후 〈확인〉을 클릭합니다.

❼ 〈확인〉을 클릭합니다.

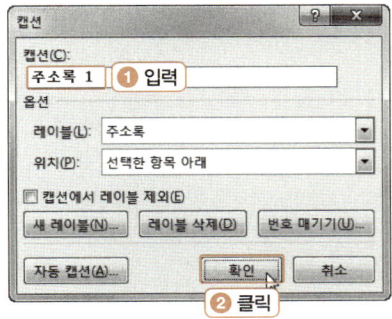

03회 기출유형 모의고사

○ 예제 : test3.docx   ○ 결과 : test3(완성).docx

1. 문서의 여백을 '위 : 3cm, 아래 : 3.5cm'로 설정하시오.

❶ [페이지 레이아웃] 탭-[페이지 설정] 그룹-[자세히] 단추를 클릭합니다.

❷ '위쪽 : 3cm, 아래쪽 : 3.5cm'로 설정한 후 〈확인〉을 클릭합니다.

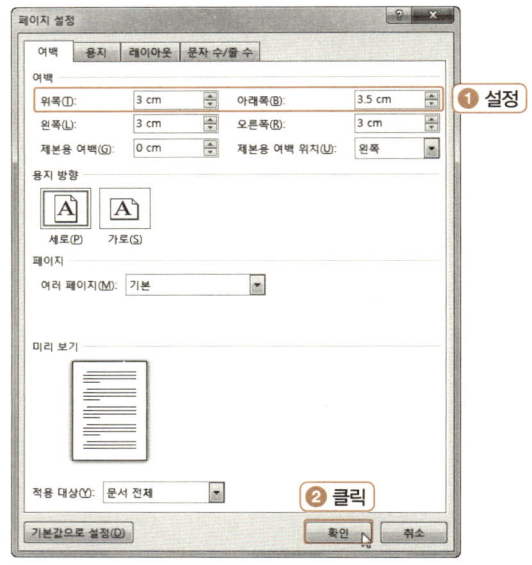

2. 문서 전체에 페이지 테두리를 다음과 같이 설정하시오.

종류	색	두께
그림자	주황, 강조 2, 80% 더 밝게	1/2 pt

❶ [디자인] 탭-[페이지 배경] 그룹-[페이지 테두리] 명령 단추를 클릭합니다.

❷ '설정 : 그림자, 색 : 주황, 강조 2, 80% 더 밝게, 두께 : 1/2 pt'로 설정한 후 〈확인〉을 클릭합니다(적용 대상이 '문서 전체'로 되어 있는지 확인).

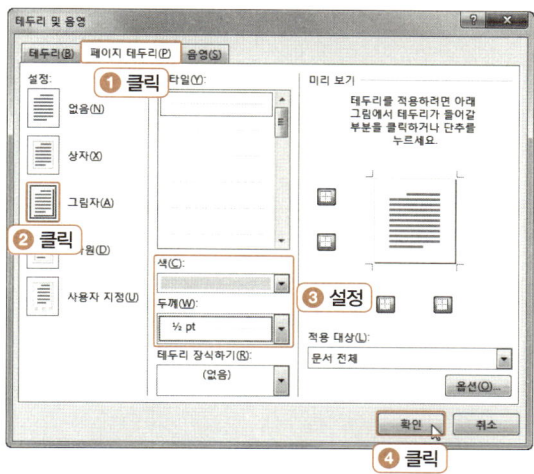

3. 다음과 같이 새로운 셀 스타일을 등록하시오(1페이지 1줄에 적용할 것).

스타일 이름	글꼴 색
mosaic제목	연한 파랑

❶ 1페이지 1줄에 커서를 놓은 후 [홈] 탭-[스타일] 그룹-'자세히'를 클릭합니다.

❷ '스타일 만들기'를 클릭합니다.

❸ '스타일 이름'에 'mosaic제목'을 입력한 후 〈수정〉을 클릭합니다.

❹ 〈서식〉을 클릭한 후 '글꼴'을 선택합니다.

❺ [글꼴] 탭에서 '글꼴 색 : 연한 파랑'을 선택한 후 〈확인〉을 클릭합니다.

❻ 〈확인〉을 클릭합니다.

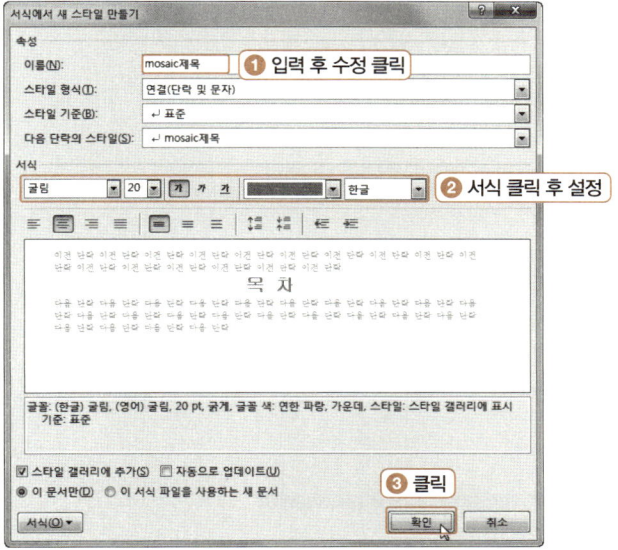

4. 'mosaic제목' 스타일의 서식을 '단락 앞 간격 10 pt'로 수정하시오.

❶ [홈] 탭-[스타일] 그룹에 있는 'mosaic제목' 스타일 위에서 마우스 오른쪽 단추를 클릭한 후 '수정'을 선택합니다.

❷ 〈서식〉을 클릭한 후 '단락'을 선택합니다.

❸ '간격'에서 '단락 앞 : 10pt'로 설정한 후 〈확인〉을 클릭합니다.

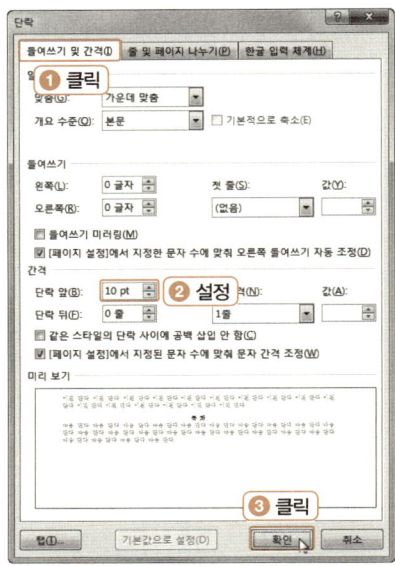

❹ 〈확인〉을 클릭합니다.

5. 5페이지 4~10줄을 3개의 단으로 설정하시오.

❶ 5페이지 4~10줄을 선택한 후 [페이지 레이아웃] 탭-[페이지 설정] 그룹-[단] 명령 단추를 클릭합니다. 그런 다음 '셋'을 선택합니다.

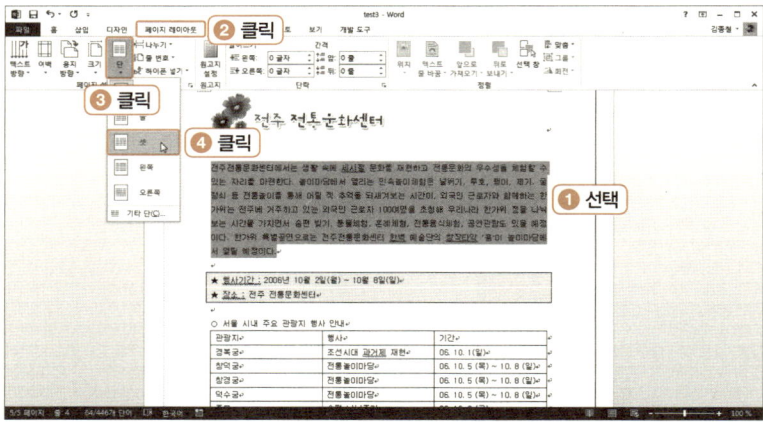

❷ 세 개의 단으로 변경됩니다.

6. 문서의 마지막에 'C:₩MOS2013₩WordCore₩모자이크.docx' 파일을 삽입하시오.

❶ 문서의 마지막에 커서를 이동한 후 [삽입] 탭-[텍스트] 그룹-[개체]의 목록 단추를 클릭하고 '파일의 텍스트'를 선택합니다.

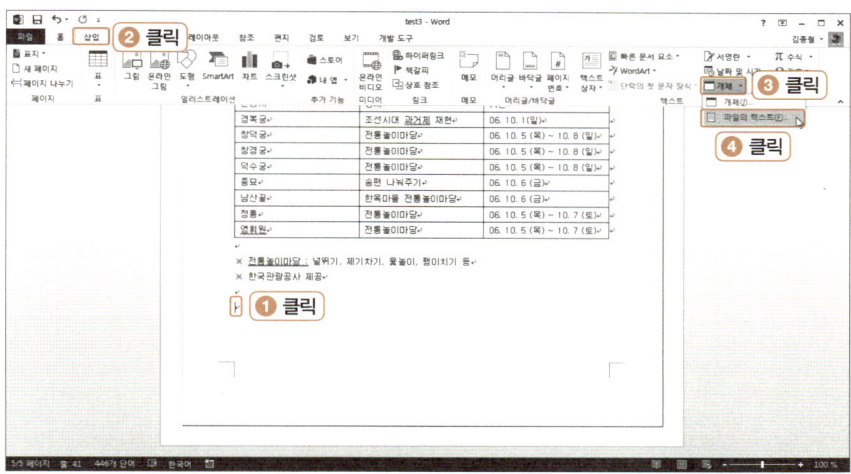

❷ 'C:₩MOS2013₩WordCore₩모자이크.docx' 파일을 선택한 후 〈삽입〉을 클릭합니다.

7. 5페이지 39줄에 있는 텍스트(※ 한국관광공사 제공)를 WordArt '그라데이션 채우기 - 파랑, 강조 1, 반사'로 변경하시오.

❶ 5페이지 39줄에 있는 텍스트(※ 한국관광공사 제공)를 선택한 후 [삽입] 탭-[텍스트] 그룹-[WordArt] 명령 단추를 클릭합니다.

❷ '그라데이션 채우기 - 파랑, 강조 1, 반사'를 선택합니다.

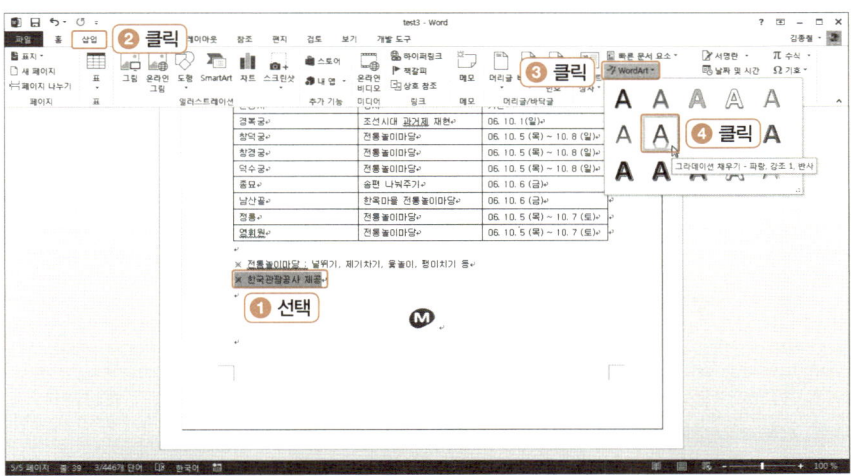

8. WordArt의 텍스트 배치를 '빽빽하게'로 설정하시오.

❶ WordArt를 선택한 후 '레이아웃 옵션'을 클릭합니다.
❷ '빽빽하게'를 클릭합니다.

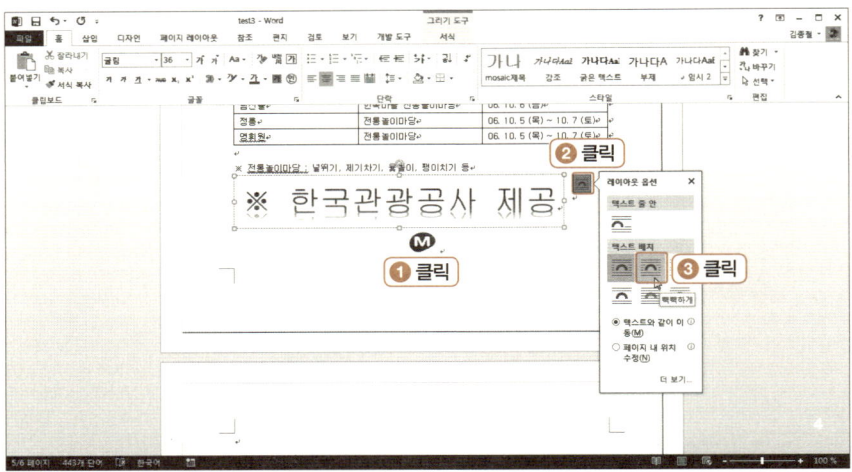

9. 문서의 마지막에 '세로 그림 목록형' SmartArt를 삽입한 후 도형을 하나 추가하시오.

❶ 문서의 마지막에 커서를 이동한 후 [삽입] 탭-[일러스트레이션] 그룹-[SmartArt] 명령 단추를 클릭합니다.
❷ '세로 그림 목록형'을 선택한 후 〈확인〉을 클릭합니다.
❸ [SMARTART 도구]-[디자인] 탭-[그래픽 만들기] 그룹-[도형 추가] 명령 단추를 클릭합니다.

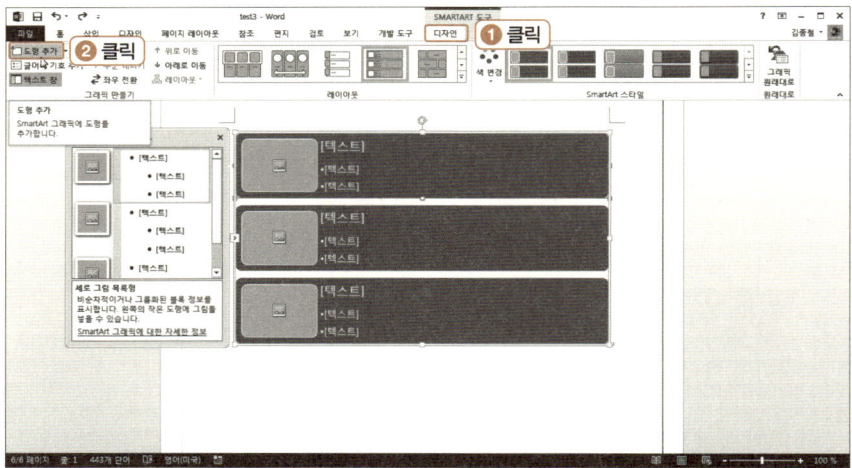

10 SmartArt의 도형 안에 그림(C:₩MOS2013₩WordCore₩idea.png)을 삽입하시오.

❶ SmartArt에서 '그림' 부분을 클릭합니다.

❷ 파일에서 '찾아보기'를 클릭합니다.

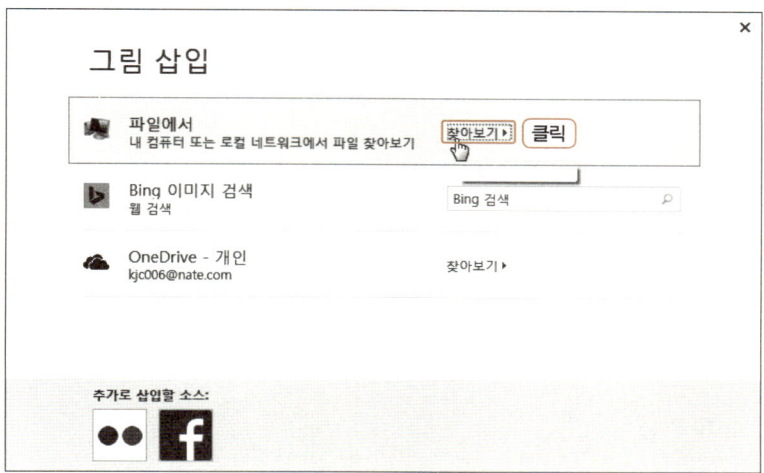

❸ 'C:₩MOS2013₩WordCore₩idea.png'를 선택한 후 〈삽입〉을 클릭합니다.

❹ 동일한 방법으로 나머지 도형에도 그림을 채웁니다.

11. SmartArt 위에 캡션을 '민속놀이'로 설정하시오.

❶ SmartArt 위에서 마우스 오른쪽 단추를 클릭한 후 '캡션 삽입'을 선택합니다.

❷ '위치'에서 목록 단추를 클릭한 후 '선택한 항목 위'를 선택합니다.

❸ '캡션' 항목에 '민속놀이'를 입력한 후 Enter 를 누릅니다.

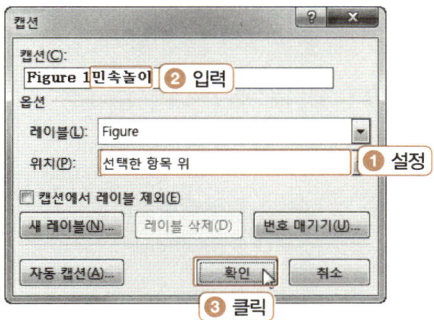

12. 5페이지의 행사기관과 장소에 있는 '★'를 삭제한 후 그림(C:₩MOS2013₩ WordCore₩ball.png) 글머리 기호로 설정하시오.

❶ 5페이지의 행사기관의 '★'를 선택한 후 Delete를 누릅니다.

❷ 동일한 방법으로 장소의 '★'도 삭제합니다.

❸ 행사기관과 장소가 입력되어 있는 줄을 선택한 후 [홈] 탭-[단락] 그룹-[글머리 기호]의 목록 단추를 클릭합니다.

❹ '새 글머리 기호 정의'를 클릭합니다.

❺ 〈그림〉을 클릭합니다.

❻ '찾아보기'를 클릭합니다.

❼ 'C:₩MOS2013₩WordCore₩ball.png' 파일을 선택한 후 〈삽입〉을 클릭합니다.

❽ 〈확인〉을 클릭합니다.

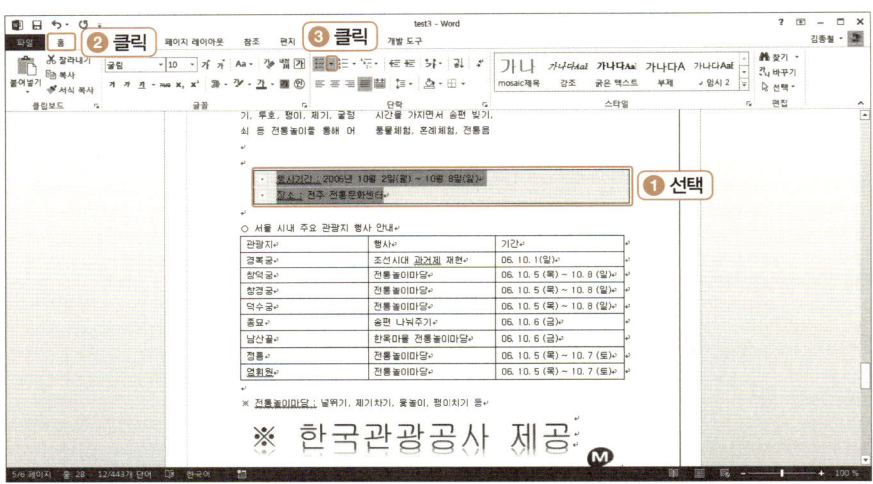

13. 글머리 기호를 '위치 : 0.9cm, 텍스트 들여쓰기 : 1.4cm'로 설정하시오.

❶ 목록 위에서 마우스 오른쪽 단추를 클릭한 후 '목록 들여쓰기 조정'을 선택합니다.

❷ '글머리 기호 위치 : 0.9cm, 텍스트 들여쓰기 : 1.4cm'로 설정한 후 〈확인〉을 클릭합니다.

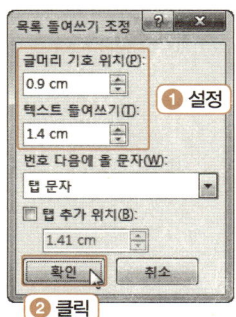

14. 파일에 글꼴이 포함되도록 설정하시오.

❶ [파일] 탭-[옵션]을 클릭합니다.

❷ '저장'에서 '파일의 글꼴 포함'을 체크 표시한 후 〈확인〉을 클릭합니다.

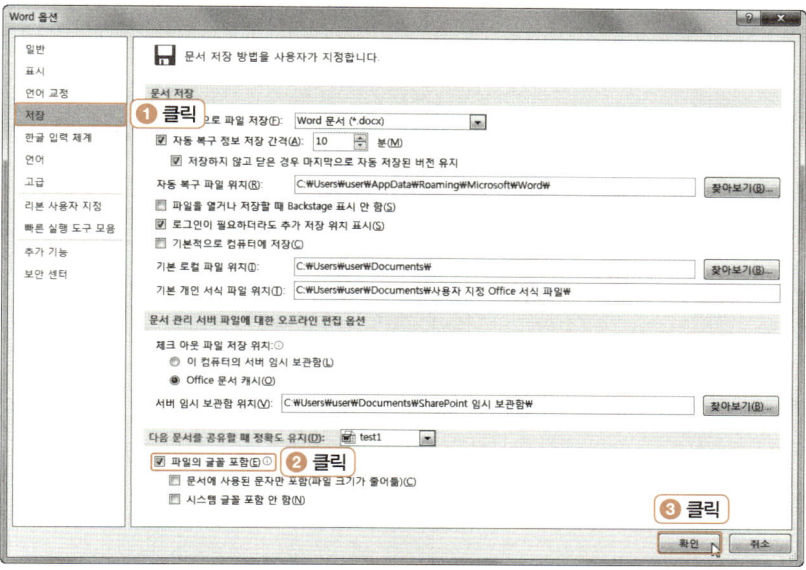

15. 사용자 지정 줄 바꿈이 항상 표시되도록 설정하시오.

❶ [파일] 탭-[옵션]을 클릭합니다.

❷ '표시'에서 '사용자 지정 줄 바꿈'을 체크 표시한 후 〈확인〉을 클릭합니다.

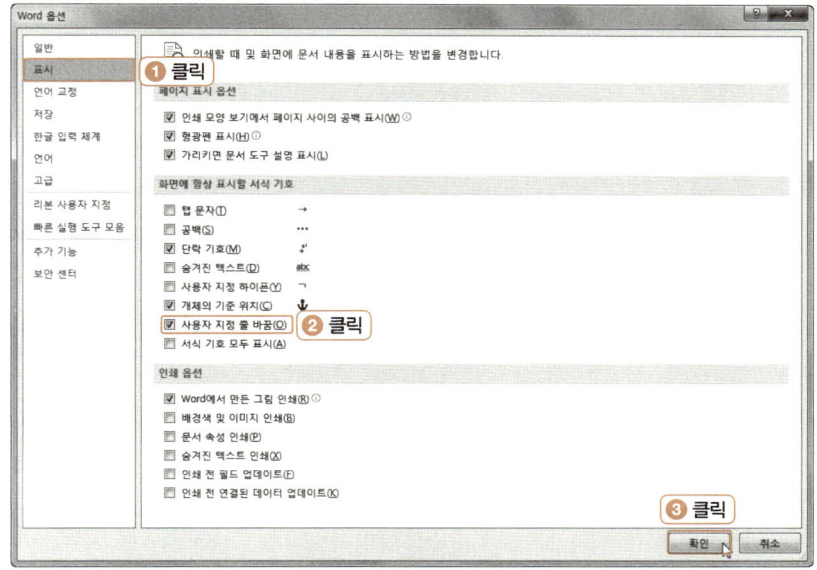

16. 눈금선이 표시되도록 설정하시오.

❶ [보기] 탭-[표시] 그룹-[눈금선]을 체크 표시합니다.

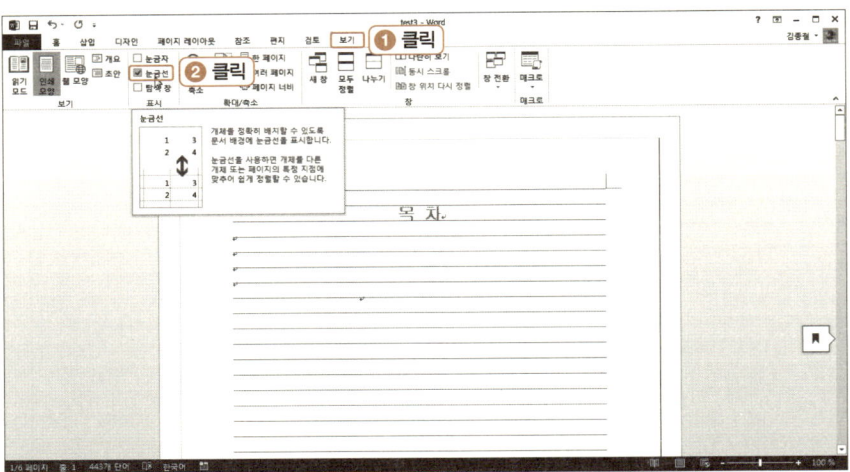

17. 2페이지에 있는 그림의 텍스트 배치를 '위/아래'로 설정하시오.

❶ 그림을 선택한 후 [그림 도구]-[서식] 탭-[정렬] 그룹-[텍스트 줄 바꿈] 명령 단추를 클릭합니다.
❷ '위/아래'를 선택합니다.

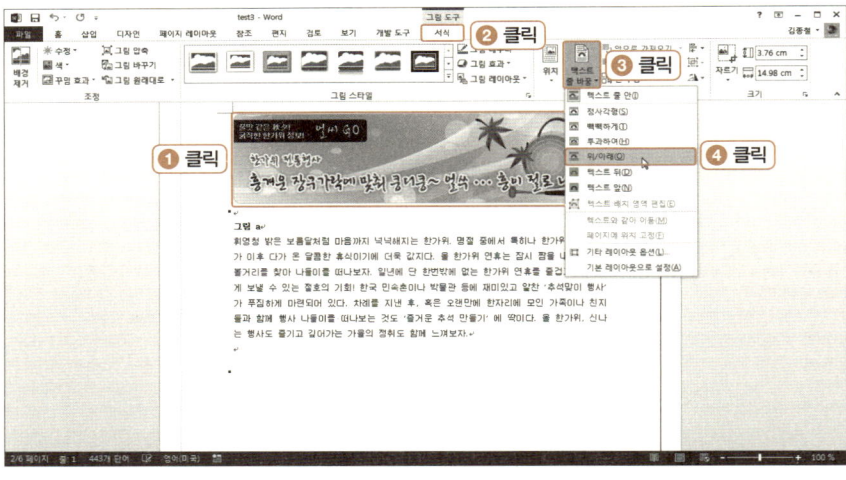

18. 그림의 위치를 '절대 위치(3cm), 다음의 오른쪽(페이지) / 세로 맞춤 : 절대 위치(2cm), 다음의 아래쪽(페이지)'으로 설정하시오.

❶ 그림 위에서 마우스 오른쪽 단추를 클릭한 후 '크기 및 위치'를 선택합니다.

❷ [위치] 탭에서 '절대 위치(3cm), 다음의 오른쪽(페이지) / 세로 맞춤 : 절대 위치(2cm), 다음의 아래쪽(페이지)'으로 설정한 후 〈확인〉을 클릭합니다.

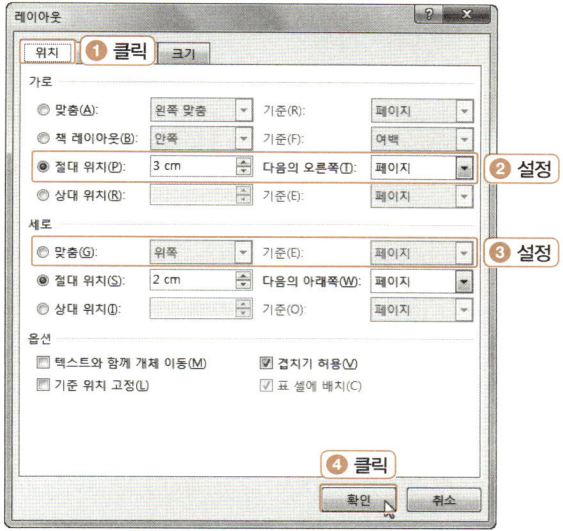

19. 5페이지에 있는 표를 텍스트로 변환하시오(탭을 구분기호로 할 것).

❶ 5페이지의 표를 선택한 후 [표 도구]-[레이아웃] 탭-[데이터] 그룹-[텍스트로 변환] 명령 단추를 클릭합니다.

❷ '탭'을 선택한 후 〈확인〉을 클릭합니다.

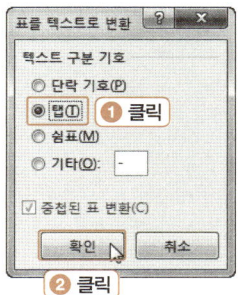

04회 기출유형 모의고사

○ 예제 : test4.pptx ○ 결과 : test4(완성).pptx

1. 문서의 제본용 여백을 '0.5cm'로 설정하시오.

❶ [페이지 레이아웃] 탭-[페이지 설정] 그룹-[자세히] 단추를 클릭합니다.

❷ '제본용 여백 : 0.5cm'로 설정한 후 〈확인〉을 클릭합니다.

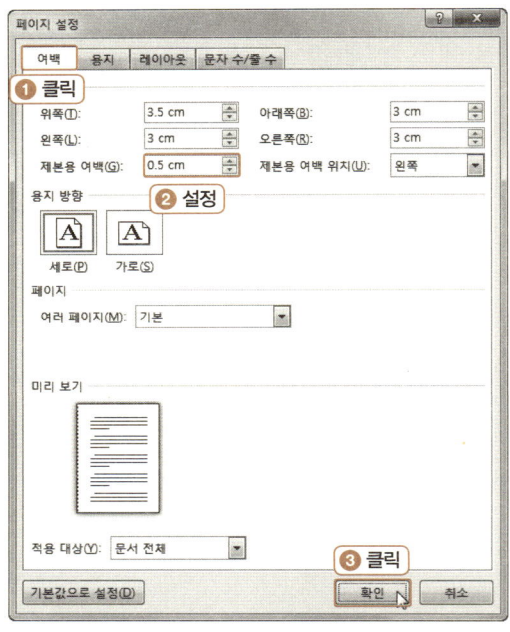

2. 문서 전체에 페이지 테두리를 다음과 같이 설정하시오.

종류	색	두께
3차원	연한 녹색	1pt

❶ [디자인] 탭-[페이지 배경] 그룹-[페이지 테두리] 명령 단추를 클릭합니다.

❷ '설정 : 3차원, 색 : 연한 녹색, 두께 : 1pt'로 설정한 후 〈확인〉을 클릭합니다(적용 대상이 '문서 전체'로 되어 있는지 확인).

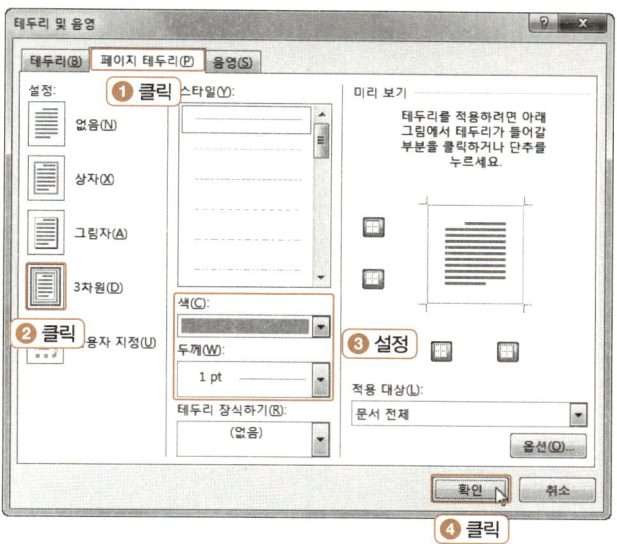

3. 문서의 마지막에 'C:\MOS2013\WordCore\프로축구.docx' 파일을 삽입하시오.

❶ 문서의 마지막에 커서를 이동한 후 [삽입] 탭-[텍스트] 그룹-[개체]의 목록 단추를 클릭한 후 '파일의 텍스트'를 선택합니다.

❷ 'C:\MOS2013\WordCore\프로축구.docx' 파일을 선택한 후 〈삽입〉을 클릭합니다.

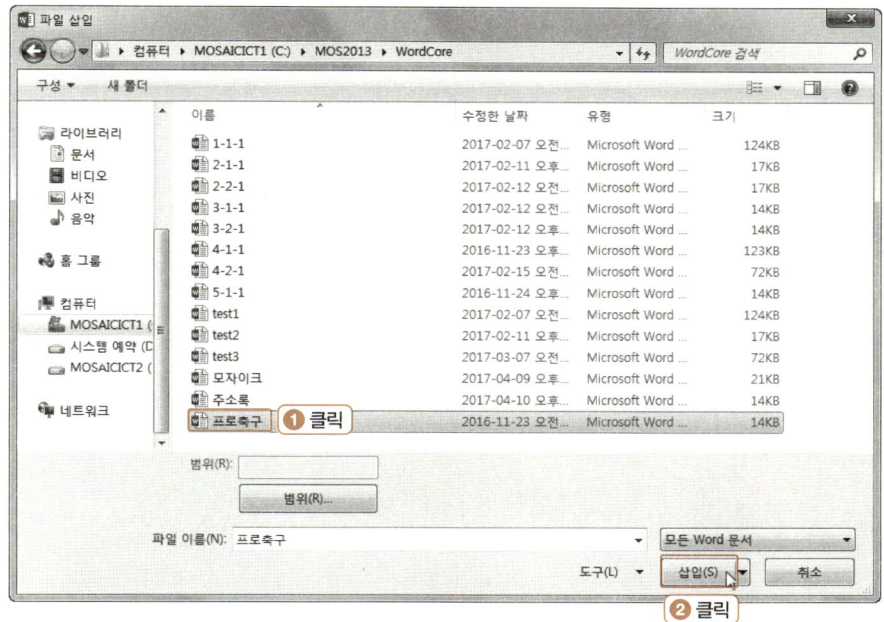

4. 2페이지 23줄(K리그…)부터 새로운 구역이 되도록 설정하시오.

❶ 2페이지 23줄의 맨 앞에 커서를 위치시킨 후 [페이지 레이아웃] 탭-[페이지 설정] 그룹-[나누기] 명령 단추를 클릭합니다.
❷ '구역 나누기' 항목에서 '다음 페이지부터'를 선택합니다.
❸ 구역 나누기가 설정됩니다.

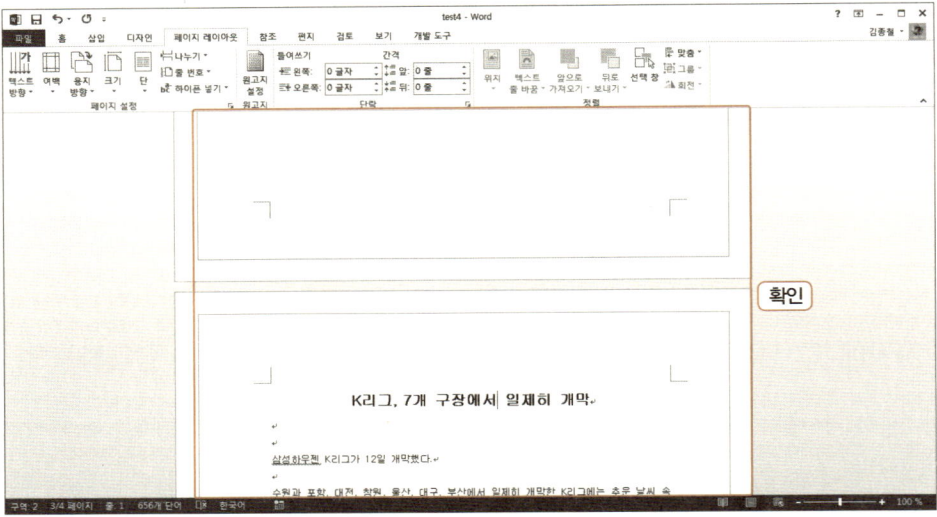

5. 3~4페이지의 용지 방향을 가로로 변경하시오.

❶ 3페이지에 커서를 위치시킨 후 [페이지 레이아웃] 탭-[페이지 설정] 그룹-[용지 방향] 명령 단추를 클릭합니다.
❷ '가로'를 선택합니다.

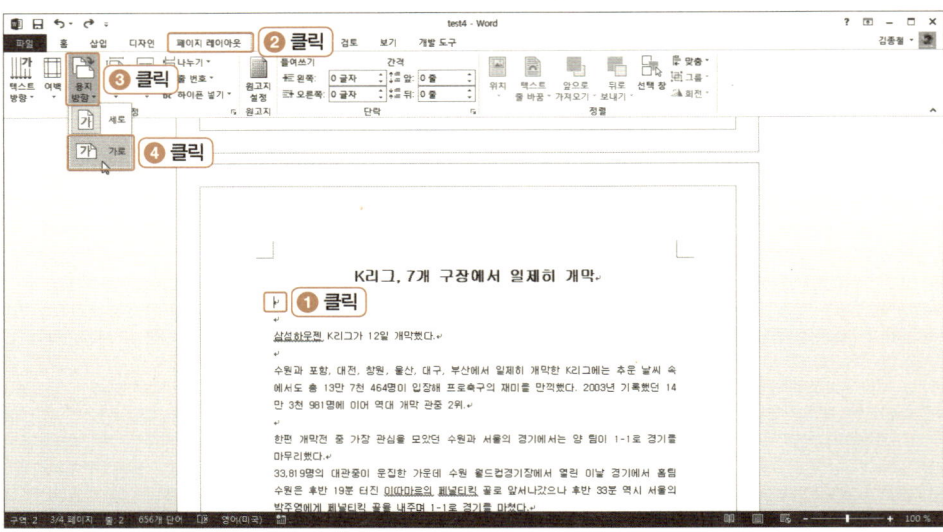

6. 3페이지 4줄~4페이지 5줄을 2개의 단으로 설정하시오.

❶ 3페이지 4줄~4페이지 5줄을 선택한 후 [페이지 레이아웃] 탭-[페이지 설정] 그룹-[단] 명령 단추를 클릭합니다. 그런 다음 '둘'을 선택합니다.

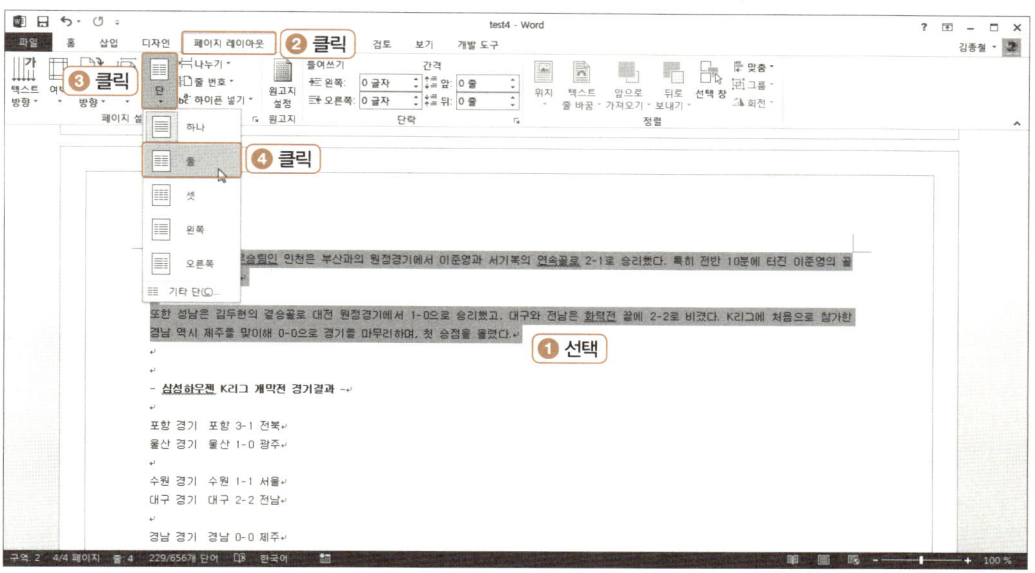

❷ 두 개의 단으로 변경됩니다.

7. 1페이지에 있는 그림의 텍스트 배치를 '위/아래'로 설정하시오.

❶ 그림을 선택한 후 [그림 도구]-[서식] 탭-[정렬] 그룹-[텍스트 줄 바꿈] 명령 단추를 클릭합니다.
❷ '위/아래'를 선택합니다.

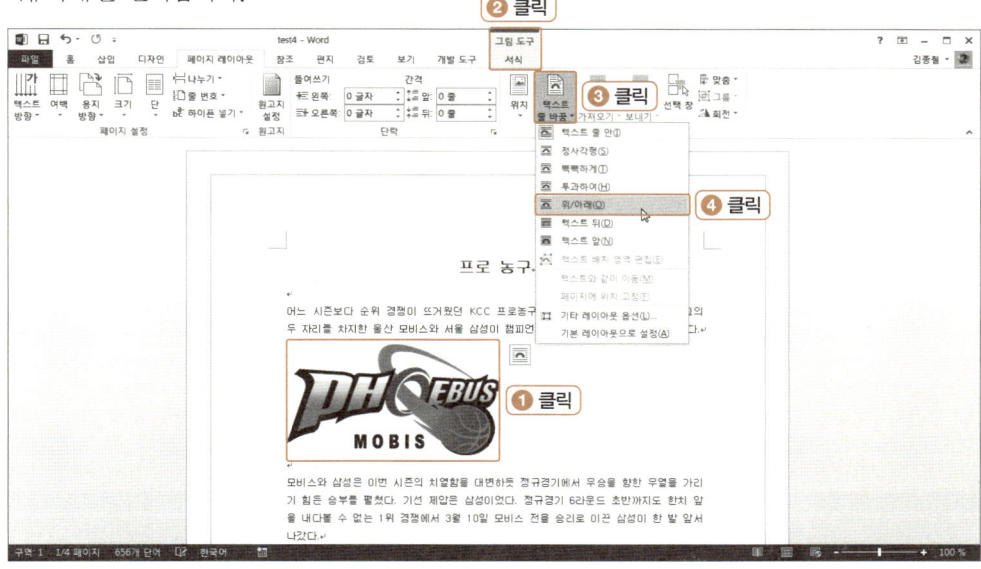

8. 3페이지 1줄에 있는 'K리그'를 클릭하면 'www.kleague.com'으로 이동되도록 하이퍼링크를 삽입하시오.

❶ 3페이지 1줄에 있는 'K리그'를 선택한 후 [삽입] 탭-[링크] 그룹-[하이퍼링크] 명령 단추를 클릭합니다.

❷ '연결 대상 : 기존 파일/ 웹 페이지'를 선택하고 '주소 : www.kleague.com'을 입력한 후 〈확인〉을 클릭합니다.

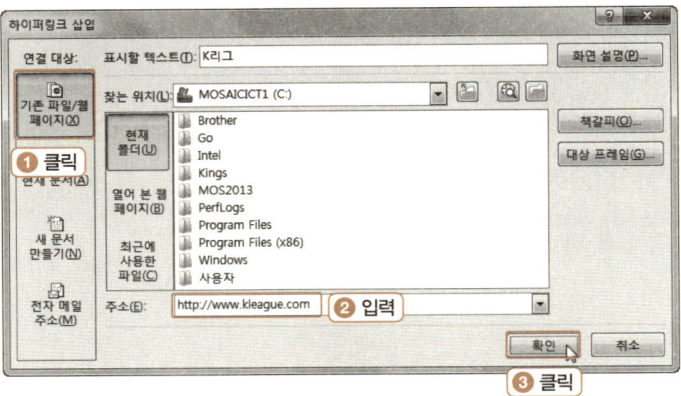

③ 하이퍼링크가 설정됩니다.

9. 3페이지 4줄에 있는 'K리그'에 각주 '한국프로축구연맹'을 삽입하시오.

❶ 3페이지 4줄의 'K리그'를 선택한 후 [참조] 탭-[각주] 그룹-[각주 삽입] 명령 단추를 클릭합니다.

❷ '한국프로축구연맹'을 입력합니다.

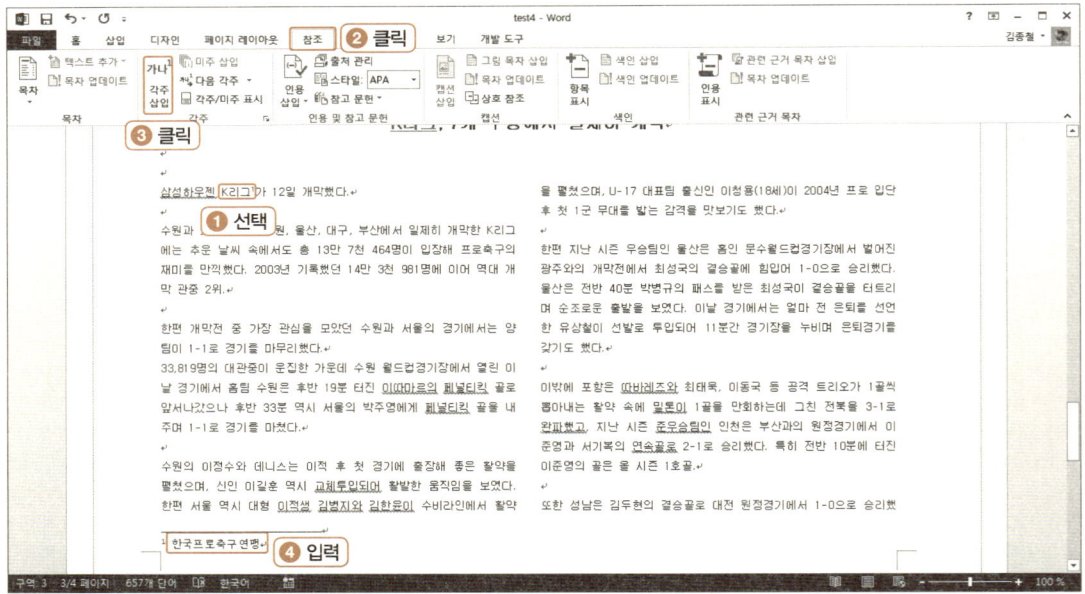

10. 파일의 자동 복구 저장 간격을 '9'분으로 설정하시오.

❶ [파일] 탭-[옵션]을 클릭합니다.
❷ '저장'에서 '자동 복구 정보 저장 간격'을 '9분'으로 설정한 후 〈확인〉을 클릭합니다.

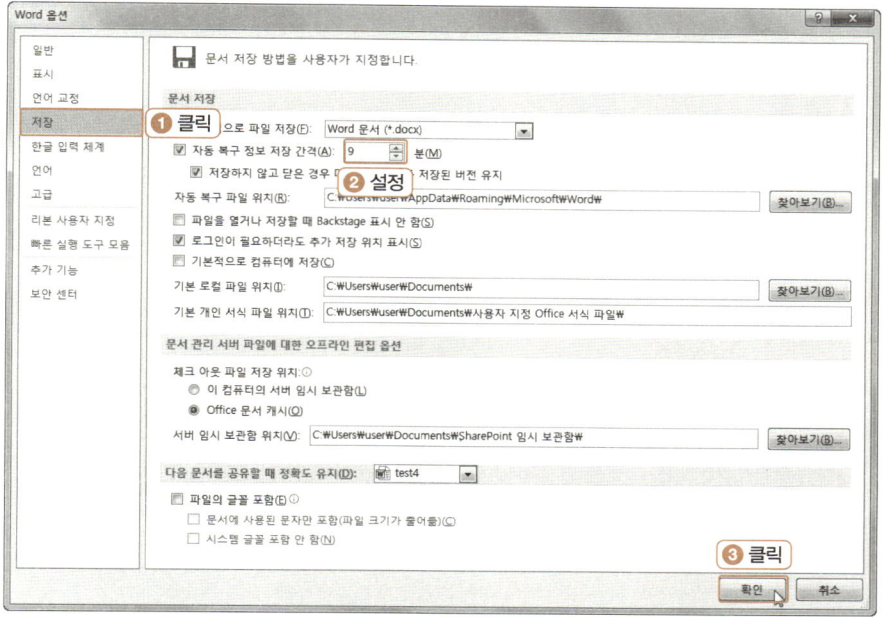

11. 문서 속성(메모)에 '모자이크'를 추가하시오.

❶ [파일] 탭-[정보]를 클릭합니다.
❷ '메모' 항목에서 '설명 추가'를 클릭합니다.
❸ '메모' 항목에 '모자이크'를 입력합니다.

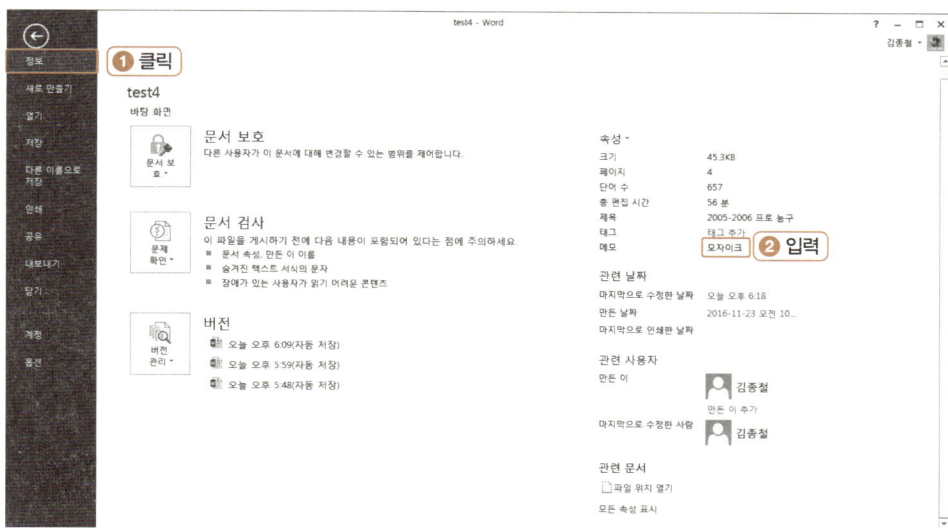

12. 사용자 지정 하이픈이 항상 표시되도록 설정하시오.

❶ [파일] 탭-[옵션]을 클릭합니다.
❷ '표시'에서 '사용자 지정 하이픈'을 체크 표시한 후 〈확인〉을 클릭합니다.

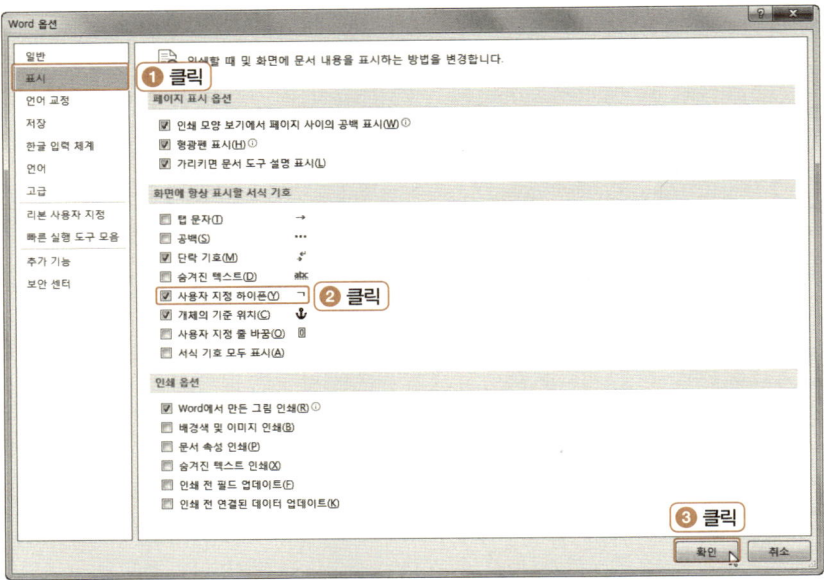

13. 파일에 글꼴이 포함되도록 설정하시오.

❶ [파일] 탭-[옵션]을 클릭합니다.
❷ '저장'에서 '파일의 글꼴 포함'을 체크 표시한 후 〈확인〉을 클릭합니다.

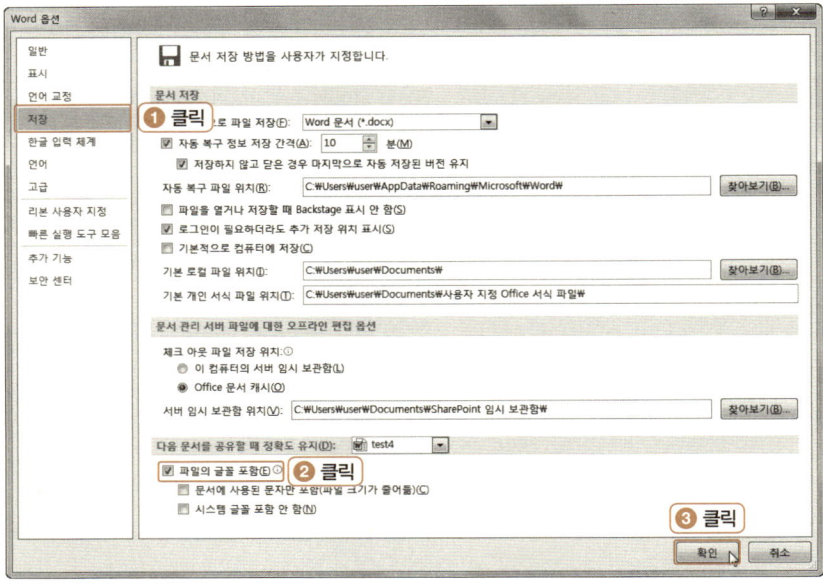

14. 문서의 마지막에 '텍스트 상자'를 다음과 같이 삽입하시오.

종류	내용
보조 기사 – 모션	K리그 개막

❶ 문서의 마지막에서 [삽입] 탭–[텍스트] 그룹–[텍스트 상자] 명령 단추를 클릭합니다.
❷ '보조 기사 – 모션'을 선택합니다.
❸ 'K리그 개막'을 입력합니다.

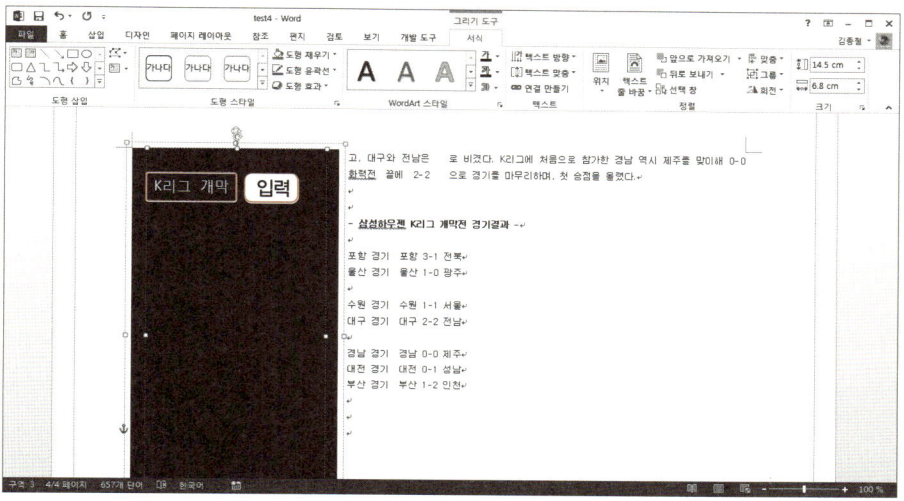

15. '텍스트 상자'의 위치를 '가로 상대 위치 : 35%, 기준 : 여백 / 세로 상대 위치 : 20%, 기준 : 여백'으로 설정하시오.

❶ 텍스트 상자 위에서 마우스 오른쪽 단추를 클릭한 후 '기타 레이아웃 옵션'을 선택합니다.
❷ [위치] 탭의 '가로' 항목에서 '상대 위치 : 35%, 기준 : 여백'을, '세로' 항목에서 '상대 위치 : 20%, 기준 : 여백'을 선택한 후 〈확인〉을 클릭합니다.

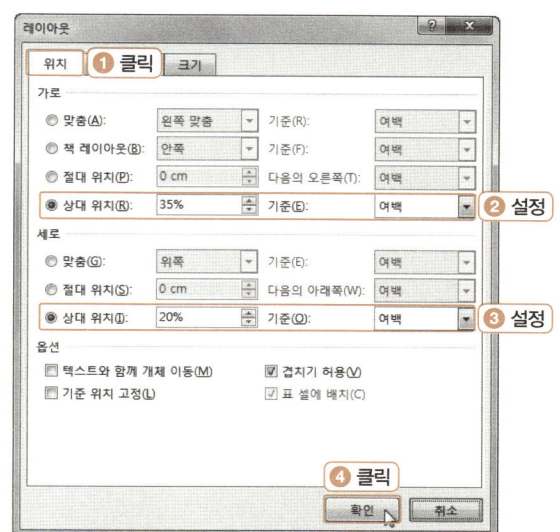

16. 4페이지 6줄에 있는 'K리그'에 책갈피(K리그)를 삽입하시오.

❶ 4페이지 6줄에 있는 'K리그'를 선택한 후 [삽입] 탭-[링크] 그룹-[책갈피] 명령 단추를 클릭합니다.

❷ '책갈피 이름 : K리그'를 입력한 후 〈추가〉를 클릭합니다.

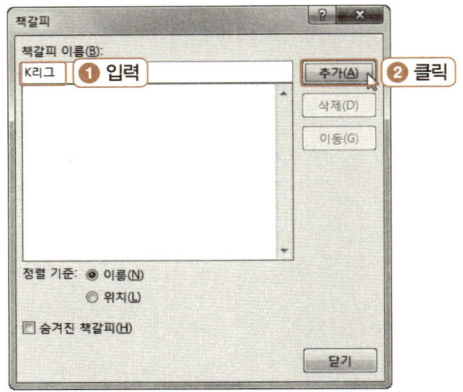

17. 다음과 같이 새로운 셀 스타일을 등록하시오(1페이지 1줄에 적용할 것).

스타일 이름	글꼴 색
mosaicict제목	주황

❶ 1페이지 1줄에 커서를 놓은 후 [홈] 탭-[스타일] 그룹-'자세히'를 클릭합니다.

❷ '스타일 만들기'를 클릭합니다.

❸ '스타일 이름'에 'mosaicict제목'을 입력한 후 〈수정〉을 클릭합니다.

❹ 〈서식〉을 클릭한 후 '글꼴'을 선택합니다.

❺ [글꼴] 탭에서 '글꼴 색 : 주황'을 선택한 후 〈확인〉을 클릭합니다.

❻ 〈확인〉을 클릭합니다.

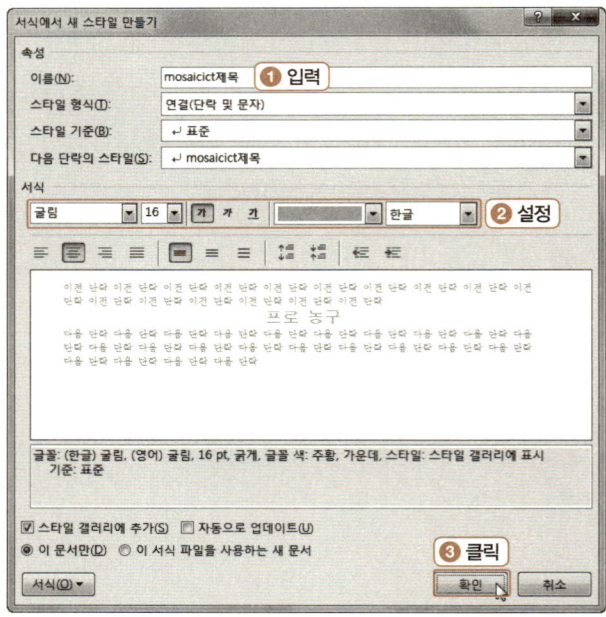

18. 문서를 120%로 보시오.

❶ [보기] 탭-[확대/축소] 그룹-[확대/축소] 명령 단추를 클릭합니다.

❷ '백분율 : 120%'로 설정한 후 〈확인〉을 클릭합니다.

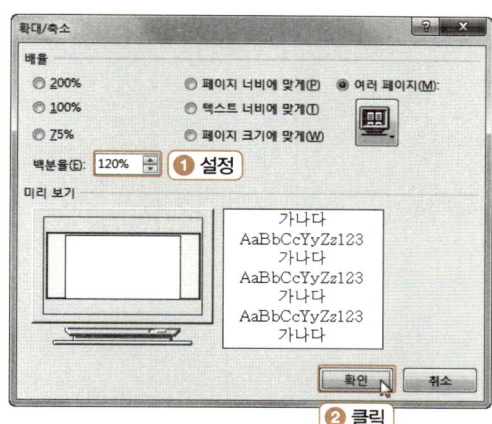

저자 김종철(kjc006@nate.com)

- 현 (주)모자이크아이씨티 CEO
- 전 삼육의명대학 컴퓨터정보과 겸임교수
- 2005년도 평생교육강사대상 수상(한국평생교육강사연합회)
- 한국표준협회 / 삼성에듀 튜터
- MOS Master / ICDL Certificate / ICDL Korea 공인강사
- EBS ICDL / 11번가 쇼핑몰 창업 강의

주요저서

- MOS 2013 Word, Excel, Powerpoint(성안당 최적합)
- MOS 2000/2002/2003(18권) 집필(길벗 시나공)
- CDL 2003/2010 Word, Excel, PPT, Access 집필(길벗 시나공)

MOS 워드 2013 Core

2017. 6. 1. 1판 1쇄 인쇄
2017. 6. 9. 1판 1쇄 발행

저자와의 협의하에 검인생략

지은이 | 김종철
펴낸이 | 이종춘
펴낸곳 | BM 주식회사 성안당
주소 | 04032 서울시 마포구 양화로 127 첨단빌딩 5층(출판기획 R&D 센터)
     | 10881 경기도 파주시 문발로 112 출판문화정보산업단지(제작 및 물류)
전화 | 02) 3142-0036
     | 031) 950-6300
팩스 | 031) 955-0510
등록 | 1973. 2. 1. 제406-2005-000046호
출판사 홈페이지 | www.cyber.co.kr
ISBN | 978-89-315-5431-1 (13000)
정가 | 15,000원

이 책을 만든 사람들

기획 | 최옥현
진행 | 최창동, 최재석
교정·교열 | 인투
전산편집 | 인투
표지 디자인 | 박현정
홍보 | 박연주
국제부 | 이선민, 조혜란, 김해영, 고운채, 김필호
마케팅 | 구본철, 차정욱, 나진호, 이동후, 강호묵
제작 | 김유석

이 책의 어느 부분도 저작권자나 BM 주식회사 성안당 발행인의 승인 문서 없이 일부 또는 전부를 사진 복사나 디스크 복사 및 기타 정보 재생 시스템을 비롯하여 현재 알려지거나 향후 발명될 어떤 전기적, 기계적 또는 다른 수단을 통해 복사하거나 재생하거나 이용할 수 없음.

※ 잘못된 책은 바꾸어 드립니다.